社会の持続可能性と法主体の再構築

法の科学

第49号

民主主義科学者協会法律部会編

社会の持続可能性と法主体の再構築　法の科学第49号　目次

巻頭言　ファシズム潜在状況と研究者の気概……………………………中村浩爾　4

シンポジウム＝社会の持続可能性と法主体の再構築

社会的排除の議論から学ぶ法主体のありかた……………………………多田一路　8

ケアを中心とする社会への転換のための法構想
──「脆弱な主体」をめぐって……………………………………………中里見博　20

雇用社会の変容と労働法の課題
──雇用社会の持続可能性・法主体の検討視角…………………………山川和義　30

持続的な野生動物法の主体に関する批判的考察
──市民・専門家・狩猟者の三者に注目して……………………………高橋満彦　39

コロキウム＝民科法律部会60周年記念シンポジウム「民主主義法学の未来」

民主主義法学の歴史から何を学ぶか………………………………………吉村良一　49

行政法研究と民主主義法学
──変容を続ける国家・行政と民主主義法学の課題……………………豊島明子　55

法社会学研究と民主主義法学………………………………………………飯　考行　60

現代における法の形成と法曹の役割………………………………………豊川義明　66

ミッションとしての民主主義法学
──科学としての法学そして科学者の社会的責任………………………広渡清吾　72

ミニ・シンポジウム1＝軍事研究と学問の自由・平和主義

軍事研究と「学問の自由」：日本学術会議の選択……………佐藤岩夫　78
軍事的安全保障研究における〈忖度〉強制の行政法的諸装置…前田定孝　85
日本国憲法の平和主義と軍事研究　憲法学の視点から…………小沢隆一　91

ミニ・シンポジウム2＝法学教育と民主主義法学の現在──『日本の法』を素材として

『日本の法』と法学教育──編者・著者の立場から……………長谷河亜希子　98
緒方桂子他編『日本の法』と民主主義法学………………………小森田秋夫　102
法教育の目標・内容・方法をめぐる課題──『日本の法』を参照しつつ………渡邊　弘　107

ミニ・シンポジウム3＝体制転換・市場経済化の四半世紀と法

社会主義の亡霊？──変らぬロシアから考える……………………篠田　優　113
脱社会主義化における立憲主義──1993年ロシア憲法の歴史的位置………樹神　成　119

民科法律部会60周年記念事業　座談会　民主主義法学の到達点
　………………戒能通厚・広渡清吾・浦田一郎・吉村良一・棚澤能生　125

海外動向　甦る法律家フリッツ・バウアー──ナチの過去の克服をめぐる近年のドイツの法事情…本田　稔　161

研究ノート　『我妻・有泉コンメンタール民法』考──清水誠先生からのメッセージ…市川英一　170

研究ノート　日本植民地主義法論の再検討……………………前田　朗　180

研究ノート　2017年衆議院選挙と「安倍改憲」………………奥野恒久　190

書評　森山文昭『変貌する法科大学院と弁護士過剰社会』……宇佐見大司　199

資料　民科法律部会　学会活動の記録（2017年3月〜2018年3月）………　202

●規約・役員名簿／208　　●編集後記・奥付／209　　●CONTENTS／210

カット／栗井直美

巻頭言

ファシズム潜在状況と研究者の気概

中村浩爾 （大阪経済法科大学名誉教授）

　世界は今、多くの国や地域が不安定化し、国際政治が大きく揺れ動いている。そのような情勢の中で「ファシズム」への危機感が広く存在し、研究も盛んである（たとえば、R. Paxton, *The Anatomy of Fascism*, 2004）。しかし、日本では、ポピュリズムや軍国主義化が問題とされる方が多い。日本には「ファシズム」の危険性はないのであろうか。

1　ソフトな戦略とその裏面

　現在、政治・経済面では、政権が賃上げや働き方改革を提案（関連法が2018.6.29成立）し、2020年の東京五輪・パラリンピックへの取り組み気運を高めるなどソフトな戦略を展開している。それらは、それ自体は悪いことではない。しかし、労働者の長年の要求を政権が自ら発案したかのごとく装い、しかも、労働者の要求とは異なった内容に変えているところに欺瞞性がある。労働者のためと言いながら、いわば、人手不足に起因する、企業や政権の対応策である。それ故、むしろ過労死が増えるのではないかという懸念がある。「一億総活躍」というスローガンも、国民の労働や活動を保障するためというより「一億総動員」が本音であろう。

　五輪開催にも同様の問題がある。たしかに、平和の祭典であり、競技そのものには様々な徳や価値や喜びが存在し、皆がそれらを共有できるというメリットがある。しかし、たとえば、「フェアプレイ」を美化すること、そしてそれを無条件で教育や社会に適用することには疑問がある。また、政治利用、商業主義、経費膨張など、五輪が以前から抱えている問題がある。福島の復興が遅れている中で、何のために今の時期の開催かという疑問もある。憲法「改正」、辺野古への基地移設、原発の是非などの政治的問題から国民の目をそらさせ、反対運動の力を殺ぐ狙いがあるのではないかと疑われても仕方がないであろう。開会式およびその前日への休日の移動は動員の条件作りである。また、テロ対策を口実とした監視社会化が進められるのは確実で

ある。
　さらにまた、五輪は、スポーツ人口の増加や学校におけるスポーツ部活の加熱を促進し、それに支えられてもいる。それらは総体として、スポーツへの参加や健康の義務化を促進する力となっている。障害者スポーツの奨励も必ずしもその緩和剤にはならない。日本では戦前・戦中はスポーツを「軍事予備教育の方法」としていたこと、同様に、イタリアの「柔らかいファシズム」が「余暇事業団」を利用して国民統合を行ったことを想起すべきである。
　法制度の面では、たとえば、被害者参加制や裁判員裁判制は国民の司法参加という点で前進だという評価ができる。しかし、マイナスの側面もある。前者は、国家が当事者の代わりを務めるという近代法の原則に反しており、加害者の負担が大きすぎ、厳罰化を促進するおそれがある。後者は、現実には辞退が増えているとはいえ、原則として辞退が許されない以上、まさに強制的「動員」である。また、裁判員が死刑判決に加わることにも問題がある。負担が過重になるというに止まらず、国家が生殺与奪の権利を持つという意味では死刑と兵役は異ならないが故に、戦争協力につながるからである。先の大戦末期に、日本でもドイツでも、死刑を執行する代わりに前線へ送ったという事実があったことを思い出すべきである。

2　ハードな戦略

　他方、政権は、ハードな戦略もとっている。「積極的平和主義」と称して、真の平和主義とは似て非なる軍事化をすすめ、死刑制度を維持しつつ、安保関連法、特定秘密保護法、住民基本台帳法、社会保障・税番号制（マイナンバー制）、通信傍受法（盗聴法）、改正組織的犯罪処罰法（共謀罪法）、などを強行的に成立させており、九条を標的とした憲法「改正」を目指している。立法に際して、政権・与党が国会審議を軽視して強行採決を繰り返しているだけではなく、公文書の隠蔽や改ざんなどによって国会や国民を欺いていること、そして、民間にも同様の体質があることも見逃せない。自民党憲法改正草案（2012年）には、天皇の元首化や緊急事態条項がある。教育行政においては、教育基本法「改正」以来、教科書検定や学習指導要領の改訂を通じて政権の望む知識や道徳の習得が強いられている。大学も、「軍産学官複合体」に組み込まれ、自由や自治が弱体化している。これらの法律や行政が、軍事化、動員、監視、統制などの特徴を有していること、そして、それらが有機的に結合して一つのシステムとして作動した場合には国家が変態を遂げるであろうことは昭らかである。

3 「下から」の呼応と無感覚・無関心

地方自治体では、「生活安全条例」の制定、ボランティアの動員、そして施設利用の制限（たとえば、護憲集会のポスターの掲示を中立保持を理由に拒否する）などの動きが広がっている。街や生活圏では、監視カメラの増加、駅構内への警察官の配置、青年ボランティアのジョギングを兼ねての防犯パトロールなどが目に入る。さらにはタクシーの窓に「ファイト　日本！」、コンビニやスーパーのポスターや食卓のジャムのビンに「がんばろう　日本！」の表示があり、茶の間のテレビからも同様の呼びかけや歌が流されており、まさに生活の隅々まで行き渡っている。街や生活圏のこれらの現象は、防犯や復興支援や五輪への声援と見ることができるとしても、客観的には、上からの動員に対する呼応であり、監視社会化を促進し、そして総動員体制の土壌を作るものである。青年の防犯パトロールはヒットラー・ユーゲント（ドイツ）を連想させる。「呼応」は「下から」自然に発生するものと、「上から」の情報提供などの働きかけを契機として発生するものがあり、上⇄下の双方向的構造をなしている。また、それらは共振による「横への」広がりももっている。にもかかわらず、多くの日本人は無感覚・無関心である。防犯やテロ対策と言われれば、町内会や集合住宅の管理組合は、自由やプライバシーへの十分な配慮を欠いたまま、監視カメラの設置や映像の利用に積極的に協力するであろう。

4 ファシズム潜在状況

日本は今、このような状況にある。一部は、明らかに戦前回帰現象である。（もっとも、政権そのものは、自衛隊に対する統治能力を欠くなど脆弱であり、各レベルの対抗勢力も強い）。このような現状をもたらしているのは主として、欠陥のある選挙制度、最高裁の消極性、官に対する政の優位、政党政治の機能低下、経済の表面的な好調さ、国際政治の流動化、そして、学界やマスメディアの批判力の弱さなどである。

私は、このような状況を、論争的ではあるが、「ファシズム潜在状況」と呼びたい。民族主義、偏狭なナショナリズム、自由の極少化、監視、総動員、総力戦、熱狂などが「ファシズム」の一般的な指標と言って良いが、上述の「無感覚・無関心」そして「中流の普通の市民による下支え」も指標に加え、また、「熱狂なきファシズム」（想田和弘）なども参照した。

ナチズム出現の歴史的経験が示しているように、政権が「選挙で選ばれている」からといって、「ファシズム」の危険がないとは言えないこと、「ファ

シズム」はもともと国毎に異なっていたのであって、再来する場合にも様々な形をとるであろうということ、誰の目にも見えるようになるまでには時間がかかるということ、「ファシズム」を防ごうとする者は、目に見えない内に見抜くことが必要である—それ故にこそ研究が必要なのだが—ということを考えれば、定義や実証とともに、兆候を感じる力や洞察力が重要である。「熱狂なきファシズム」や「ファシズム潜在状況」という表現は、表面的には「ファシズム」を感じさせない今の日本に対する感受性であり洞察である。

5　権力批判——小状況での抵抗

ファシズム研究、否、それを踏まえた実践こそが研究者に求められている。だが、研究者は、権力批判—それは権力のためでもある！—が使命であるにもかかわらず、権力に弱く、状況に左右されやすい存在である。「外から」の圧力や「上から」の圧力に弱いだけではなく、自分の「内に」も弱さがある。そのため、権力（社会的権力を含む）を利用したり、権力に協力しがちである。しかも、現在の大学は外部資金の獲得競争の渦中にあり、資金獲得は半ば研究者の義務となっている。補助金の申請を強いられたり、軍事研究にさえ協力させられるであろう。運動や闘いが必要である。それが弱い場合でも、小状況での「抵抗」は可能である。そして、その積み重ねが権力批判の気風を形成するはずである。

6　研究者の気概

叙勲も、目立たないが、このような小状況の一つであり、理論と実践の統一が求められる局面である。かつては、研究者の間に反権力の気風があり、辞退は珍しくなかった。たとえば、1970年代に京都民主府政を継ぐべく立った杉村敏正と川口是、そして2018年に『気概——万人のために万人に抗す』を著した小田中聰樹は辞退している。川口は「打診はないと思うが、もしあったときは断るように」と諧謔精神に満ちた遺言を残した。小田中は「国家権力を批判してきた者が国家権力から賞をもらういわれはない」と述べている。しかし、叙勲を受けた「民主的研究者」もいる。この小状況の微妙さを示しているが、皇族減少という自然衰退要因があるとはいうものの、天皇制の永続化の兆しがあり、しかも、その是非やあり方を自由に論じる雰囲気が失われつつある現在、前にも増して研究者の姿勢が問われる問題となっている。ただし、個人でなしうる抵抗には限界がある。研究者間の団結・連帯、そして、研究者と市民社会との協働が不可欠である。「対抗的公共圏」の活性化に期待したい。

シンポジウム＝社会の持続可能性と法主体の再構築

社会的排除の議論から学ぶ法主体のありかた

多田一路（立命館大学）

key words──
法主体 sujet de droit, 分断 exclu, 対象化 réification, プロファイリング profilage, 支配 domination

1 問題意識にあたって

(1) 端緒

2016・2017年を統括するテーマとして、「持続可能な社会における民主主義と人権」あるいは「人間の存続基盤と民主主義・人権」が設定され、2016年の総会では、持続可能な社会を緩やかな意味での「あるべき社会」として想定[1]し、日本国憲法を手がかりにして考える、という考察がなされた。「人間の存続基盤」を軸に考えたとき、持続可能な社会とは、だれもが sustainable に生きることのできる社会、と見ることができる。しかし、現状の社会は民衆の中である種の「生きづらさ」が感じられている。

イギリスの Brexit 現象、アメリカのトランプ大統領の当選、フランスの FN の伸長は、いずれも、既存の政治状況に対する異議申立ての意思が示されたのだ、という理解がある。「アメリカを再び偉大な国に（Make America great again）」「フランスに再び秩序を（Remettre la France en ordre）」というスローガンは取り残されたと感じる民衆の心をつかむが、その裏に排外主義を含んでいたことは明らかである。ここから見えるのは、取り残されたと感じていた民衆は、同時に排除意識を持ち、他を排除することによって自らの位置を取り戻そうとしているということである。

このような民衆の中の分断構造ないし意識は、いろんな場面でいろんな意味において存在するのではないだろうか。

本稿は、これを法の問題として捉えなおすとどのように考えるべきなのか、を総論的試論的に提示してみたい。

---

1) 只野雅人「日本国憲法の現代的意義：企画趣旨」法の科学48号（2017年）9頁。

(2) 社会経済構造の変化としての社会的排除の発見

(a) 参加の欠如・関係の欠如としての社会的排除

　分断構造の問題は、ヨーロッパでは「排除」の問題として捉えられた。そしてそれが権力的直接的な作用ではないことを踏まえ「社会的排除」と表現されてきた。

　社会的排除の主たる要因でありかつ結果にもなるのは、経済的貧困である。しかし、社会的排除の概念は、貧困対策として社会的給付がなされれば解決するとの見方にそもそも立っていない。1980年代にすでに「排除に対する戦い」なる政策を実行しようとしてフランスで始まったRMI[2]（現行のRSA）が、必ずしも金銭等の給付に留まらないプログラムを用意していたことは軽視されてはならないだろう。ちなみに、それまでフランスは日本の生活保護のような普遍的給付制度を持っていなかったために、RMIはしばしば生活保護のようなものとして理解されることが多いが、日本の生活保護は「排除に対する戦い」という位置づけは持っていない。

　なお、「社会的排除」という用語は、スローガン的に使用されたこともあり、その概念を巡って錯綜した状況にあるし、本稿はこの概念自体を素材とするものではなく、導入として意識するに過ぎないので、参加の欠如・関係の欠如を含む概念として理解[3]する程度にとどめる。

(b) 社会的排除への一つの対応方法としての「ケイパビリティ（潜在能力）」論

　アマルティア・センの「ケイパビリティ」論は、社会的排除に対する一つの対応方法として考えることができる。このセンの「ケイパビリティ」論も、本稿では全面展開するつもりはないが、そのエッセンスは、「貧困」として理解される問題を「ケイパビリティ（潜在能力）」の欠如として理解する、という点にある。「貧困」との関連で考えるから「ケイパビリティ（潜在能力）」の中には潤沢な資産というものも当然含まれるが、「ケイパビリティ」の要素はそれだけではない。例えば、すでに述べたフランスのRSAが持つ「参入プログラム」は、「ケイパビリティ」を補うものとして理解できるだろう[4]。

　この「ケイパビリティ」論は、日本においても鍵概念として受容され、特に、社会政策学、社会保障法学などで議論されてきた。湯浅誠が使う「ため」の概

---

[2] 「参入最低所得」などと訳されるRMIについて、川口美貴「フランスにおける最低所得保障と社会的・職業的参入」静法2巻1号（1997年）43頁。

[3] 岩田正美『社会的排除　参加の欠如・不確かな帰属』（有斐閣、2008年）第1章参照。

[4] ただし、RSAについては、「参入」よりも「自己責任」を強調する性質が強くなっている、との批判がある。塚林美弥子「フランスRSA制度における「連帯」概念の位置付け」早稲田法学会誌67巻1号283頁参照。

念[5]は、湯浅自身が言うように「ケイパビリティ」にヒントを得たものである。また、憲法学でも、生存権・平等権の脈絡で扱われてきた[6]。日本におけるこれらの議論は、基本的には経済的貧困と結びつく意味での社会的排除への対応としての議論である。

　これに対し、本稿は、貧困そのものを取り上げるものではなく、「ケイパビリティ」の欠如をどう補うか、というのが対応として重要である、という思考方法を参考にするものである。また、セン自身も「ケイパビリティ」をアプローチの問題として主張している[7]。そして、ケイパビリティ・アプローチは、特定の対応方法を示すものでもない[8]から、法的な立ち位置が問題になっているときには、それに見合った対応を模索することになろう。

(3) 「分断（排除）」という状態の法的捉えなおし

　以上のように、社会的排除という概念とそれに対する「ケイパビリティ」というアプローチを手がかりにすると、分断状況はまさに参加の欠如・関係の欠如（排除された状態）として捉えることができよう。この「分断」という状態を特に法的な場面、とりわけ権利実現の場面で考えるとき、筆者としては、権利（あるいは利益）を法的に保障されているはずの人が、必ずしもその権利を実現できているとは限らない、あるいは、必ずしもその権利を利用できているとは限らない状態をいうものととらえたい。

　この場合、権利実現の場面で「ケイパビリティ」が要求されているのだから、その欠如を補うというのが課題になろう。そして、この課題に精力的に取り組んできたのが笹沼弘志[9]である。したがって、権利の個別的具体的な実現をどのような手立てで行うか、という点はすでに笹沼の議論があるから、これに屋上屋を重ねるべきではない。

　本稿では、社会の分断状況を克服する、という観点から社会の持続可能性を考えるが、そのときに着目されるべきであると考えるのは、法主体性の問題であって、以下のような課題[10]が考えられる。

・権利の主体は、真に主体として扱われているか（忘却された主体[11]になって

---

5) さしあたり、湯浅誠『反貧困』（岩波新書、2008年）78頁以下。
6) 西原博史「社会的排除と差別――剥奪センシティヴな人権理論に向けて」浅倉むつ子＝西原編著『平等権と社会的排除――人権と差別禁止法理の過去・現在・未来』（成文堂、2017年）19頁、尾形健『福祉国家と憲法構造』（有斐閣、2011年）115頁以下など。
7) アマルティア・セン（池本幸生訳）『正義のアイデア』（明石書店、2011年）335頁以下にいう、「自由に基づく」アプローチ。この場合の「自由」は当事者の行動可能性のことを指しており、強制のない状態だけを意味しない。
8) セン前掲注7、336頁参照。
9) 笹沼弘志『臨床憲法学』（日本評論社、2014年）。

いないか)？
・権利の主体が、むしろ客体として扱われている[12]場合があるのではないか？
・権利（法）の主体が、その対象利益から切り離されている状況があるのではないか？

前二者について次の「分断状況その1」で、三番目のものについて「分断状況その2」で扱い、これらの分断状況が支配の手法として機能しているということ、そのもとでの対応法の考え方を検討したい。

2　分断状況その1　あるカテゴリー集団の法主体からの転落、または「一人前」として扱われない主体

(1) 主体が、真に法主体として扱われていないケース（直観的に「差別」と表現される）

これは、法の建前としては形式的に法の主体として想定されていながらも、実際には何らかの要因で主体として立ち現れることのできない人が存在する、ということをいう。

女性がここで問題になるカテゴリーであることは明らかであろう。女性の地位の問題は、フェミニズムがその勃興の当初から主張してきたことである。フェミニズム自体の萌芽は市民革命期にまでさかのぼれるが、当時はなお、女性が受動市民と位置付けられ男性と対等の権利を形式的にすら保障されていなかった[13]。それに対し現在では、女性は形式的には法の主体として男性と異なるものとして扱われているわけではない。しかし、これまでも指摘されてきたように、このことから直ちに社会的にさまざまな領域において男女の区別なく主体として扱われているかというとそうではない。

女性はなぜ主体として立ち現れることが阻まれているのか。近年のフェミニズムによる研究は「ケアワーク」に着目した。この「ケア」関係の問題については、中里見論文にゆずるが、この「ケア関係」にあることが「公的責任あ

---

10) 法の主体や客体という位置づけは、社会法の分野では自然に出てくる（例えば、菊池馨実『社会保障の法理念』（有斐閣、2000年）139頁など）が、法学全体としては受け止め切れていないように思われる。
11) 岡野八代『フェミニズムの政治学』第一部参照。
12) ドイツ憲法学では、人間の尊厳（ドイツ憲法1条）が侵害される場合の議論として「客体定式」という概念がある。玉蟲由樹『人間の尊厳保障の法理』（尚学社、2016年）参照。ただし、本稿の行論との関係では、これが「国家行為の客体」（傍点筆者）という脈絡で議論されていることに注意が必要である。
13) さしあたり、辻村みよ子『概説ジェンダーと法〔第2版〕』（信山社、2016年）5頁以下。

る」自立した主体であると考えられていない[14]原因であると考えられている。

ここには、自立した主体たりえない「一人前でない」存在である、との見方がある。

(2) 「一人前」とみなされないがゆえの客体化

ここで「一人前」という言葉からは、憲法研究者は直ちに奥平康弘の限定的人権論を想起するであろう。これは、そもそも人権とは何か、という原理論的視点が必要になるが、すでに愛敬浩二が「人権論の課題を裁判的救済の場面に限定しようとする点」[15]を指摘している。本稿は、裁判的救済に限らない権利ないし利益の実現を想定するから、このような人権原理論には立ち入らず、法的建前と現実との乖離を問題にするものである。

さて、「一人前」とみなされない者らは、それゆえに「客体」として扱われる傾向がみられる。

例えば、生活保護受給者に対する行政の扱いがそれにあたるであろう。受給者は確かに生活保護を受ける権利を持つから、その意味では権利主体と法的には設定される。しかし、給付の内容や、受給した金銭の使い道について本当に主体といえるのであろうか？。生活保護を申請するような困窮者に関するニーズの程度や内容については、実際には行政官僚――権利の主体との関係でいえば給付義務者――が計算して決定してきたのである。その決定に当たって、生活保護を受けうる層の代表者が関与するルートはない。また、生活保護を必要とする個別の人の場合においても、行政側の担当者の事実上の指示[16]に従わざるを得ない状況に置かれている。国民であるはずの生活保護受給者（申請者）が、生活保護行政をコントロールできていないのである。

以上の場面を正当化するものとして、よく言われるのは、生活保護受給者は自律的な生活能力に欠けているから行政がそれを支えているのだ、という理屈である。この言説には、自律能力[17]がないゆえに主体として扱うべきでない、という論理を含んでおり、現実にもそのように機能していると思われる。主体たる資格を自律能力に求めることを暗黙のうちに前提にしたうえで、自律能力

---

14) 岡野前掲注11、40頁以下参照。
15) 愛敬浩二「近代人権論と現代人権論――「人権の主体」という観点から」同編『人権の主体』（法律文化社、2010年）15頁。なお人権主体論に関わる樋口陽一の議論については、佐々木くみ「憲法学における「自立した個人」像をめぐる一考察」辻村みよ子・長谷部恭男・石川健治・愛敬浩二編『「国家と法」の主要問題』（日本評論社、2018年）151頁。
16) この指示は、担当者個人の恣意的なものではない、というのが建前であり、本稿はこの建前を前提にする。恣意がなかろうと客体化であることには変わりがない。
17) この「自律能力」は、経済的自律と人格的自律が混在して観念されている疑いがあるが、深入りしない。

を持たない者らが保護客体として扱われているのである。

　アマルティア・センの議論を借りれば、この場面は「ケイパビリティ」が補われるべき場面であるが、ケイパビリティを十分に持たないがゆえに客体化が生じていることになる。

3　分断状況その2　「資源化」「対象化」と主体たる個人との切り離し

　前章でみた分断状況は、あるカテゴリー集団と別のカテゴリー集団との分断がなされ、あるカテゴリー集団に属する人々が「一人前」とみなされないことによって、事実上主体から転落する、という状況といえる。しかし、分断状況の別の側面として、「一人前」が想定されている個人において生じる分断状況が観察できるだろう。

　それが、人間の「資源化」の問題である。

(1)　人間（個人）由来資源の帰属元たる人間（個人）からの引きはがし

　人間の「資源化」といっても、ここで扱うのは、人間の全人格を資源として取引の対象（奴隷、人身売買）とするという話ではなく、個人に帰属していたと思われる対象を、帰属元たる個人から引きはがして経済活動の対象にするという事象である。

　個人に帰属していたと考えられる対象は、個人から切り離されれば流通の対象となる。資本主義社会のもとでは、その商品化が不道徳であると指弾されない限り、いかなるものでも商品化しうる。そもそも、その対象が一身専属的である場合には、流通不能で商品化できないが、実際には、個人に帰属していたと観念できそうな対象が、資源として取引され流通している状況を見て取ることができる。そして、資源として取引され流通してしまったそれは、もはやその帰属元たる本人の支配を離れていき、本人による決定の契機を失う。つまり、「資源化」はもともとある個人に固着して帰属していたと考えられる対象を、その固着から引きはがす契機ということになる。

　ここで本稿が念頭においているのは、労働力と個人情報である。

(a)　労働者と労働力

　労働力が、個人に内在する活動力そのものでありながら取引の対象とされてきたことは、すでに知られていることである。

　労働時間における労働者の労働力は、労働契約によって使用者が活用し、労働者自身の支配から切り離される。このような状況が知られていたのは、労働

力の使用者たる資本家が、無限に労働力の支配欲求を持つことを隠さず、さらに労働力の購買料金（賃金）の限りなく安くしようとしてきたからである。一方での無限の支配欲求は、現在でも「高度プロフェッショナル（残業代ゼロ）制度」（2018年常会で成立）として現れているし、他方での購買額と取引費用の軽減欲求は、市場総体としては常に買い手市場である労働力市場において、労働力の取引の自由化の要求となり、「非正規雇用の増大」傾向として現れている。これが現代日本において「雇用の二極化」傾向として観察できるが、このテーマについては山川論文が扱うであろう。

　（b）　ビッグデータ（個人情報の資源化）

　もう一つの、個人情報の資源化は、いわゆる「ビッグデータ」という言葉で知られているものである。近年、ビッグデータのビジネスでの利活用が喧伝されており、書店では、ビッグデータを資源として活用し、ビジネスに役立てようという啓発書が並べられている。集積されたビッグデータの要素たる個人情報の「資源化」をどう考えたらいいのか。

　考察の前提として、個人情報は本来的に当然に当該個人に帰属するものであるのか、という問いが立てられよう。労働力が人間の活動力そのものであることと比較すると、この問いに対する肯定的回答は自明なものではない。しかし、すでに法的実践は、個人情報が本来的に個人に帰属するものとして観念してきた。プライバシー権という観念である。のぞき見されない法的保障という極めて原初的なプライバシー権の観念は、本来的に本人が支配する何らかの情報が存在する[18]ということを前提にしていると理解できる。そして、今や憲法学では通説的地位を占める自己情報コントロール権説は、自己に関する個人情報を当該情報の本人である自己が支配するという考え方である。

　これに対してビッグデータは、個人情報をその情報の本人ではない他人が自由に取り扱う、という性質を持っている。つまり個人情報が、本来的に帰属すべき個人から引きはがされた状態に置かれている、とも言える。自分の知らないところで自分の情報が扱われていることの気持ち悪さは、ここに現れているのではないか。

---

18)　相次いで出版された、ビッグデータをプライバシー権の観点から検討する新書、宮下紘『ビッグデータの支配とプライバシー危機』（集英社新書、2017年）、山本龍彦『おそろしいビッグデータ』（朝日新書、2017年）も、同様の視点に立っているはずである。

4　分断と支配

(1)　分断状況1と2の異同

　以上で観察した分断状況1と分断状況2は、異なる相の分断状況である。すでに見たように、分断状況1は個人をあるカテゴリーで仕分けしたうえで分断するものであるが、分断状況2は個人がその内部で分断を受けている。両者は同じ分断といっても相当に異なるものであるが、分断であるがゆえに、共通する状況が生まれる。それは支配の手法として役立つ、ということである。

　分断状況1では、あるカテゴリーの個人たちは決定主体から転落する。事実上自己決定が困難な状況に追い込まれている。そのために別のカテゴリーの個人たちが、彼らのことについて決定する。生活保護受給者（申請者）らは自分たちのニーズを自分たちで決められず、決められたことに従うしかない。決める側は支配し、決め事を守る側は支配される。

　分断状況2では、個人が、自らに関することについての決定権を部分的に剥奪されている。労働者は自己の労働力の使用について自己決定できない（労働していない時間もある、というのは、反論にならない。そもそも自己の労働力の使用対価を雇用者と対等な立場で決定できないうえに、正規労働者の場合は、労働しない時間でさえも労働に追い込まれている）。また、個人情報がビッグデータとして掌握されている状態は、本人は自己の情報を排他的に掌握できず、その自己情報の取り扱いに関する自己決定ができていない。

　分断状況2のうち、労働力の掌握による支配については既に概略を述べた。そこで、支配のメカニズムが一見してわかりにくい個人情報のビッグデータ化の問題について、少し紙幅をとって取り上げたい。

(2)　ビッグデータ、プロファイリングと支配

　個人情報の掌握を公権力が行うとき、それは個人の監視につながることは見えやすいであろう。在日ムスリムの詳細な個人情報を警察が収集していたことが、同情報がネット上に流出したことによって明るみに出た事件[19]が、それを物語っている。

　より巧妙でその支配の契機が見えにくいのが、ナッジ（nudge）[20]と呼ばれる方法である。ナッジとは、ある特定の選択肢への誘導を意味する行動経済学

---

19)　東京地判2014年1月15日判時2215号30頁。判決は、個人情報の流出について違法性を認めたが、収集等については違法性を認めなかった。二審もこれを支持（東京高判2015年4月14日（LEX/DB25506287））。

の概念であるが、本稿ではこれも支配の一形態ではないか、と考えている。

　ナッジは、直接的権力的強制ではなく、あくまでも誘導である点に特徴がある。販売者がある特定の商品を売りたいというときには、消費者がそれを買いたくなるように、あるいは買わざるをえないように、仕向けようとする衝動が当然ある。一方で購買者にそれを買うことを強制できないから、消費者には買わない選択肢がある。このときに消費者にその商品を買わせるためのしくみがナッジである。

　個人が行動するときに、その行動のための選択肢が無数にある場合には、そこからどれか一つを選びださねばならない。しかし、無数の選択肢から、自己にとって最適なものを選び取るには、すべての選択肢をよく知る必要がある。最適とまではいかず、より適切なものを選び取るだけでも、選択肢をある程度知る必要がある。そのためには、選択者側の学修が必要になるが、学修のためには選択者は大量の情報を裁かねばならない。そこで、供給者の側が、選択者のさまざまな属性や志向（嗜好）をもとにして、選択者のニーズに即した提案をすることによって、選択者側の学修コストを軽減する。供給者はすでに大量に同種のものを供給した実績があるから、すでに選択者の選択に必要な情報の収集とその解析ができているし、なしうる立場にある。ナッジが効果的であるのは、大量の情報を裁く能力の格差が存在するからである。

　さらに供給者がある程度しぼった複数の選択肢を見せれば、選択者は、さほど学修コストを必要としないし、しかも供給者が一つの肢のみを提案をする以上に選択できるので自己決定していると自ら理解する[21]。

　ここでさらに供給者は選択肢の見せ方を工夫することによって誘導を行う。例えば、検索システムの検索結果の並べ方を工夫する。検索結果が多いとき、検索者は表示された順に検討を始めるから、検索システムとしては選択してほしい対象を検索結果の上位に持ってくればよい。つまり、誘導したい選択肢を選択させるべく検索システムを設計すればよいのである。言い換えれば設計者（アーキテクト）が、方向付けをすることができるのである。

　もちろん、検索結果が検索者のニーズに合わなければ選択されない。したがって、この誘導が成功するためには、選択者がどのような人物であるか、どのような属性を持ち、どのような選好を持つのか、を把握することになる。これ

---

20) リチャード・セイラー＋キャス・サンスティーン（遠藤真美訳）『実践　行動経済学』（日経BP社、2009年）参照。これは、法とアーキテクチャに関わる諸問題でもある。邦語研究として松尾陽編『アーキテクチャと法』（弘文堂、2017年）、特に同書所収の成原慧「アーキテクチャの設計と自由の再構築」と山本龍彦「個人化される環境──「超個人主義」の逆説？」参照。

21) リバタリアン・パターナリズム。セイラー＋サンスティン前掲注16、15頁以下。また、キャス・サンスティーン（伊達尚美訳）『選択しないという選択』（勁草書房、2017年）参照。

がビッグデータの利活用の意味である。

　これを民主政に応用すれば[22]、有権者の学修コストを極限まで削減した場合における選考結果が得られるので、いわゆる熟慮型の民主政の対極にあるものとなるであろう[23]。

　ナッジを受けた者が抵抗なくその方向に進むのは、その方向がナッジを受けた者の選好に合致しているからであるから、個人情報を収集すればするほどナッジは成功する。つまり、ビッグデータの掌握によってナッジが支配の方法になりうるのである。そして、すべての国民にGPSを埋め込み、その行動を掌握すれば、究極のビッグデータが得られるであろう。

　これに対して、自己情報に対するコントロールを認めることはビッグデータの収集を阻害することになる。したがって、ビッグデータ収集のためには、そこに本人がアクセスすることを制限することになろう。

(3) 小括──分断状況の違いと対処方法の違い

　労働者から労働力が分断されている、という場合、分断され他人に掌握されたもの（抽象的に把握可能な人間の労働）には同質性（または、交換可能性）がある。この観点から、労働者集団をカテゴリー集団として把握して対応することは可能である。とすると、これは分断状況1にも通ずる。しかし、個人情報の分断の場合は、情報を個別化して掌握することこそが重要であるので、何らかのカテゴリー集団を想定して対処することは困難である。個別的に対処するしかないのかもしれないが、筆者には、その道筋は見えない[24]。少なくとも、自己情報コントロール権の行使は、支配のための情報収集と矛盾することになろう。

---

22) アーキテクチャが政治性を持つことについて、田村哲樹「デモクラシーのためのアーキテクチャ、アーキテクチャをめぐるデモクラシー」田村ほか著『デモクラシーの擁護　再起化する現代社会で』（ナカニシヤ出版、2011年）145頁。
23) イーライ・パリサー（井口耕二訳）『フィルターバブル』（ハヤカワ文庫、2016年）192頁以下は非常に興味深い。
24) 支配はプロファイリングを通じてなされるであろう。山本龍彦は、「センシティブな事項を一定の精度で予測するプロファイリング」を、個人情報保護法17条2項にいう「要配慮個人情報」の「取得」とみなすべきであると主張する。山本「ビッグデータ社会とプロファイリング」論ジュリ18号（2016年）39頁。また、山本「インターネット時代の個人情報保護──個人情報の「定義」とプロファイリングを中心に」阪本昌成古稀『自由の法理』（成文堂、2015年）539頁も参照。

5　対応の模索

(1) 分断（排除）の状態があるのに、「等質[25]な抽象的主体」を想定する非現実性

いずれにせよ、分断状況があるのにもかかわらず、「等質な抽象的主体」を想定して対応しようとするのは、対応としてかみ合っていない、と言えるだろう。この「等質な抽象的主体」を前提にするシステムの典型が、議会制民主主義[26]である。本稿の問題意識に照らすと、生活保護を必要とする人は、常に社会で多数を占めることはできない。議会制民主主義は、生活保護ニーズを、それを必要としない人が決定するシステムになりがちなのである。

だとすると、ステークホルダーを登場させることが対応法になるか。「等質な抽象的主体」を想定する議会制民主主義を補完するものとして、ありうる対応ではあるが、これも扱い方によっては主体の等質化・平板化となる場合がある。この点について、野生動物政策を取り上げる高橋論文が参考になろう。

「等質な抽象的主体」を前提にしない対応の模索として、検討の視座を提供してくれそうなのが、地球環境問題を解決する際の手法である。この点については、高村論文が予定されていたが掲載できなかった。

(2) 分断の修復

さて、以上のような分断を修復するために、社会的排除の議論から学べることとして、ただ「施す」だけでは、排除された状態が変わるわけではないということが指摘できよう。加えて、社会的権利が保障されているはずだ、と叫ぶレベルではまだ、"保障されている権利を法的権利であると自覚し、裁判で争うことのできるものが「一人前」の主体"という観念に囚われている。その権利を具体的に使いこなせる（実現する）ための「ケイパビリティ」が必要だからである。生活保護の例では、被保護者はニーズの決定に参与しておらず、保護の客体として扱われた。これを逆に考えれば、決定に参与させ客体扱いから脱却することが、権利ないし利益の実現の道筋に関連している[27]ということではないか。

---

[25] 分断が「異質性」を理由にするなら（ex. ムスリムの分断、ハンセン病元患者）、それ自体が問題である。

[26] 議会外の方法の模索として、塚田哲之「「政治的権利」の試み」法の科学48号（2017年）18頁など。

[27] この意味で、人権保障とガバナンスとを連関させる山元一「現代における人間の条件と人権論の課題」憲法問題23号（2013年）7頁は、本稿の問題意識と共通するものがある。

つまり、やはり決定への参画がカギになると思われる。しかも、参画がいわゆる「ガス抜き」になってはならないから、少なくとも参画によって自己に関する決定が出来ていると自覚しうるようなシステムの構築[28]が必要ではないか。フランスの論壇で「社会的民主主義（démocratie sociale）」という言葉で語られるものは、その方向性を指していると思われる。

　しかし、ことは簡単ではない。困難な課題として、決定参画者の「議席配分」をどうするのか、という問題があるからである。それでも、民主主義の小学校は、地方自治だけではないはずだから、意味のある参画の方法について、探求が続けられるべきであろう。

---

28)　松尾隆佑「影響を受ける者が決定せよ――ステークホルダー・デモクラシーの規範的正当化」年報政治学（2016－Ⅱ）356頁は、デモクラシーのメンバーシップ問題を検討している。

シンポジウム＝社会の持続可能性と法主体の再構築

ケアを中心とする社会への転換のための法構想
──「脆弱な主体」をめぐって

中里見博（大阪電気通信大学）

key words
ケア care, 依存 dependency, 脆弱性 vulnerability, 法主体 legal subject, 脆弱な主体 vulnerable subject

1 「社会の持続可能性」とケア論

　本稿の目的は、ケアを中心にした社会に転換するための法構想の一環として、ジェンダー研究におけるケア論で提起されている「脆弱な主体」に若干の検討を加え、本シンポジウムのテーマ「社会の持続可能性と法主体の再構築」への寄与を目指すことである。

　まず、「社会の持続可能性」とケアに関する議論とがなぜ関係するのかを簡単にみておきたい。社会の持続可能性が問題にされるからには、それが"危機"にあるという問題意識が先行している。「ケア」とは後にみるように、人間の生死や病老に関わるニーズを満たす営みであるから、社会の持続可能性の"危機"をケア論からみれば、それは「労働力」の再生産や「人間」そのものの再生産が"危機"にある問題といえる。

　労働力や人間の再生産の危機の姿を、今日の日本社会に即して描けば、大沢真理が指摘するように、「高い自殺率」（統計がとれる諸国で最悪クラス）、「低い出生率」（世界最低クラス）、「高い貧困率」（OECD諸国で最悪クラス）として描くことができよう[1]。

　大沢は、そうした現象の大きな原因を、日本の「生活保障システム」が依然として「男性稼ぎ主」モデルにあることに見出している。そのモデルのもとでは、世帯の主要な稼ぎ手は雇用労働者の夫で、家庭責任（ケアに関わる責任）は妻が担うものとされ、ケアへの公的支援は低所得や「保育に欠ける」などのケースに限っていわば例外として提供される[2]。それに対して、出生率の高い（正確には回復した）北欧諸国やフランスなどでは、大沢が「両立支援」モデ

---

[1] 大沢真理「戦後自民党政治下のジェンダー政策がもたらしたもの──『男性稼ぎ主』型への固着が社会を衰退させる」（報告のまとめ）ジェンダーと法14号（日本加除出版、2017年）165頁。

ルと呼ぶ政策が採られており、男性も女性も職業と家庭や地域での活動を両立する、つまり稼ぐとともにケアもする社会で、雇用平等のための規制とともに児童手当、保育サービス、高齢者介護サービスや育児休業などの家族支援が制度化されている。

このように、出生率など労働力や人間の再生産に関わる問題には、ケアに関わる労働のジェンダー平等、さらに公的支援のあり方や、市場化の程度などが大きく関わっている。

2 「ケア」とは何か

「ケア」は多義的な概念である。ケアを社会の中心にするといった場合のケアとは何か、とりわけ社会の持続可能性との関連で論じられるべきケアとは何かを簡単に検討したい。

ジェンダー論とは無縁のケア論は、ミルトン・メイヤロフの『ケアの本質』（原書1971年）[3]を嚆矢とするが、ジェンダー研究におけるケア論に両義的ながら決定的な影響を与えたのは、周知のとおり、キャロル・ギリガンの『もうひとつの声』（原書1982年）[4]である。ギリガンは、"倫理的葛藤"を引き起こす諸問題に対する男女の対応の違いを分析し、男性に多くみられる普遍的原理に基づいて解答を探す傾向を「正義の倫理」と呼んだ。それに対して、女性に多くみられる状況への考慮や関係性への配慮をしつつ、結論に到達しようとする傾向を「ケアの倫理」と呼び、そこにおける道徳的判断の基準は「他者の心情に配慮し、他者を傷つけないように思い遣ること」[5]であるとした。そして、従来の発達心理学が、そうした女性に多くみられる道徳的推論を、男性に見られる道徳的推論に比べて人格的に未成熟と位置づけてきたことのジェンダーバイアスを批判したのである。

ギリガンの議論は、「女性の経験を表現する言葉を求めるフェミニズムの立場からの知識批判」[6]とも評されるが、ギリガンへの賛否を子細に検討した山根

---

2) 大沢真理『生活保障のガバナンス――ジェンダーとお金の流れで読み解く』（有斐閣、2013年）122頁。なお関連して、三浦まり「変革の鍵としてのジェンダー平等とケア」同編『社会への投資――〈個人〉を支える〈つながり〉を築く』（岩波書店、2018年）。

3) Milton Mayeroff, On Caring, 1971（田村真・向野宜之訳『ケアの本質――生きることの意味』ゆみる出版、1987年）。

4) Carol Gilligan, In a Different Voice: Psychological Theory and Women's Development , 1982（岩男寿美子監訳『もうひとつの声――男女の道徳観のちがいと女性のアイデンティティ』川島書店、1986年）。

5) 井上匡子「ケアの倫理の意義と可能性」亜細亜女性法学17号（2014年）9頁。

6) 江原由美子『フェミニズムのパラドックス――定着による拡散』（勁草書房、2000年）128頁。

純佳によると、「フェミニズムやジェンダー研究者の評価はまっぷたつに分かれ」た[7]。一方で、ギリガンの主張は社会と文化の中で作られる「女性性」を本質化・固定化するもの（ジェンダー本質主義）だという懸念や、ギリガンの研究の実証的根拠に疑問を投げかける批判が出された。他方で、「ケアの倫理」の価値を女性、とくに母親の経験として肯定的に受容し、「ケアリング（思いやりや世話）」という新しい道徳的概念を構築し、それを私的領域だけでなく公的領域にまで拡大していく必要性を説く「ケアの倫理学」が生まれた、という。山根自身は、ケアの倫理学に対しても、女性のケア役割を固定化するという観点から批判的である。

本報告が検討対象とする「ケア論」は、ギリガンから出発しつつも、ギリガンやケアの倫理学に対するジェンダー本質主義批判を潜り抜けた中から出てきた一連の研究である。ギリガンをジェンダー本質主義と批判した[8]上野千鶴子は、その後ケアの研究に進み、ケア概念の定義として次のものを採用している——「依存的な存在である成人または子どもの身体的かつ情緒的な要求を、それが担われ遂行される規範的・経済的・社会的枠組みのもとで、満たすことに関わる行為と関係」[9]。

上野は続けて、ケア研究の「規範的主張」を肯定的に紹介している。すなわち、①ケアの価値は尊重されるべきこと、②ケアは労働として取り扱われるべきこと、③ケアはジェンダー公正の立場から配分されるべきこと[10]。ここでは、3点目の「ケアは労働として取り扱われるべき」という点に注目したい。しばしば「ケアリング」という用語で呼ばれる「配慮」「思いやり」「関わり合い」といったケアの心理的な価値が、ほとんどの場合「世話」というケアの身体的・物理的な側面、つまりケアワークとセットであることは看過できない重要な事実だからである。そして、公私を貫くケアワークのジェンダー不平等な配分——つまり性別分業——こそが性差別の根幹にあると考えるならば、ケアをケアワークとして取り扱うことの実践的、理論的意義は非常に大きい。

ただし、それと同時に、ケアワークの労働としての特殊性も看過しえない。ケアワークは、ケアの上記定義にもあるように「依存的な存在」である相手の「身体的・情緒的な要求」に応えるという特殊な労働であり、それゆえケアは、池田弘乃が指摘するように、「一方で労働」であり「他方で関係性の中での価

---

7) 山根純佳『なぜ女性はケア労働をするのか——性別分業の再生産を超えて』（勁草書房、2010年）131頁。
8) 上野千鶴子「差異の政治学」『岩波講座現代社会学11　ジェンダーの社会学』（岩波書店、1995年）8頁（同『差異の政治学』岩波書店、2002年に所収）。
9) 上野千鶴子『ケアの社会学——当事者主権の福祉社会へ』（太田出版、2011年）39頁。
10) 同前44頁。

値」であるという「二重性」をつねに持つ[11]といえるであろう。

3 「依存」の捉え直し

ケア概念と表裏の関係をなしている重要な概念に「依存（dependency）」がある。以下に述べる議論は、エヴァ・フェダー・キテイ（哲学）と、マーサ・ファインマン（法学）によって、ほぼ同時期に、しかし相互の交流なく主張されたものとされる[12]。

人は、生物学的な成長・老衰の過程において、他者に依存しなければ生きられない状態を経験する。幼児期にはだれもが依存状態にあるし、老いたり、病んだり、障害を負ったりすることで依存状態に陥る場合も少なくない。このようにだれもが成長・老衰等の過程で他者に依存しなければ生存できない状態――これが、人間存在に共通の基本条件として「必然的依存」ないし「不可避の依存」と呼ばれる。

この「避けられない依存」は、その依存者をケアする労働をだれかに負わせることになる。依存者を私的に――つまり家族が無償で――ケアする場合、ケアワークを引き受けた者は、その結果として経済的自立が困難になり、その人自身も依存状態に陥ることがしばしば起きる。このケア提供者が陥る依存を「二次的依存」ないし「派生的依存」と呼んで、必然的依存ないし不可避の依存と区別した。近代社会は、必然的依存に対するケアをできるだけ「私事」化し、女性たちの無償のケアワークに――「市場」化する場合でも多くの場合女性の低賃金労働に――それこそ「依存」することの上に成り立ってきた。そして、これまで国家も市場も、そうした無償ないし低賃金のケアワークの恩恵によって社会を維持、再生産してきた以上、依存がもたらす負担を引き受ける責任を再分配すべきであるとケア論の論者は主張する。

この「二重の依存」論の意義を探った江原由美子は、それを次のようにまとめている。従来の社会理論は、依存を人間の基本的な条件とみないことによって、「依存労働」（依存的な他者をケアする労働、本稿では「ケアワーク」）も、あたかも「個人の自由な選択」であるかのように位置づけてきた。これに対してケア論は、「『依存』を、『あってはならないマイナスの状態』とみなすのではなく『人間の基本的条件』と位置づけることによって、『依存労働』の必然

---

11) 池田弘乃「ケア（資源）の分配――ケアを『はかる』ということ」齋藤純一編『政治の発見3 支える――連帯と再分配の政治学』（風行社、2011年）271-272頁。
12) エヴァ・フェダー・キテイ、岡野八代、牟田和恵『ケアの倫理からはじめる正義論――支えあう平等』（白澤社、2011年）70頁。

性」を示した。そして「『依存労働者』の弱い立場を明確にすることによって、『依存者』だけでなく『依存労働者』の福祉に配慮することを、『社会的協働の公共的構想』に求める」、一言でいうと「『依存』という事実を認めることで、『依存労働者』を公正に扱うことを主張する」[13]のである（強調引用者）。

　江原によると、ケア論において「最も重要な論点の１つ」は、「依存労働者が、他の労働者とは異なり、自らの利益を主張しにくい『弱い立場』にあるという論点」[14]だという。従来も、親子関係や介護関係で「強者弱者」という立場の違いが問題となってきたが、そこでは圧倒的にケア提供者が「強者」、依存者が「弱者」として位置づけられてきた。それに対してケア論では、ケア提供者が「弱い立場」に立ちうるとされる。すなわち、依存者とケア提供者を結びつけているのは、多くの場合単なる契約ではなく、依存者がケア提供者に生存を依存していることから生じる、ケア提供者の側の道徳的責任である。それだけに、ケア提供者が依存者との関係を断つことは、単なる契約の場合以上に困難となる。また、依存者の安寧に責任を負うケア提供者は、依存者の権利擁護にも責任を負う結果、自分自身のニーズのために要求する力が制限されることになる[15]――こうしたことが、ケア提供者の「弱い立場」とされる。

　以上のようなケア提供者の「弱い立場」は、単に社会的な立場の弱さだけでなく、依存者との関係においてもケア提供者が支配されてしまうこともありうることを意味する[16]。それゆえ、依存者だけでなくケア提供者の福祉に配慮することを、正義や法的権利の公的領域に持ち込むことが求められるのである。

4　「脆弱な主体」と「応答的国家」

　以上の「依存」に関する理論は、ケアワークのジェンダー公正な分配を考える際の基底的な議論であり、重要な理論的貢献と評価できよう。しかし、ファインマンによると、依存の問題が社会政策や法の中心課題に位置するという主張は、それを認める論者も多かった反面、メインストリームの社会科学者には受け入れられなかったという[17]。

---

13) 江原由美子「『依存批判』の射程」同前134頁。
14) 同前130頁。
15) 同前130〜131頁。依存労働者のニーズに着目し、その憲法上の権利主体性を検討したものに、遠藤美奈「憲法上の権利とケア」ジェンダーと法12号（日本加除出版、2015年）。
16) エヴァ・フェダー・キテイ（岡野八代・牟田和恵監訳）『愛の労働あるいは依存とケアの正義論』（白澤社、2010年）90頁。
17) Martha Albertson Fineman, Equality, Autonomy, and the Vulnerable Subject in Law and Politics, in Martha Albertson Fineman & Anna Grear, eds., Vulnerability: Reflections on a New Ethical Foundation for Law and Politics, 2013, p.19.

「必然的依存」については、その必然性はむしろ人の生涯の一時期の出来事であり、「家族」といったつまらない問題を扱う者が取り組めばいいとされたという。「二次的依存」については、個人の「選択」という契約主義的解釈に解消され、選択した以上、第三者に支援を求めるべきでないとされた。依存の問題は、国家が介入すべきでないプライバシーの領域である家族内部の「世話（caretaking）」の負担の問題に矮小化された。そこには、フェミニズム理論によって何十年にもわたって批判されてきた、いわゆる「公私区分」の伝統が、頑強に支持されていることが示されたという[18]。

　こうした無理解に直面し、ファインマンは、依存についての研究を発展させるべく、法主体の再構築に向かった。ファインマンはまず、従来の西欧法の伝統的な法主体を「リベラルな主体」と呼ぶ。それは個人的自由と自律に守られつつ、国家と社会と個人の関係を構築する。すなわち、「リベラルな主体」は、複数の社会的役割を担う能力のある社会的アクターである（雇用主、雇用者、配偶者、親、消費者、製造業者、市民、納税者等）。それはまた、「責任主体としての個人」と「抑制的で非介入的な国家」という相補的なイデオロギーにとって不可欠なものであるとされる。

　しかし、ファインマンは、「リベラルな主体」の問題点を次のように指摘する。すなわち、それは複雑な人間の状況を単純化しすぎており、実態とそぐわないと。それに対して、「人間であるとはどういうことか」という問いの中心に、「依存と脆弱性（vulnerability）」を据えることによって、人の直面する複雑な現実を反映することを求めるという。そうした脆弱性アプローチは、法主体として「リベラルな主体」に換えて「脆弱な（vulnerable）主体」を設置する。

　「脆弱な主体」とは、人間にとって「脆弱性」が普遍的（universal）かつ絶え間ない（constant）という認識に基づき、その認識を具体化するものだという。依存と脆弱性の違いは、両者ともに普遍的だが、脆弱性は絶え間なく生じる点で異なっており、より公正な社会を求める上で理論的により強力であるとされる[19]。ファインマンの議論を踏まえて、小田川大典は、脆弱性を次のように定義している。「普遍性と、不変性を備えながらも、具体的な身体、環境、資源の相違によって特殊的に顕現する〈依存状態に陥る可能性〉」[20]であると。

　ファインマンは、脆弱性を軽減することはできても、完全になくすことはできないという。そこで重要になるのは、脆弱な存在である人間の「レジリエン

---

18) Ibid.
19) Ibid., p.20.
20) 小田川大典「池田報告へのコメント――ヴァルネラビリティ論の観点から」法哲学年報2016（有斐閣、2017年）27頁。

ス」(耐性、弾性、回復力)を高めることだという。その観点から諸々の社会制度——家族、コミュニティ、学校、企業など——と「国家」が考察される。社会制度は、災害や暴力のダメージを緩和する資源を提供することによって、人びとのレジリエンスを高めることができる。しかし、社会制度もまた、経済的、政治的、社会的な諸要因によって機能不全に陥る可能性があり、その存在は脆弱であるという。

そこで、社会制度を整備し、それらが人びとに十分なレジリエンスを提供できるように働きかける「応答的国家 (responsive state)」が提示される。応答的国家のもとでは、平等を実現するために、「多様な処遇、特別扱いや優遇措置でさえ」肯定されると主張する。その際重要になるのは、透明性と積極的な説明義務だとされる[21]。

しかし、アメリカを含む多くの国では、個人の脆弱性よりも、社会制度——とくに企業の脆弱性——の方を特別扱いして、「応答」してきたことを認める。企業の振興や助成、税制優遇や投資は、個人に対する支援に反対する者も認めがちである。企業が利潤追求を第一の目的にしていることから、とくに不正や腐敗に対して脆弱である事実に鑑みれば、企業に対して、より用心深く対応する国家が必要である、とファインマンは述べる[22]。

5 関係的権利としてのケア

ケア論の問題提起——人間の基本的条件としての「依存」と新たな法主体としての「脆弱な主体」——を引き受け、権利論のレベルで応答しようとしているのが野崎亜紀子である。

野崎によれば、「個人」を「尊重」する近代社会＝リベラルな社会は、個人の尊重の仕方として、個人の〈自由意思〉を尊重し、「自由意思の行使可能な個人」が法主体とされる[23]。だが、「人の始まりは、脆弱でケアを必要とする存在だった」し、病老死の過程で「人はみな、〈脆弱な者〉になり得る」。したがって、「〈脆弱な者〉によって構成される〈ケア関係〉は、事実として、リベラルな社会を公正する基礎ないし前提にある」(強調原文)[24]。それゆえまた、「近代法秩序を支えるリベラリズムにおけるあるべき主体の構想」は、「自由意思を行使する主体を支える〈脆弱な〉個々人達によってこそ成り立ち得る」。そ

---

21) Fineman, supra note 17, p.27.
22) Ibid., p.25.
23) 野崎亜紀子「規範的関係論・序説」千葉大学法学論集29巻1・2号 (2014年) 153頁。
24) 同前154-155頁。

こで野崎は、「自由意思の行使」に代えて、〈脆弱な主体〉によって成り立つ「ケアの関係性」を尊重することに、「個々人の承認」のあり方を見出す[25]。そして〈脆弱な主体〉によって構成される「つながり」としての「ケア関係」をこそ社会の基本的構成単位とみなし、その「つながり」に対する平等な配慮と尊重の権利を、正義の名のもとに要請するのである[26]。

　河見誠は、野崎の議論があてはまるような現実の事例として、認知症高齢者の介護について論じている[27]。河見は、介護保険法（2000年施行）の目的が高齢者の「自立支援」に置かれていることにつき、「自立」を基底としたケアでは限界、矛盾が生じてくる場合があると指摘する。認知症高齢者の要介護認定において、一方では、認知症の高齢者は"体は元気"で日常生活を送る上での身体機能にあまり問題がないため、「自立」できており要介護度が軽度判定される傾向がある。他方では、常時の声かけや見守りを中心とした「共にいる」ケアによって症状が緩和しているにもかかわらず、要介護認定の際には、「問題行動が見られない」として軽度判定されることもあり、その結果介護の時間や内容が削減され、症状悪化につながるおそれがあるのである。

　こうした問題から、河見は、認知症高齢者の介護においては、「関係性（生活環境、家族関係、介護者との関係、当人の生き方・ケアのプロセス、それらの全体）の中でのニーズの把握が必要であり、むしろ中心に置かれなければならない」という。個人の〈"自"立〉よりも、その前提としての〈"関係"立〉（関係の中で立つこと）が目標として設定されるという意味で、「関係形成のケア」と呼ぶ。そうしたケアの基盤にあるのは、当人にとって必要なだれかが「共にいる」こと（「共在」being beside）だという[28]。

6　若干の検討

　ファインマンの主張は、「自律」を特徴にした「リベラルな主体」を、依存と脆弱性を抱えた「脆弱な主体」に全面的に置き換え、そのことにより、国家観もまた「抑制的で非介入的」なリベラルな国家から「応答的国家」へ転換することを提唱する。

　憲法に社会権規定を持つ日本では、自由権主体であるリベラルな個人は、憲法レベルですでに一定の修正が生じているともいえる。この点につき、堤修三

---

25)　同前158頁。
26)　同前162頁。
27)　河見誠「ケアの重層構造と法」法哲学年報2016（有斐閣、2017年）84-88頁。
28)　同前89頁。

は、異なる二つの権利主体が併存しているだけではないかと指摘する。かねてから憲法学においても「自由権と社会権とは、その前提とする国家観および法的性質を異にする」[29]といわれてきたのを引きながら、「自由権＝強い理性的な個人、社会権＝ケアを受けるべき（ヴァルネラブルな）個人という具合に、この二つは前提とする個人像も異なる」という。堤は、「福祉立法が、憲法が基礎を置く市民法原理と十分に親和的であるとは言い難く、何か異物感のようなものを漂わせつつ、存立している感がある」と問題点を指摘し、それを克服するためには、「両者〔二つの個人像〕を内在的に統合する憲法原理こそが求められるのであろう」と指摘している[30]。

確かに、ケア論の眼目は「依存」が例外的ではなく人間存在の普遍的で基本的な条件であるとする点にある。また、その人間存在の条件から、家族法や福祉立法だけでなく、あらゆる法領域を再検討することが、「労働力・人間の再生産」の危機を緩和し、社会を持続可能な方向に導きうると提起する点にあるだろう。そうでなければ、福祉立法の「異物感」、家族内の関係を孤立させる「公私区分」論などは頑強に残り、ファインマンらの依存とケアの理論が、「メインストリームの社会科学者には受け入れられな」いという状況は克服しえまい。

しかし、「リベラルな主体」の全面的な置き換えには躊躇を覚えざるをえない。ファインマンも指摘するように、リベラルな法主体は「社会契約の主体」でもあり、それが国家の生成と、国家権力の正当性を理論づけるものでもある[31]。リベラルな主体の全面的な置き換えは、権威主義的国家を招くのではないかと2008年論文で自問自答してもいる[32]。「個人」に換えて、脆弱な主体の「ケア関係」を社会の基本的構成単位とみなすという野崎の議論にも似たような問題がありうる。すなわち、個人を集団性に埋没させ、個人の尊重に反する帰結を招くのではないか、という危険性である[33]。

自由意思を行使できる主体ではなく、意思決定できないか、決定が困難な「脆弱な主体」と、そのニーズに「応答する国家」とが向き合うとき、国家と

---

29) 芦部信喜『憲法』（第6版、2015年）85頁。
30) 堤修三「社会保障制度におけるケア――介護保険を中心に考える」法哲学年報2016・99頁。もっとも堤は、両者を統合する憲法原理がない以上、市民法に根を持った社会制度として社会保険という仕組みが考え出されたとし、その観点から介護保険制度を分析している。
31) Fineman, supra note 17, p.17.
32) Martha Albertson Fineman, The Vulnerable Subject: Anchoring Equality in the Human Condition, Yale Journal of Law & Feminism, vol.20, 2008, p.19.
33) 野崎はこの点につき、自身の議論は、抽象的人間の集合体を社会の基礎に置くのではなく、個別の人間からなる関係の片務的義務を基礎に据えるので心配はないとしている。野崎前掲注23・150頁。

その権力の正当性が何に基づくのか、権力の限界は何よって画されるのかは定かではない。具体的には、「脆弱な個人」ではなく、「脆弱な経済企業体」に「応答」する国家をいかにしてコントロールするのか十分解明されてはいない。ファインマンは、2013年論文の最後で、脆弱性理論は、「立法府の倫理にかなった行動」や「より自覚的に平等主義的な政治文化」[34]を明らかにすることがねらいだと述べている。一方で異なる法主体が併存することの限界と、他方で法主体を全面的に転換することの困難をどう乗り越えるかは、未解決の問題としてあるように思われる。

---

34) Fineman, supra note 17, p.27.

シンポジウム＝社会の持続可能性と法主体の再構築

雇用社会の変容と労働法の課題
―― 雇用社会の持続可能性・法主体の検討視角

山川和義（広島大学）

key words
持続可能性 Sustainability, 法主体 the legal subjects, 雇用社会の変容 the change of employment society

1　はじめに

　現在、雇用社会は大きな転換期を迎えている。少子高齢化は労働力人口の減少をもたらし、日本社会の持続可能性に影響する。また、正規雇用と非正規雇用を分断するいわゆる雇用の二極化は、雇用形態の違いによる格差を拡大する一方で、後述するように、正規雇用および非正規雇用それぞれにおいて労働や生活の質を悪化させている。さらに、近年、情報通信技術の高度進展、AI化等のいわゆる第4次産業革命による産業構造の変化が進む中で労働者の働き方が大きく変容するとの指摘がなされている。これらの動向は、雇用社会のあり方およびそこで活躍する人間像にも大きな変化をもたらしうるものである。
　そこで、本稿では、これらの雇用社会への影響およびこれに対する最近の雇用政策の動向を整理して、労働法の課題を整理する。そして、これらをふまえ、持続可能な雇用社会とは何か、また、雇用社会における法主体とはどのようなものかを考える際の基本的な視角についての提示を試みたい。

2　社会の変容と雇用社会への影響

　雇用社会に影響を与える社会の変化として、少子高齢化、雇用の二極化および技術革新・産業構造の変化に焦点を当てて課題を整理する。

(1)　少子高齢化と雇用社会

　少子高齢化による具体的な事象として、現役世代の減少が雇用社会に影響を与える。高齢化率の上昇[1]、生産年齢人口の逓減、総人口の逓減をみると、日本経済を支え、また、社会保障の担い手として社会を支える現役世代の負担は、著しく大きくなると見込まれる。このような状況のなかでは、日本経済および

社会保障の担い手としての雇用労働者をいかに確保するかが課題といえる。具体的には女性、高齢者、障害者の雇用機会をどのように確保するか、また、社会保険適用対象をどのように拡大していくかなどの課題がある。

次に、高年齢労働者の増加が雇用社会に影響を与えると考えられる。現在、労働力人口に65歳以上の者が労働力人口に占める割合は1割弱だが、その7割以上は非正規雇用である[2]。また、一般的な定年年齢である60歳[3]以降の者も、その多くが嘱託雇用など非正規雇用として雇用が継続するのが一般的な状況である[4]。この場合、定年前後で仕事内容が変わらないにもかかわらず、賃金水準が定年前よりも相当に低くなることが多い[5]。実際には、高年齢雇用継続給付等により所得の補填があるため、定年前後での賃金格差が生活に与える影響は軽減されうる。しかし、これらの所得補填が制度上永続する保障はないし、そもそも同一労働に対して同一賃金が保障されていない非正規雇用が高齢期の雇用として固定化しつつある状況は、労働者の就労意欲を欠くものとして妥当でないと思われる。

(2) 雇用の二極化と雇用社会

正規雇用・非正規雇用間の格差が、雇用社会に影響を大きな及ぼしている。現在、パートタイム労働者、有期契約労働者、派遣労働者等の非正規雇用労働者数は増加し、労働力人口に占める割合は4割にせまり[6]、正規雇用と非正規雇用の二極化が進んでいる。この中で、両者の賃金格差は、収入全体および賃金項目別に支給対象となり得るかなどの点で、大きい[7]。非正規雇用から正規雇用への転換の途が非常に険しい中では、いったん非正規雇用となった労働者は

---

1) 平成28年版厚生労働白書4頁以下。高齢化率は1950年の5％から1985年に10.3％へ、2005年に20.2％となり、2015年には26.7％となっている。2060年には2.5人に1人が65歳以上となると推計されている。
2) 平成28年厚生労働白書36頁。
3) 一律定年制を定める企業のうち、約8割（79.3％）が定年年齢を60歳と定めている（厚生労働省「平成29年度就労条件総合調査」）。
4) 高年齢者雇用安定法9条1項に基づく雇用確保措置を講じている企業のうち81.3％が継続雇用制度（主に定年後再雇用）の導入を選択している（厚生労働省「平成28年『高年齢者の雇用状況』集計結果」）。
5) 定年後の仕事内容が定年到達時点と同じである割合は、83.8％となっている。フルタイムが77.4％。他方、年間給与は定年後は定年前の平均68.3％という調査がある（独立行政法人労働政策研究・研修機構「高年齢社員や有期契約社員の法改正後の活用状況に関する調査」（平成26年））。
6) 2016年の非正規雇用職員・従業員割合は全体の37.5％である（総務省「労働力調査」（平均結果の概要））。
7) 正社員・正職員以外の社員・職員の賃金は正社員・正職員の65.8％となる（平成28年賃金構造基本統計調査）。また、退職金や賞与は正社員の約8割が支給対象となるが、非正規雇用の場合、退職金は9.6％、賞与は31.0％が支給対象となるにとどまる（平成25年就労条件総合調査）。

非正規雇用として固定化しやすい。その結果として低賃金・低所得層の固定化につながる点で、雇用の二極化およびその格差は雇用社会の持続可能性に大きな影響を与える[8]。

雇用の二極化は正規・非正規雇用間の処遇格差だけでなく、正規雇用・非正規雇用それぞれに問題を生じさせている。正規雇用労働者は長時間労働やストレスの大きな仕事などによる身体的・精神的な健康問題が生じるなど「過剰な労働」状態にある。また、年休を十分に取れず、休日に仕事のメールが入り対応を迫られるなど十分な休養を取ることができない。さらに、育児や介護を行うことも容易ではないなど、ワーク・ライフ・アンバランス状態が雇用社会に影響を与える。他方、非正規雇用労働者は低処遇での固定化がすすみ、貧困をもたらしうる点で雇用社会に影響を与える。

(3) 技術革新・産業構造の変化と雇用社会

近年、現在進行中であるIoT（Internet of things）、AI（Artificial Intelligence）やロボット技術の発展を軸とする第4次産業革命[9]により、産業構造や就業構造が劇的に変わる可能性が指摘されている。まず、定型的業務などがAIロボットにより代替されて雇用が減少する一方、AIなどを活かした新たな事業の登場により新たな雇用が生まれる。このことは、時間的・場所的拘束のある定型的労働が減少し、労働そのものがより時間的・場所的拘束のゆるい自律的なものへとかわっていくという、労働の質の変化をもたらしうる[10]。

また、単純・定型的業務が減少し、より自律的かつ専門的な業務が多くなると、企業はミッションやプロジェクトごとに人を集め、労働者はそのミッション等の終了後、あらためて別の企業に所属して働くというような企業の枠を超えた働き方が主流となっていくとの指摘もされている[11]。このような働き方の質の変化は、一つの企業に所属して労働を提供してきたこれまでの働き方を前提とした雇用社会に大きな影響を与えうる。具体的には、クラウドソーシング、多様なテレワークが増えつつあるが、これらの働き方に対する規制のあり方の検討が課題といえる。

---

8) ここでは処遇格差のみ指摘しているが、雇用が不安定である点も留意すべきである。
9) 第4次産業革命とは、現在進行中で様々な側面を持ち、その一つがデジタルな世界と物理的な世界と人間が融合する環境と解釈されている。具体的には、あらゆるモノがインターネットにつながり、そこで蓄積される様々なデータを人工知能などを使って解析し、新たな製品・サービスの開発につなげること等とされている（World Economic Forum（WEF）による定義。情報通信白書（平成29年版）参照）。
10) 「働き方の未来2035：一人ひとりが輝くために」懇談会報告書8頁以下参照。
11) 「働き方の未来2035」報告書10頁以下参照。

3　社会の変化と労働法の課題

　以上のような社会の変化とそこにみられる課題に対して、労働法はどのような対応をするべきか。この点、安倍政権は一億総活躍社会、すなわち「女性も男性も、お年寄りも若者も、一度失敗を経験した方も、障害や難病のある方も、家庭で、職場で、地域で、あらゆる場で、誰もが活躍できる、いわば全員参加型の」社会の実現をめざし（「ニッポン一億総活躍プラン」（2016年6月2日閣議決定））、それをふまえた「働き方改革実行計画」（2017年3月、以下「実行計画」という。）が十分対応しているかが問題となる。そこで、現行の法政策および現政権の対応策に簡単に言及しながら、労働法の課題を整理しておきたい。

(1)　高年齢労働者と労働法の課題

　高年齢労働者の働き方に関する法政策として、65歳までの雇用確保措置の実施を義務づけるものがある（高年法9条1項）。これは雇用と年金を接続するための法政策であり、高年齢者の雇用が非正規雇用となることを当然に容認しており、その際の労働条件についてなんら規制をするものではない。このほかに、高齢期の雇用が非正規雇用化すること、労働条件の低下を規制するような特別な法政策はとられていないといえる[12]。

　「実行計画」では、高年齢者の就業促進策として、継続雇用年齢等の引上げを掲げる一方で、多様な技術・経験を有するシニア層が転職できるよう、高齢期に限らずキャリアチェンジを促進するとしている。最近の法政策として、シルバー人材センターによる労働者派遣や職業紹介の対象業務の要件である「臨（時）・短（期）・軽（微）」（高年法38条1項、5項）の緩和（同法39条）がある。

　これらの法政策は年金までの雇用確保、就労機会の拡大という側面で有用ではあるが、いくつかの問題がある。まず、60歳以上の労働者の非正規雇用への固定化のおそれが高く、かつ、定年後再雇用の際の労働条件の低下を規制する手段がない点である。60歳以降も働くことが一般化、長期化しつつある中では、高年齢労働者も社会を支える担い手として、意欲と能力に応じた就労機会が確保されるべきである。その意味で、60歳というタイミングで多くの労働者を非正規雇用化してしまう法政策は、社会の支え手の確保・拡大に制限をかけうるものとして、再検討の余地がある。また、実態として、60歳前後の仕事が変わ

---

12)　労働条件の低下については、労働契約法20条などそれぞれの非正規雇用類型において正規雇用との労働条件の不合理な相違を禁止する規制がおよぶ。定年後再雇用後の賃金減額は不合理な相違とはならない旨判断したものとして、長澤運輸事件・東京高判平成28・11・2労判1144号16頁同事件・最二小判平成30・6・1。

らないのに、60歳定年をきっかけに非正規雇用化し、かつ、労働条件が切り下げられることが多いことは、60歳という年齢を理由とする不当な取扱いとして、この状況のきっかけとなる定年そのもののあり方も含めて見直す必要があると思われる。

　以上のほか、高年齢者に対する労働移動促進のあり方にも問題がある。「実行計画」が就業促進の対象としてイメージする「多様な技術・経験を有するシニア層」という高年齢労働者像は、限定的にすぎないかという点である。ここにいう技術・経験が高度な内容であれば高年齢労働者のすべてがこれに当てはまるわけではないと思われるし、そうでなくても、長年従事してきた仕事がなく、有する技術・経験を活かすことができない場合や新たなことにチャレンジしようとする場合など、ここで就業促進の対象としてイメージされる高年齢労働者像からはずれる場合が多々あると思われる。また、高齢期には健康不安や老々介護など多様な事情[13]でフルタイムでの仕事が困難な場合もある。「多様な技術・経験を有するシニア層」に焦点をあてることにより、これに当たらない高年齢労働者を技術・経験不十分として扱い、就業促進の対象から排除してしまうことのないよう、留意すべきである。

(2) 格差問題と労働法の課題

　正規雇用と非正規雇用の格差への対応には、正規雇用との不合理な労働条件の相違を禁止する規制（パートタイム労働法8条、労働契約法20条）、フルタイム労働者と同視すべきパートタイム労働者との差別禁止規制（パートタイム労働法9条）がある。この点につき、「実行計画」は、同一労働同一賃金など非正規雇用の処遇改善を行うとする。もっとも、その具体的な目標は、同一労働同一賃金の実現ではなく、不合理な待遇格差の解消となっており、標題と内容が一致していない[14]。「実行計画」によれば、正規雇用・非正規雇用の処遇格差の解消は、「仕事ぶりや能力が適正に評価され、意欲をもって働けるよう」にすることで、労働者のモチベーションを高め、それによる労働生産性向上をはかろうとする経済政策の観点によるものである。これを受けた、「働き方改革を推進するための関係法律の整備に関する法律案要綱」（2017年9月15日に労働政策審議会が厚生労働大臣に答申。以下、「働き方改革関連法案」という。）によれば、正規雇用・非正規雇用間処遇格差の解消は、パートタイム労働と有

---

13) 高齢期の生活・就業不安の具体例などについては、藤田孝典『続・下流老人』（朝日新書、2016年）参照。

14) 和田肇「働き方改革で非正規雇用の処遇改善は実現できるのか」労働法律旬報1903号（2018年）25-26頁参照。

期労働契約が同一規制の下に置かれ[15]、正規雇用と同視すべき非正規雇用労働者に対する差別禁止と、不合理な格差解消という方法で行われることとなる。有期労働契約については規制の一部強化といえるが、このような規制が格差解消に寄与しうるかが問題となる。

　まず、「実行計画」による格差解消が経済政策に位置づけられ、労働法的観点への配慮が不十分である点に問題があると思われる。「仕事ぶりや能力が適正に評価される」ことを目的とすることは、非正規雇用労働者が雇用形態のみを理由に不当な扱いを受けてきたことに照らせば、労働者個人の尊重（憲法13条）につながる点で労働法的な価値にも適合する。しかし、この「適正に評価される」とは「不合理な相違」ではないことを指すもので、不合理かどうかの判断を支える規範的根拠があいまいな点に問題がある。不合理性判断の内容は「同一労働同一賃金ガイドライン案」（2016年12月20日）により具体的に示される。とはいえ、そのなかで「具体例として整理されていない事例については、各社の労使で個別具体の事情に応じて議論していくことが望まれ」るとされ、不合理な相違かどうかの判断を結局労使自治にゆだねられる。労働組合の組織率が低迷する現状から、労使自治にゆだねることの現実的妥当性に疑問が生じるし[16]、法規制として予測可能性がかなり低い点にも問題はあろう。

　また、正規雇用・非正規雇用間格差をどう解消するかの道筋を法が示していない点にも問題がある。この格差問題については、均等待遇の原則を定める労基法3条、男女同一賃金原則を定める労基法4条の差別禁止規定の根底にある、「およそ人はその労働に対し等しく報われなければならないという均等待遇の理念」[17]を明示的に確認して、それを基本に規制をすべきである。それは、不合理な相違の禁止という規制では、一方で不合理な相違を禁止するが、他方で不合理でない相違を、「不合理」の解釈いかんによって相当に広い範囲で、容認する結果を生じさせうる[18]からである。

　なお、ガイドライン案は、「我が国から『非正規』という言葉を一掃することを目指す」とするが、不合理な待遇格差の解消だけでは非正規雇用の雇用不安や貧困は解決されない。これらにつき「実行計画」が対応しようとしていない点には問題がある。

---

15) 法律案要綱によれば、現在のパートタイム労働法が「短時間労働者及び有期雇用労働者の雇用管理の改善等に関する法律」と改称される。
16) 和田論文・前掲注(14)29-30頁。
17) 丸子警報器事件・長野地上田支判平8・3・15労判690号32頁。
18) ガイドラインの内容いかんでは、現状をほとんど改革しえないか、むしろ正規・非正規の待遇格差を容認する方向で裁判官の判断を拘束してしまう危険がある（西谷敏「真の『働き方改革』に向けて」労働法律旬報1889号（2017年）8頁）。

(3) 長時間労働による健康被害と労働法の課題

「実行計画」および働き方改革関連法案は、長時間労働の是正のために、時間外労働時間の上限を罰則付きで新たに設けることとした。他方で、いわゆる高度プロフェッショナル制度の新設や企画業務型裁量労働制の拡大など、労働時間規制の適用除外ないし緩和となる制度の導入を、創造性の高い仕事で自律的に働く個人が意欲と能力を最大限に発揮し自己実現をすることの支援を目的として行おうとしている。

このように労働時間に関して、規制強化と規制緩和という思想の相反するものが抱き合わせですすめられている。この点、納得のいく説明もなく[19]、立法政策のあり方としては疑問が生じる[20]。創造性の高い仕事に就く個人をターゲットにした労働時間規制の緩和施策と長時間労働の是正のための規制強化施策との関係性、その影響が明らかにされた上で、立法作業が進められるべきであろう。

なお、特別条項付き労使協定に基づく時間外労働の上限が、業務と疾病との関連性が高いとされるいわゆる過労死ライン(発症前月100時間、発症前2から6か月平均80時間)相当に設定されている点は、長時間労働による健康被害に対する効果に疑問が残る。加えて、不払い残業が蔓延している[21]なかでは罰則付き規制の実効性に過大な期待をすべきではない。労働時間規制により健康確保、さらに、ワーク・ライフ・バランスの実現を真に進めるのであれば、上限規制は罰則だけでなく、上限を超えた場合の時間外労働拒否権を労働者に明文で付与すべきである。

(4) 技術革新・産業構造の変化と労働法の課題

「働き方の未来2035」によれば、第4次産業革命の進展により働き方の選択肢が増え、正社員としての働き方は減少し、プロジェクト型の仕事が増える、労働者が企業を渡り歩く働き方が増えていく。そして、働き手は、企業や経営者と対等な契約によって自律的に活動できる社会に変わるとされている。また、「実行計画」は、ICTを利用したテレワークなどの働き方を、時間や場所の制約にとらわれない柔軟な働き方として、育児や介護と仕事の両立手段と位置づ

---

19) 「実行計画」では、長時間労働の是正と題されているもののなかに、長時間労働の是正との関係についてとくに説明なく、意欲と能力のある労働者の自己実現のための方策が盛り込まれている。
20) この政策原理や思想の一貫性のなさに対する批判は、野田進「労働時間規制の課題」労働法律旬報1903号(2018年)16頁参照。
21) 厚生労働省「監督指導による賃金不払残業の是正結果(平成28年度)」によれば、支払われた不払い残業代は127億円を超えている。

けて普及を加速させていくとする[22]。

これらの動きからは、労働法の保護対象となる労働者像のあり方の再検討の必要性が生じるが、その際、「働き方の未来2035」や「実行計画」のイメージする労働者像には注意が必要となる。「働き方の未来2035」は、2035年の社会における人間像を、自立した個人が自律的に多様なスタイルで働くことができ、企業や経営者と対等な関係にたつことができる者を基本的な人間像とみる。これは、労働法が使用従属性をメルクマールにつくりあげてきた労働者像と大きく異なる。社会の変化に応じて労働者像も変容しうるが変わらない部分もあろう。どのような労働者像を基本に置くべきかを、慎重に検討すべきと思われる。また、「実行計画」はテレワークなどの普及を進めるが、これらの働き方により生計をたてることができるか[23]、不当な扱いを受けないかなども留意されるべきであろう。

4　持続可能な雇用社会と法主体について

以上をふまえ、雇用社会の持続可能性および法主体のあり方についての検討視角を指摘しておきたい。

(1)　雇用社会の変容と持続可能性

将来の雇用社会のあり方を考えるとき、「実行計画」にみる一連の労働法政策が労働生産性の向上に主眼を置く経済政策である点が問題となる。たとえば、長年経済界から要請されてきた高度プロフェッショナル制度などの労働時間規制緩和策の導入、労働者のモチベーションを引き上げて労働生産性を高めることを目的とした正規雇用・非正規雇用間格差を不合理な処遇改善などは、労働を日本経済の維持ないし持続的成長のための道具として位置づけているといえる。

このような方向性の政策は、働く人の権利利益の保護およびそれを支える規範に十分に配慮しておらず、妥当でない。雇用社会はそこから得られる経済的利益ではなく、そこで働く人々を第一に考えて進展すべきものと考えられる。あるべき雇用社会とは、労働者が健康を不当に害されることなく、意欲をもって働けるよう、憲法27条および28条を中心に、憲法25条、13条および14条などの憲法規範に基づいた労働法政策に支えられた社会であり、このような実質を

---

[22]　2018年12月25日に厚労省「柔軟な働き方に関する検討会」報告書が出され、「自営型テレワークの適正な実施のためのガイドライン（案）」も出されている。

[23]　クラウド・ワーカーの平均月収は45,650円であり、専業クラウドワーカーでも73,268円にとどまる（連合「クラウド・ワーカー意識調査」結果（2016年12月22日））。

含む雇用社会が持続可能なものであると考えられる[24]。たとえば、正規雇用・非正規雇用間格差の解消については、「およそ人はその労働に対し等しく報われなければならない」という規範を明確にしたうえで対応することが、平等（憲法14条）を実現するだけでなく、労働者の労働を通じた自己実現（憲法13条）にも資するため、必要であろう。また、経済政策としての雇用政策では、労働者の健康確保のための規制強化は、直接的な政策対象となりにくい。長時間労働是正は、労働権（憲法27条）および生存権（憲法25条）に基づいて進められるべきである。

(2) 法主体の変容

すでにみたように、働き方改革に関連する政策では、たとえば「創造性の高い仕事で自律的に働く個人」（高度プロフェッショナル制度など）のように、従来労働法が保護の対象としてきた労働者像とは異なる人間像がイメージされるところが多い。確かに、これらの者に対する労働法上の対応は検討すべきである[25]。とはいえ、このような自律的な労働者像を前提とする雇用社会では、労働法はその自律性を支えるための道具として位置づけられかねない[26]。非正規雇用労働者、過剰な労働を強いられる労働者が多数存在する中で、ことさらに自律的な労働者像を強調すると、これにあたらない多くの労働者を顧みず雇用政策がすすめられるおそれがある。雇用社会においては、決して変わってはならない労働のあり方があるはずである[27]。労働法においては、使用従属関係のある労働者が中心的な法主体として活躍できるような政策をすすめた上で、自律的な労働者（および、雇用によらない働き方をする者）への対応をすすめるべきと思われる。

---

24) 持続可能な雇用社会のあり方を憲法規範に基づいて示すものとして、和田肇『労働法の復権』（日本評論社、2016年）を参照。また、憲法25条の解釈から持続可能性のある雇用社会は確保するという憲法価値を見出すものとして、沼田雅之「日本の労働法政策と人権・基本権論」日本労働法学会誌128号（2017年）71-72頁参照。
25) たとえば、クラウド・ワーカーに対して、個別労働関係について、労働者保護の性格に応じて相対的に適用対象とすること、また、労働者性判断においては企業システムの変化を踏まえ組織的従属性を基軸に判断すべき旨を述べるものとして、毛塚勝利「クラウドワークの労働法学上の検討課題」季刊労働法259号（2017年）61-62頁。
26) 菅野和夫・諏訪康夫「労働市場の変化と労働法の課題——新たなサポート・システムを求めて」日本労働研究雑誌418号（1994年）2頁。また、大内伸哉「雇用社会の変化と労働法学の課題」『講座　労働法の再生　第6巻』（日本評論社、2017年）36頁以下も参照。
27) 西谷敏『労働法の基礎構造』（法律文化社、2016年）30-31頁。

シンポジウム＝社会の持続可能性と法主体の再構築

持続的な野生動物法の主体に関する批判的考察
―― 市民・専門家・狩猟者の三者に注目して

高橋満彦 (富山大学)

key words
野生動物法 wildlife law, 市民参加 citizens' participation, 専門家 experts, 狩猟者 hunter, 環境保護団体 conservation groups

1 はじめに

　野生動物を巡る法的な主役、すなわち野生動物法の主体は誰であるべきだろうか。今、市民や運動家の間では、自然や動物こそが主役であるべきだという考えを支持する声がひろがっている。人間を権利享有主体とする環境権には収まりきらない「自然の権利」、「動物の権利」という言説が法理論的な後ろ盾を提供している。もちろん自然物や動物は口をきかないので、結局のところ自然保護や動物保護に関心のある団体（便宜上総称して「保護団体」）や専門家が主体的に関わっていくこととなる。実際、「生物多様性国家戦略」や環境省の「鳥獣の保護及び管理を図るための事業を実施するための基本的な指針」が「主体」として挙げているのは、動物ではなく、国、地方自治体、事業者、市民、民間団体（NGO・NPO）、専門家（大学・研究所）、メディアである[1]。他方、鳥獣行政分野の現場では、狩猟者をはじめとした農林部門の利害関係者が強く関与している。

　本稿では、野生動物の巡る法政策を題材に、政策決定段階と現場での執行段階に分けて、市民、専門家、狩猟者の三者がどのように関わってきたかを分析し、人と野生動物の共生のためにあるべき主体像を議論する。

---

1) 『生物多様性国家戦略2012-2020』（平成24年9月28日閣議決定）第1部第4章第3節。鳥獣の保護及び管理を図るための事業を実施するための基本的な指針（以下、「鳥獣基本的指針」）（平成28年環境省告示第100号）Ⅰ第2。

2　野生動物法の政策決定主体——ひろがる市民と専門家の参加

(1)　生物多様性基本法に現れる公衆参加

　自然の権利や動物の権利は、立法上も訴訟上も認められてはいないが、自然保護運動も動物保護運動も社会運動としては一定の影響力を持ち[2]、立法政策にも影響を与えている。まず、専門家や保護団体のロビー活動の重要な到達点として、2008年に議員立法で成立した「生物多様性基本法」に注目したい。生物多様性基本法は、国の施策として生物多様性保全のために、国は「地方公共団体、事業者、国民、民間の団体、生物の多様性の保全及び持続可能な利用に関し専門的な知識を有する者等の多様な主体と連携し、及び協働するよう努める」とともに、これらの「多様な主体の意見を求め、これを十分考慮した上で政策形成を行う仕組みの活用等を図る」と定めて（第21条）、市民や専門家の政策決定への参加を前面に打ち出した。専門家や市民の意見の聴取には、「行政手続法」の2005年改正で法制化されたパブリックコメント（意見募集手続）の果たしている役割も大きいが、国が生物多様性国家戦略を策定するときには「インターネットの利用その他の適切な方法により、国民の意見を反映させるために必要な措置を講ずる」こととされている（生物多様性基本法第11条、第4条）。

　生物多様性基本法が示した国の施策のあり方は個別法にも反映され、例えば、「絶滅のおそれのある野生動植物の種の保存に関する法律」（以下「種の保存法」）の2017年改正は、科学委員会の法定化（第4条第7項）や、国内希少野生動植物種の提案募集制度（第6条第2項）を創設した。これに先立って2014年に環境省は、国内希少野生動植物種を2020年まで300種追加指定することを発表し[3]、現在作業中である。これらの動きは、2013年の種の保存法改正時に保護団体から出された意見が、国会の附帯決議を経て実現したものであり、野生動物行政における公衆参加が成果を上げていることは喜ばしい。

(2)　山の身になって考える世界に到達したか

(a)　自然観の変化

　では、このような環境運動の動きは、生態学と環境倫理学の先駆者アルド・

---

[2]　日本自然の権利運動と訴訟については、自然の権利セミナー報告書作成委員会編『報告日本における「自然の権利」運動』（山洋社、1998年）、自然の権利セミナー報告書作成委員会編『報告日本における「自然の権利」運動第2集』（山洋社、2004年）が詳しい。
[3]　環境省2014年6月発表「絶滅のおそれのある野生生物種の保全戦略」。国内希少野生動植物種は2013年6月時点で89種、2018年7月現在259種。

レオポルドが説いた「山の身になって考える」[4]ことのできる世界へと我々を導きえたのだろうか。環境行政に市民や専門家の参加が広がることは積極的に評価されるべきだが、残念ながら環境運動は、自然環境保全の現場で地元社会と衝突するなど、いくつかの課題を抱えていることも事実である。世界自然遺産にもなった白神山地の紛争が典型例である[5]。人為的な自然界の改変は悪であり、厳正な自然保護が常に正しければ、地域住民との衝突も恐れてはならないはずである。しかし、かつて信じられていたような処女的原始の自然のみが尊いとする考えは否定され、原生自然（wilderness）の概念自体にも疑義を呈されている[6]。生物多様性という新しい概念を包摂した現代の生態学者らは、生態系の持続性を維持するためには一定の人為が必要な場合もあると説いている。そして白神の山そのものも、人との長い歴史的関係性の下で成立している生態系であり、地域社会の持続性も考慮しないと成立しないのである。そもそもレオポルドが「山の身になって考えろ」と言ったのは、狼の駆除は狩猟動物の鹿を増やす効果はあっても、増えすぎた鹿が森林被害を惹起すること指摘しており、鹿の個体数調整を排斥する趣旨ではない。人間の短期的な利己的欲求の達成を是とする典型的な人間中心主義を批判したことは環境運動の成果であるが、山や動物は口をきいてはくれず、目指すべき道は明確にはなっていないのである。

(b) 自然の権利と動物の権利の課題と自然と関わる権利へ

そもそも、新しいパラダイムとして冒頭で紹介した自然の権利と動物の権利も、実は対立しうる概念なのである。動物の権利は、動物個体の権利を人間の人権同様に認めようと志向するのに対し、自然の権利は、基本的には生物集団に着目する生態系中心主義に根差すからである[7]。したがって、野生化したイエネコの駆除のように、殺処分を伴う外来動物の駆除が必要とされる際には動物保護派と自然保護派は対立し、動物保護運動が自然環境保全に貢献するには克服しなければならない課題が多いことを見せつけるのである[8]。

一方で人間中心主義の否定を内に含む自然保護運動は、野生動物の生息地の

---

[4] アルド・レオポルド著（新島義昭訳）『野生のうたが聞こえる』（森林書房、1986年）〔204頁以下〕。
[5] 鬼頭秀一『自然保護を問い直す』（ちくま新書、1997年）〔174頁以下〕など。
[6] William Cronon, 1995, *The trouble with wilderness, or going back to wrong nature, in* UNCOMMON GROUND: TOWARD REINVENTING NATURE 69 (W. Cronon ed. 1995).
[7] 両運動の思想的差異の解説として、戸田清「アニマルライトと「自然の権利」」自然の権利セミナー報告書作成委員会編『報告日本における「自然の権利」運動』134頁以下（山洋社、1998年）。
[8] Mitsuhiko A. Takahashi, *Cats v. Birds in Japan: How to Reconcile Wildlife Conservation and Animal Protection*, 17 GEO. INT'L ENVTL. L. REV. 135 (2004).

地域住民や地域文化と衝突する可能性も内在している。パブリックコメントがどの程度政策に取り入れられるかの疑問はあるものの、野生動物に関わるパブリックコメントや運動声明のほとんどは、被害をもたらすこともある野生動物との共生を余儀なくされる地域の外にいて、共生のコストを負担しない非当事者から発信されている。「カワイイ」動物を守れという意見が、鳥獣との日常的接点のない「切り身」的な自然観[9]を持つ者からネット上に拡散されている現状には危ういと言わざるを得ない。問題は問題だと叫ぶ者がいて初めて問題になるのであり[10]、情報強者の声の大きさは真の問題を隠すおそれもある。

　2004年の堅果類の凶作と熊の大量出没を契機に、熊森協会という団体が北陸の山林にドングリを給餌する活動を展開したことを巡り、ネット上でも動物保護団体と生態学者の間で論争が起きたが、論争の焦点は生態系の攪乱であり[11]、餌付いた熊に対する地域住民の不安はあまり議論されなかった。その一方で、人里に出没した熊を駆除した猟師や行政に抗議の電話が殺到することは常態化している[12]。白神問題をきっかけに、自然保護運動を問い直した鬼頭秀一は、「よそ者」の視点や協働の重要性を強調しつつも、地域住民＝当事者の自己決定を否定し、地域住民の生活権を無視するような一方的な動植物や生態系の保護は、環境正義および環境倫理の上から許容できないとしている[13]。そのうえで鬼頭は、我が国の自然の権利訴訟に関する訴訟書類を読み込み、「「自然の権利」ということを、字義どおり解釈せず、「自然とのかかわりの権利」と組み替える（中略）日本的転換」を見出しているが、法政策においても、地域住民の自然とのかかわりを重視した展開に期待したい[14]。

　(c)　多元的な主体の必要性

　ところが、生物多様性基本法における地域住民の位置づけは、里地里山の保全に協力する存在以外には筆者には読み取れない。生物多様性の主流化は、地域社会の主流化とは別ものなのかもしれない。では現実として、野生動物を巡

---

9) 鬼頭秀一は、総体として自然と関わり、不可分な人間―自然系の中で生業や生活を営むのを「生身」の関係、人間から切り離された自然と部分的な関係を結ぶことを「切り身」の関係と分類した（前掲注5〔126-131頁〕）。

10) Joel Best, *Rhetoric in Claims-making: Constructing the Missing Children Problem*, 34 SOCIAL PROBLEMS 102 (1987).

11) 例えば、保科英人「野生グマに対する餌付け行為としてのドングリ散布の是非について――保全生態学の視点から」福井市自然史博物館研究報告51号57頁以下（2004年）。

12) 例えば、北日本新聞社編集局編『沈黙の森』〔18-22頁〕（北日本新聞社、2005年）。

13) 鬼頭秀一「日本における「自然の権利」運動を環境倫理学・環境社会学から意味づける」自然の権利セミナー報告書作成委員会編『報告日本における「自然の権利」運動第2集』97頁以下（山洋社、2004年）。

14) 鬼頭前掲注13、鬼頭前掲注5〔55頁以下〕。

って地域住民は主体性を失い、都市基盤の自然保護団体や専門家に政策を委ねてしまったのだろうか。少なくとも、現在のところではそうでもなさそうである。野生動物を巡る法益は自然保護だけではなく多様であり[15]、保護だけでは社会的に持続しない。種の保存法における希少種保護のように、法目的が比較的単純なものもあるが、鳥獣法は複雑な使命を帯びている。鳥獣法は、人間の生活や産業重視で「崇高な自然保護の理念からかけ離れている」と批判されたこともあるが[16]、鳥獣を保護するとともに、鳥獣害を防止しつつ資源利用も確保しなければならないのである（第1条参照）。そのためにも、多元的な関係者が政策決定にかかわることが重要なのである。

そのため、鳥獣に関する審議会の委員構成は、概ね自然保護、狩猟、農林業の関係者で分けられており、公聴会においても、それらの関係者に加えて、地域の利害関係者の意見が聴かれる。これには、野生動物に関しては、有害鳥獣の防除を図るために狩猟・捕獲という技術を伴う労働が発生し、口だけでは政策を左右できないからでもある。地域の農林業関係者も狩猟者も、生物多様性国家戦略などでは独立の主体とされず、一般の事業者や市民と同列に扱われているにもかかわらず、しぶとく政策過程に関与し続けてきたのは現場があるからなのだ。そして1990年代後半から、野生鳥獣の勢力拡大に伴う鳥獣被害の増加に伴い、鳥獣行政は捕獲に意識を集中させてきている。そのような捕獲を中心とする管理政策の中で、現場を誰が主体的に差配していくのかという点を、次章では議論する。

3　野生動物法の現場の法主体──狩猟者に着目して

(1)　野生動物問題の現況

南北に長い日本列島は比較的豊かな生物多様性に恵まれており、多くの絶滅危惧種が存在する一方で、近年は中山間地における人間活動の衰退などから一部の鳥獣は生息域や生息数を拡大し、人間社会との軋轢が増大している。

農林水産業に対する鳥獣被害は、近年200億円前後で推移している[17]。被害額の積算は申告に基づいているため、かつては過大ではないかという指摘もあっ

---

15) 高橋満彦「野生動物法・Wildlife Law の諸目的に関する考察」比較法学50巻3号153頁以下（2017年）では、野生動物法の目的は、①資源配分と権利調整、②自然保護と資源保全、③人間社会の防衛、④リクリエーションの円滑な実行、⑤文化的・倫理的価値の実現、⑥社会秩序と安全の維持。

16) 山村恒年『自然保護の法と戦略』〔223頁〕（有斐閣、1980年）。

17) 農林水産省農林振興局「鳥獣被害の現状と対策」（2017年1月）。ww.maff.go.jp/j/seisan/tyozyu/higai/attach/pdf/index-131.pdf　平成25年度から微減傾向で28年度は172億円。

たが[18]、鳥獣害に伴う営農意欲の減退や耕作放棄による減収は数値化されず、今や過小評価の可能性が強い。このような鳥獣害増加の理由には気候変動など様々なものが指摘されているが、狩猟者の減少と高齢化に伴う捕獲圧の減少も大きいとされている[19]。狩猟者は生物多様性国家戦略でも「鳥獣保護管理の担い手」とみなされているが[20]、狩猟者による鳥獣の捕獲は、鳥獣害を抑制するだけではなく、増えすぎたものを減らすという天敵の役割を果たすことも期待されているのだ。つまり、適正な狩猟は鳥獣害の防止や資源の確保だけではなく、持続的な生態系の維持にも寄与すると考えられるのである。しかし、狩猟者数は1980年から半減して20万人を切り、年齢も60歳以上が過半を占めている[21]。

(2) 鳥獣管理の担い手たる狩猟者と縄張り

上記のような意義を有する狩猟活動だが、鳥獣法は、原則として鳥獣の捕獲を禁止し（第8条）、捕獲するには若干の例外的なものを除けば、鳥獣法が規定する方法による狩猟によるか（第11条。以下「登録狩猟」）、都道府県知事等の許可を得ることとしている（第9条。以下「許可捕獲」）。前者は、狩猟免許を有する者は、狩猟者登録（狩猟税の納付を伴う）を行った都道府県内で、期間（狩猟期間）、猟具、場所（鳥獣保護区や住宅地などは禁猟）等の規制を守れば、自由に狩猟鳥獣（48種）を捕獲できるというものである[22]。狩猟者登録に際して捕獲目的は問わないが、狩猟を通じた有害鳥獣被害の抑制などの役割が期待されている[23]。一方で許可捕獲は、管理目的の捕獲（管理捕獲）を中心としており[24]、生活環境、農林水産業または生態系に係る被害の防止のための有害鳥獣捕獲や、第二種特定鳥獣管理計画に基づき、増えすぎた特定鳥獣の個体数調整のための捕獲などが許可されている[25]。

---

18) 畠山武道『自然保護法講義第2版』〔258頁〕（北大出版会、2004年）。
19) 『生物多様性国家戦略2012-2020』第1部第2章第4節参照。
20) 同上第1部第2章第6節参照。
21) 環境省「年齢別狩猟免許所持者数」https://www.env.go.jp/nature/choju/docs/docs4/index.html（2018年3月1日閲覧）。
22) 一般には登録狩猟を「狩猟」、管理捕獲を「駆除」と称することが多いが、鳥獣法の定義規定では、「「狩猟」とは、法定猟法により、狩猟鳥獣の捕獲等をすることをいう」（第2条第8項）とされ、許可捕獲の一部も含みうる概念であるため、本稿では「登録狩猟」の語を用いる。
23) 鳥獣法第2条第7項参照。
24) 鳥獣法において鳥獣の「管理」とは、「生物の多様性の確保、生活環境の保全又は農林水産業の健全な発展を図る観点から、その生息数を適正な水準に減少させ、又はその生息地を適正な範囲に縮小させることをいう」（第2条第3項）。管理以外には、学術研究、希少鳥獣保護、展示、その他公益を目的とした捕獲の許可が規定されている（鳥獣法第9条第1項、同法施行規則第5条）。

登録狩猟であっても許可捕獲であっても、担い手は基本的には地域の狩猟者および狩猟者組織（猟友会）である。狩猟者というのは、登録狩猟を行う者であり、そのために狩猟免許を所持しているのだが、許可捕獲を行うには、狩猟者登録は不要であるし（鳥獣法第55条第１項ただし書き）、捕獲従事者が狩猟免許所持者であることも、法令では求められていない（鳥獣法施行規則第７条第１項参照）。しかし、猟具の使用を伴うため、環境省の基本指針等では猟法に応じた狩猟免許の所持を捕獲従事者の要件としており[26]、行政実務もそれに倣っている。

　筆者らが2012年に東日本を中心に全国約２万２千人の狩猟者を対象に行った意識調査（以下「2012年狩猟者調査」）では、以下のような特徴が明らかになった[27]。①狩猟動機は、スポーツ・娯楽、資源利用だけではなく、鳥獣害対策のような社会的要請など多様である。②狩猟活動は居住地域に密着し、猟場の「縄張り」が意識される。③猟場の土地所有権に対する認識は高くない。④資源保護の意識が高い。この調査結果からは、地域の狩猟者が主体的に鳥獣管理を担っている姿が見えてくる。有害鳥獣捕獲の社会的要請が、東日本大震災に伴う放射能汚染による狩猟意欲の減退を打ち消していることも分析を通じて明らかになった。

　地域性については、狩猟免許は全国で有効で、狩猟者登録も全国どの都道府県でも行えるが、多くの狩猟者は地元で活動し、平成の大合併以前の市町村等の単位で組織された地域の猟友会に所属している。当該狩猟者組織は、狩猟者の縄張りをより強固にしている。地域の狩猟者団体が自認する猟場、すなわち縄張りは、旧幕時代の村の領分にまで遡る例も知られている[28]。本稿では詳論できないが、猟友会が地域の有害捕獲を担うのは、公徳心だけではなく、ムラから認められた猟場の権利と義務の意味もあると筆者は考えている。

　猟場の縄張りは、狩猟権が立法上認知されていない我が国においては、入会権と認められる場合を除けば、事実上のものといわざるをえないが、行政庁の許可を必要とする管理捕獲においては登録狩猟の場合以上に鮮明となる。有害鳥獣捕獲の許可にあたっては、事務取扱要領等に明記している自治体は少数に

---

25)　第二種特定鳥獣管理計画は、「生息数が著しく増加し、又は生息地の範囲が拡大している鳥獣（中略）の管理を図るために特に必要がある」ときに都道府県知事が策定する（鳥獣法第７条の２）。イノシシ、ニホンジカ、ニホンザルなどに策定例が多い。

26)　鳥獣保護管理基本的指針 III 第四２－３。鳥獣捕獲許可等取扱要領（平成27年５月20日環境省自然環境局長通知）II 二(1)、各自治体の有害鳥獣捕獲許可事務取扱要領等もほぼ同様。

27)　高橋満彦「野生動物法とは――人と自然の多様な関係性を託されて」法時88巻３号66頁以下（2016年）。

28)　田口洋美「マタギ狩猟とカミの世界」秋道智彌編『日本のコモンズ思想』31頁以下（岩波書店、2014年）。

止まるが[29]、明文の規定がなくともほとんどの自治体では、有害鳥獣捕獲の従事者は地元猟友会員の推薦によることを原則にしている[30]。さらに、「鳥獣による農林水産業等に係る被害の防止のための特別措置に関する法律」により、市町村長が鳥獣被害対策実施隊を組織する場合には、非常勤の公務員たる隊員は、各市町村の条例や設置要綱で、役場の職員のほか、地元猟友会の会員から任命することを明示している市町村も珍しくない[31]。農水省の基本指針においても、原則として住民である狩猟者で組織することを想定している[32]。

(3) 専門知と民俗知

このような地元狩猟者および猟友会重視の状況は、鳥獣の捕獲には狩猟技術が必要なだけでなく、地域の動植物相や山に通暁していることが必要で、かつ、そういった狩猟者を統率する組織が必要だということを示している。一方で、自然保護団体や専門家は、主張の正当性を客観的に裏付けるものとして科学性を強調する。地域と専門家の連携の必要性を指摘する打越綾子も、基本的には大学、研究所、上級官庁やNPOなどの外部に所在する科学的な「専門知」の地域における受容が議論の中心にしている。しかし、打越も認めているように、「野生動物の行動パターンなどを体感で実感している住民も存在する」[33]のであり、必ず外部専門家に頼らなければならないのだろうか。実は山形県小国町の伝統的狩猟者マタギたちが、春熊猟を通じてツキノワグマの個体数をモニタリングし、自主的に持続的な資源利用を実現しているという報告がある[34]。小国に限らず、現場の民俗知が研究者の専門知を凌駕することは珍しくない。沿岸漁業の資源管理は、米国のように行政ではなく、「一元的に各地域漁民の共同体に委ねられている」が[35]、海陸で猟師や漁民による資源の自主管理が実現できるのは、彼らが現場に即した知を集積しているからに他ならない。

---

29) 例えば、〔大阪〕大東市有害鳥獣捕獲許可事務取扱要綱、〔岩手〕野田村有害鳥獣捕獲等取扱要領。

30) 猟友会に推薦を取り消された結果、市に捕獲班員の認定を取り消された狩猟者が、取消し等を不服として争ったが、民事訴訟と行政訴訟のいずれも敗訴した例として、大分地裁平成25年9月26日判決(平成24年(ワ)第69号)、大分地裁平成25年9月26日判決(平成24年(行ウ)第7号)。

31) 例えば、〔茨城〕笠間市鳥獣被害対策実施隊設置に関する条例、〔和歌山〕高野町鳥獣被害対策実施隊条例、〔富山〕砺波市鳥獣被害対策実施隊設置要綱。

32) 鳥獣による農林水産業等に係る被害の防止のための施策を実施するための基本指針(平成20年農林水産省告示第254号)―3⑥。

33) 打越綾子『日本の動物政策』〔122-132頁〕(ナカニシヤ出版、2016年)。

34) 花井正光・田口洋美・栗城幸介「伝統的クマ猟は持続的に継続することが可能か――山形県小国町の春季マタギ猟の場合」佐藤宏之編『小国マタギ共生の民俗知』172頁以下(農文協、2004年)。

(4) 認定鳥獣捕獲等事業者制度の創設——地域の狩猟者から外部の事業者へ鞍替えか

しかし、狩猟者数は減少し、狩猟圧も減衰する。その状況を打破するために、国は2014年の鳥獣法改正で、認定鳥獣捕獲等事業者（以下「認定捕獲事業者」）制度を創設した（第18条の2から18条の10）。この制度は、地域の狩猟者に依存した鳥獣管理の行き詰まりが予測されるため、専門技術者を有する外部の事業者やNPOを活用しようというものである。認定捕獲事業者は、従来からの管理捕獲の場面においても、捕獲従事者として活躍することが期待されているが、特に同じ法改正で創設された指定鳥獣捕獲等事業（第14条の2）という行政が主体的に行う捕獲事業の実現のために、行政の発注に基づく契約ベースで、鳥獣を捕獲することが期待されている。

認定捕獲事業者制度の導入は、大日本猟友会をはじめとする既存の狩猟者組織から反対を受けた。先に述べたように、2012年狩猟者調査では狩猟者が主体的に地域の鳥獣保護管理を担う姿が明らかになったが、認定捕獲事業者制度による事業者・専門家へのアウトソーシングは、地域において軋轢を生むことが懸念されている[36]。地域の狩猟者は外部業者の参入で、報奨金などの副収入が減ることもあるだろうが、それ以上に、猟場の権利を侵され、縄張りを荒らされ、地域の資源管理からの排除を感じるだろう。認定捕獲事業者の出現により、地域の狩猟者が出猟意欲を失うことも予想されるが、出猟動機は個人的なものであり、非常勤公務員の鳥獣被害対策実施隊員といえども、狩猟の継続を強制することはできない。

地域の狩猟者がいなくとも認定捕獲事業者がしっかりしていれば、野生動物の保護管理上は問題ないという考えもあるだろう。しかし、今のところ認定捕獲事業者は期待に応える成果を上げているとはいいがたい[37]。狩猟技術は一朝一夕では身につかないのである。

期待どおり認定捕獲事業者がスキルアップしたとしても、地域外の業者との契約ベースとなると、予想外の熊の出没のような場面では即応ができないし、地域に情報も蓄積されないという懸念がある。また、発注条件次第では獲りすぎの問題も生じ得る。その点、地域の狩猟者は、捕獲技術はあっても鳥獣資源を獲りつくさないのだ。なぜならば、獲物がなくなれば、次の猟期にも猟を楽

---

35) 牧野光琢・坂本亘「日本の水産資源管理理念の沿革と国際的特徴」日本水産学会誌69巻3号368頁以下（2003年）。
36) 鳥獣法改正時における国会の附帯決議も、「軋轢の生じることのないよう、役割分担を明確にするとともに、両者が連携して取り組むことができる体制を構築する」ことを求めている。（平成26年4月18日衆議院環境委員会）
37) 環境省認定鳥獣捕獲等事業者制度検討会（2017年11月から翌3月）への参与観察。

しみ、肉を味わうことができなくなるからだ。

　狩猟者の減少は事実であり、外部の力を入れることは必要だが、やはり現場を動かす主体は地域の人間であり、役割分担が必要である。入札価格が一番安かった業者に地域の自然を委ねる行政よりも、地域の自主管理が劣っているとは言えないだろう。認定捕獲事業者の質の向上が望まれているが、行政の発注能力も問われる。役場の担当者が地域の猟師よりも鳥獣に関する知識を有していることは稀である。

4　結び

　野生動物を巡る法政策の中で、市民や専門家そしてそれらの者たちが集うNGO等の保護団体の関与が拡大しており、環境行政における公衆参加が浸透してきた証左として歓迎したい。しかし、持続可能な野生動物の保護管理を考えると、野生動物との共生のコストを負担する地域住民の声こそが鍵を握る。そこで、野生動物を獲りつつも、持続的な鳥獣の生息にインセンティブを有する地域の狩猟者が、単なる捕獲作業の担い手ではなく、政策決定にも主体的に関わることが重要である。野生動物管理の基盤となる現場は、狩猟者および猟友会が担い手として支えてきた。にもかかわらず、2014年の鳥獣法改正はその役割を外部業者にアウトソーシングする道を開いてしまった。野生動物と地域社会の持続可能な共生のためには、科学合理性や効率性だけではない、歴史的な自然との関係性に裏打ちされた主体像の再定義が必要ではないだろうか。

　謝辞：本稿は、科研費JP17K03503「猟漁五部作――狩猟・漁撈の諸要素に着目した野生動物法の各論構築」、JP26285024「自然環境（特に野生生物等の天然資源）の保全の観点からする私的所有制度の再検討」、JP26285026「持続可能社会における所有権概念――農地所有権を中心として」の助成を受けた研究の一部である。

コロキウム＝民科法律部会60周年記念シンポジウム「民主主義法学の未来」

民主主義法学の歴史から何を学ぶか

吉村良一（立命館大学）

key words
民科法律部会 the Law Section of the Association of the Democratic Scientists, 民主主義法学 Democratic leagal studies, 現代法論：Theory of contemporary law

1 はじめに

　1946年に創立された民科（民主主義科学者協会）は、1950年代後半に全体としての活動を停止した。その専門部会として活動してきた法律部会は、1957年10月に規約を制定し、独立の学会として再出発した。2017年が60年にあたる。これを記念し、民科法律部会の歴史を踏まえつつ現在および将来の「民主主義法学」の課題や展望を議論する場として、コロキウムが企画された。以下の各論稿は、そこでの報告に基づくものである。

2 「現代法論争」から「民主主義的変革」へ

　「現代法論争」とは、1967年に、東京地域の若手民科会員を中心としたNJ研究会が、「国家独占資本主義法としての現代法日本法をいかに把握するか」という「討議資料」を公表し、それをめぐって行われた論争である。同討議資料は、現代の世界と日本の資本主義を、資本主義の「全般的危機」段階における「国家独占資本主義」ととらえ、そこでは、「国家権力が金融独占資本の独占的超過利潤の確保と階級的支配体制の維持のための直接的かつ全面的な手段となる」とする。そして、法は、このような国家権力による「全面的・恒常的介入」の手段として、政策と融合ないし政策に従属したものとなることから、政策体系を通じた法の体系的把握が試みられた。
　このような議論は、当時の経済学における「国家独占資本主義」論や「全般的危機論」がベースになっているが、同時に、法律学固有の問題として、現代法を近代法と対比し、それに市民法と社会法を重ねる、当時、一般的であった現代法論への批判があった。

49

現代法論（特に、「国独資法論」）の意義として、笹倉秀夫は、次の３点を挙げる[1]。①（国家と市民社会の二元論を前提とする）市民法論における国家の位置づけの弱さの克服、②（社会法論が高く評価する）社会法、社会権、福祉国家が資本主義のシステムに組み込まれた（「体制内化」）ものであることの認識の弱さの克服、③現代の資本主義法を「トータルに把握する試み」であったこと。

　しかし、次のような問題点ないし限界があったのではないか。まず、「国独資」、「全般的危機」といった理論が、当時の日本と世界の資本主義体制における国家・社会・経済のとらえ方として適切であったかどうか[2]。第二に、経済構造と国家・政策、そして法が一直線でとらえられており、それぞれの持つ相対的独自性や緊張関係を孕んだ相互作用が捨象されてしまっているのではないか。そのため、現実の政策における、運動の成果等を反映した複合的構造、政策が法という普遍的な「外皮」を纏うがゆえの複合的性格や国民等の権利を実現させる方向での法的実践の可能性と限界といった側面が見えてこない[3]。第三に、「国独資」としての日本の国家と法の普遍性が強調され、その固有性が軽視され、そのことが、かえって、現代日本法をトータルに把握する上での限界となったのではないか。

　1977年と78年、民科は、「現代法論争」に接続する形で、「民主主義的変革と法律学」をテーマとして学術総会を行った。「現代法論争」との関係について言えば、①「国独資法論」を単に法構造分析に終わらせず、諸権能を集中的に掌握する国家権力の帰属とその行使の諸条件について分析し、民主主義的変革の要求にこたえうる国家権力の基本条件を明らかにすること（国独資法論の深化・発展）、②「日米関係」を前提とした日本の国家権力のあり方と具体的な諸法領域の特殊なひずみの分析（＝「法体系二元論」の意義）、③変革の主体の権利＝法意識の変化と創造の過程を社会の歴史的発展法則に照らして明らかにする課題、労働者階級の政治的役割についての重要な示唆（＝「社会法視座論」）を発展させることが試みられた[4]。換言すれば、高度成長の弊害とそれへの国民・住民の運動の前進、革新自治体の発展、革新政党の前進といった社会・政治状況から見えてきた変革の展望と、現存社会主義体制の諸問題から、

---

1) 笹倉秀夫「民科法律部会50年の理論的総括」法の科学26号22頁。
2) この点で、広渡清吾は、1977年に行われた座談会で、現代を国家独占資本主義として、帝国主義段階と異なる段階規定をしたことへの見直しを示唆している（季刊現代法10号50頁）が、その後、このような議論は、ほとんど深められてこなかった。グローバル化や新自由主義の下での現代資本主義と国家の特質や構造の分析は、今日、あらためて重要な課題となっている。
3) この点が、いわゆる「社会法視座論」や「二つの法体系論」からの批判のベースにあった。
4) 稲本洋之助「現代日本法と民主的変革」法の科学６号18頁以下参照。

「民主主義的変革」への期待の高まりがあり、そのような情勢の中で、「現代法論争」を踏まえて（「国独資法論」の「二つの法体系論」と「社会法視座論」による補充）設定されたテーマであった。だが、このような課題設定が、それを行った時期の時代状況に適合的であったかどうかが問われることになった。

3　「市民法論」をめぐって

　民科は1983年と84年の学術総会で「市民法論」を取り上げた。市民法や市民社会論は、戦前の末弘法学以来、民科とその周辺では周知の議論であった。しかし、「市民法から社会法へ」というシェーマで「近代法と現代法」を語る法学界一般の議論においても、あるいは、「現代法論争」においても、「市民法」の現代的意義が強調されることはなかった。もちろん、これらとは別に、実定法学（特に、民法学）においては、近代において成立した古典的民法体系ないし理論の現代的意義を強調する議論は有力に存在した。しかし、民科が全体として、このテーマを取り上げたのは1980年代の前半であり、その直接のきっかけになったのは、1980年に刊行された『マルクス主義法学講座』第4巻の渡辺洋三の「現代市民法」論であった。この渡辺の提起は、特に、実定法学の中で、勤労市民各層のそれぞれの分野における民主的運動を支える法理論（特に、解釈論）を追求してきた会員からは歓迎され、その後、個別領域の解釈論レベルを超え、日本社会と法を変革するための法戦略として、重要な位置を占めるようになる。

　それでは、渡辺がこの時期に「現代市民法論」を提起したことの意味はどこにあるのか。この点は、渡辺が1980年代のはじめに目の前にしていた課題との関わりのなかで考えるべきだが、渡辺には、「ポスト高度成長期」における日本社会と国家の変容を踏まえ、これを批判的に分析し（解釈や立法のレベルで）対抗戦略を示すという意図があったのではないか。だとすれば、それは、次の「新・現代法論」における情勢認識や課題意識と共通することになり、だからこそ、この議論は、（「新・現代法論」やそれを経た）その後の議論の中で、民科の有力な潮流となって行ったのではないか。

4　「新・現代法論」について

　1980年代の後半、民科は、「新・現代法論」というテーマ設定を行い、現代日本法の（新たな）トータルな分析を行った。その意図は、「現代法論争」以降、民科は（専門別分科会での議論を中心に）個別分野でその時々の実践的課題に

取り組んできたが、「今日の状況を眺めてみるとき、この時点で改めて現代法論争が意図したような現代日本法のトータルな分析の作業に立向かう必要性を強く感じ」られた[5]ことによるが、同時に、1980年代になって、日本社会と世界は「現代法論争」時の議論ではとらえきれないようになってきた（オイルショックによる高度成長の終焉から低成長期を経て「ジャパン・アズ・ナンバーワン」と言われるような状況の創出、「豊かな」社会の出現、一億総中流化、生活保守主義の蔓延、「企業社会」現象等々）中で、このような動向を、あらためてトータルに分析し、その変革のための戦略を探る必要があるという課題意識があった。

　それでは、どのような議論をしたのか。「新・現代法論」の特徴は、社会（と生活）の構造の検討から議論をスタートさせたことにある。それには２つの理由があった。まず、1970年代以降の政治の保守化の基盤としての企業支配や生活・社会構造の変化に基づく国民や労働者の保守化といった状況の基盤の分析の必要性が自覚されたことがある。第二に、「現代法論争」、とりわけ NJ 討議資料で展開された方法への反省があった。国家法は国家的政策を実現するためのひとつの手段たる性格をもつが、その内容および形態は規制対象たる「社会」の構造に深く規定される、したがって、国家政策の前提となり、また国家政策に一定の形態を付与するのに基本的な重要性をもつ「社会」の構造の検討が不可欠と考えられたのである。

　「新・現代法論」でとらえられた「社会」の特徴は、以下のようなものであった。①生活の社会化、②日本型競争社会の形成、③企業による権威的支配。それでは、この「新・現代法論」を通じて明らかにされた日本社会と法における法戦略はどうであったか。これについて、笹倉秀夫は、次の２つの立場が示されたとする[6]。①人間的な生活なり、ゆとりある生活自体が価値理念となった運動によって日本社会に西欧市民社会型のシヴィル・ミニマムを根付かせていこうとする立場、②日本社会の市民社会化が「企業社会」化をもたらしたのであり、シヴィル・ミニマムの実現自体が、日本の資本主義そのものの原理的な変革抜きには難しいという立場である。

5　新自由主義改革とグローバリゼーションの時代

　1990年代に入って、社会主義体制の崩壊、グローバル化の進展、新自由主義改革などによって、世界と日本は、それまでの議論ではとらえきれないような

---

5)　西谷敏「現代法論の新たな展開に向けて」法の科学15号208頁。
6)　笹倉前掲21頁。

大きな変化を遂げる。これらをどう理論的に分析・把握し、それに対する変革ないし対抗の法戦略を打ち出していくかが問われた。そのような取り組みとして、まず、「民主主義社会構築の法理論」（1994〜96年度）がある。この取り組みは、民科50周年を意識したものだが、同時に、1989年のベルリンの壁崩壊からソ連の解体にいたる世界の急激かつ構造的な変動の中で、これに正面から立ち向かい、民主主義法学の立脚すべき基盤を検証することを目指したものであった。

　笹倉は、この取り組みにおいて共通して明らかになったのは、以下の４点だとする[7]。①国際的および国内的な社会再編に新自由主義のイデオロギーが「キー概念」として使われていること、②この新自由主義のイデオロギーが崩そうとしたものは、国際的には、戦後に社会主義国や発展途上国において主張された「平等」原理によって国際社会を編成する動き、国内的には「平等」原理を実質化するための福祉国家や経済法政策であったこと、③国内的な規制緩和は国際的な新しい「自由」の動きに呼応しそれを利用するかたちで進められている点で、国際社会の動向が国内社会の動向と相互規定的に緊密に結びついていること、④新自由主義イデオロギーの実際の働きの分析と、真の「平等」や「公正」、連帯をも組み入れた自由を具体化しそれに対置する作業が重要であること。

　2000年度から３カ年、民科は、「日本社会と法の大変動」というテーマ設定を行った。これは、1990年代を通して、規制緩和や行政改革、政治改革等の様々な「改革」とグローバリゼーションの進行の中で、日本社会は大きな「変容」を遂げたのではないか、そして、そのような「変容」を「新・現代法論」以降の議論では十分に明らかにできないのではないかという問題意識による。そして、その際、「社会」に着目する「新・現代法論」の視座を引き継ぎつつ、90年代になって（新自由主義改革とグローバリゼーションにより）急速に変化した「社会」と法の有り様分析し、対抗戦略を探ろうとしたのである。

　その議論の中で、「民主的対抗戦略」として、渡辺治ら『講座現代日本』グループの「新福祉国家構想」と、1998年のシンポ「『現代市民社会論』の射程」等での吉田克己らの議論（法の科学28号８頁）を踏まえた方向での戦略ないし社会イメージ、本間重紀の「自由と平等を統一した友愛原理に基づく市民主義的福祉社会」（法の科学24号８頁）や、それを受けた筆者の、「自由や自己決定といった価値を基礎においてそれを支える福祉を構想する方向」「生存権や平等を実現する制度に支えられた自立を志向する市民からなる社会」（法の科学33号96頁）などといった議論の分岐が明確になってきた。ただし、この２

7)　笹倉秀夫『法への根源的視座』（北大路書房、2017年）259頁以下。

つの潮流の意味や関係については、その後、十分に明らかにされてこなかったように思われる。

　それ以後の取組について詳細に検討する余裕はないが、基本的には、支配の側からの（改憲論に収斂していく）「改革」を批判的に分析しそれへの対抗を探るという形で推移しており、現代日本法のトータルな把握という作業や、それに基づく変革ないし対抗の（トータルな）戦略という議論には至っていないように思われる。

6　おわりに

　民科はこれまで民主主義を守り発展させるという立場から、一貫した活動を行ってきた。そして、その時々の現実と法状況に正面から立ち向かってきた。「国独資法論」も「新・現代法論」も、そのような中から生み出されたものであり、その評価は、それが対峙してきた現実や理論との対比において行うべきである。その上で、今後に向けて、4つの問題提起を行いたい。

　(1)　笹倉秀夫は民科50周年企画において、①法学のあらゆる部門の研究者で構成されているという民科の特色、②法と経済・市民社会・国家権力との連関、③社会をラディカルに批判するためには社会のトータルな認識が必要という理由から、民科として、グランドセオリー（「体系的展開において全体像・世界像を提示しようとする総合理論」）追求は今後とも避けることができないと述べた（法の科学26号18頁以下）。この笹倉の主張に賛意を表したい。

　(2)　今、必要なものは「対抗戦略」か「変革の戦略」か。現在の日本の社会と政治の状況から見て、まず何よりも必要なことは、有効な「対抗戦略」であろう。しかし、「対抗」の先にある「変革の戦略（めざすべき社会像）」を模索していくことも必要なのではないか。

　(3)　そのためには、前記の、民科の「2つの潮流」の間の自覚的かつ生産的な議論が必要ではないか。

　(4)　「すべての分野における法学研究者の研究上の連絡、協力を推進」（規約第2条）する学会として、実定法研究者会員と基礎法研究者会員の傾向の違い、あるいは、実定法研究者の中でも、私法研究者、公法研究者、刑事法研究者の間にある偏差を、それがよってくる原因の分析を含めて、より自覚的に、しかし、生産的に議論する必要がある。そのことにより、真の意味での「総合学会」を目指していくべきであろう。

　＊本誌掲載の座談会での吉村の発言は、本稿に基づいている。あわせて参照されたい。

コロキウム＝民科法律部会60周年記念シンポジウム「民主主義法学の未来」

行政法研究と民主主義法学
―― 変容を続ける国家・行政と民主主義法学の課題

豊島明子（南山大学）

key words
国家の公共性 public nature of the state, 行政の公共性 public nature of the administration, 公私協働 public-private partnership, 介護保険法 Long-Term Care Insurance Act, 市民的自治 civic autonomy

はじめに

　2017年度学術総会において開催された民科法律部会60周年記念シンポジウムでは、異なる世代の会員が民主主義法学の課題について報告し、討論が行われた。筆者は、民科との関わりが1992年春に遡るが、このような世代の者として[1]、報告の機会をいただいた。本稿は、そこで検討を試みた、学会としての民科ないし民主主義法学の課題について、昨今の行政法現象と理論動向、特に、自身の研究領域に照らして、論ずるものである。

1　民科のこれまでの理論と行政法

　民科では、日本法の特質を明らかにし、その問題状況の克服と変革のための対抗的法理論を提示する構えで、学会活動が行われてきた。現代法論、市民法論、新・現代法論のように、法分野の違いを越えて日本法をトータルに把握すべくグランドセオリーの構築を目指す議論がなされてきた点は、他の法学会にはない特色と言える。
　民科への行政法学からの寄与を、1990年代以降の『法の科学』バックナンバーをもとに振り返ると[2]、総じて現代国家・行政の分析が大半であった。これは、この時期が構造改革による国家・行政の抜本的再編期であった事情によるところが大きいと思われる。そしてその反面、民科における行政法研究は、国家・行政と社会の双方を射程におさめた研究はさほど活発ではなかった[3]。各年度の学術総会の企画に依存する面もあるが、学際的法学会という研究基盤に

---

1) したがって本稿の考察は、主に1990年代以降の状況を念頭に置くものとなる。また、紙幅の都合上、注は最低限にとどめざるを得ないことも、あらかじめお断りしておきたい。

恵まれながら、民科での行政法研究が日本社会の具体的在り様をも十分に取り込んだ議論を展開してこられなかったことは、今となっては留意しておくべき点であるように思われる。

2　行政の公共性分析（公共性論）について

(1)　公共性論を取り上げる意味

行政法学の立場から民科のこれまでを振り返るとき、民主主義法学としての行政法学とは何かが問題となるが、これへの解答は容易ではない。そこで本稿では、この問題を念頭に置きつつも、1980年代末から1990年代初めにかけての新・現代法論における「国家機能の変化と法」の論題の下で、故・室井力会員が提唱された行政の公共性分析（以下、「公共性論」と言う）が論じられたことを踏まえ、これに焦点を絞り、その理論的課題を考えることを通して、本稿の課題への接近を試みることとする。

(2)　公共性論の意義

公共性論は、憲法的価値（人権尊重主義・民主主義・平和主義）に基づき、現代の国家・行政の特質を明らかにする認識論であると同時に、そのあり方の

---

2) 1990年以降の『法の科学』所収論文（学術総会「全体シンポジウム」に係るもの）は、以下のとおり（号数、発行年、掲載頁のみ記す。）。①福家俊朗「サッチャー行政改革と地方自治」18号（1990年）28〜47頁、②紙野健二「レーガン行政改革の法構造」同48〜62頁、③晴山一穂「公共性分析の意義と課題」19号（1991年）85〜96頁、④米丸恒治「企業規制改革の現状と行政責任」21号（1993年）69〜80頁、⑤村上博「90年代『行政改革』と行政法学」26号（1997年）72〜83頁、⑥市橋克哉「日本国家の力能再編」27号（1998年）25〜40頁、⑦本多滝夫「福祉の権利－福祉サービスの公共性と法制度」29号（2000年）63〜76頁、⑧山下竜一「環境法におけるグローバル化と市場化」31号（2001年）72〜84頁、⑨榊原秀訓「地方自治と参加制度」33号（2003年）48〜60頁、⑩見上崇洋「構造改革と都市・土地法」34号（2004年）30〜42頁、⑪晴山一穂「新自由主義的国家再編と民主主義法学の課題」35号（2005年）8〜19頁、⑫榊原秀訓「行政の市場化・契約化と新自由主義」39号（2008年）37〜49頁、⑬白藤博行「『潰憲型地方分権改革』と立憲地方自治」40号（2009年）32〜44頁、⑭白藤博行「『司法制度改革と実定法学』の趣旨説明に代えて——『司法の現代化』と『法・法学の現代化』を行政法学領域を例に考える」41号（2010年）8〜19頁、⑮市橋克哉「グローバル化および私化と行政法の進化」42号（2011年）27〜39頁、⑯岡田正則「現代における法・判例の形成と実定法学の課題——企画趣旨説明」43号（2012年）8〜15頁、⑰下山憲治「防災・災害リスク管理と行政法学」44号（2013年）29〜38頁、⑱山下竜一「持続可能な地域社会と国・自治体の法的責任」45号（2014年）43〜52頁、⑲三浦大介「地方自治と民主主義——地方自治において『よりよい民主主義』を実現するための単位をめぐる問題を中心に」46号（2015年）26〜36頁、⑳稲葉一将「政策形成機能を強化する内閣と有識者会議」同37〜45頁、㉑岡田正則「司法制度改革後の法学教育——その危機と再生」47号（2016年）8〜16頁。

3) 前掲注2）論文のうち、国家・行政のみならず社会の在り様をも射程におさめたものとして、少なくとも挙げうるのは⑨、⑱、⑲、⑳であろう。

提示ないし獲得を目指す実践論である。すなわち、国家・行政の公共性の内実には「市民的生存権的公共性」と「超市民的（国家的）特権的公共性」とが存するがゆえに「後者を排して前者を実現するための作業に取り組むこと」を課題とし、「公共性の虚偽性＝現実を認識・暴露しつつ、公共性の真実性＝理念を深化し、実現することに向けた法律学的営為」[4]としての行政法理論が、公共性論である。

故・原野翹会員は、公共性論について、「行政法解釈理論の形成」、行政改革への対抗、および「現代行政法の批判的分析を前提とする理論的整序」の3つの意義を挙げられたが[5]、このうちその意義を最も発揮したのは、行政改革への対抗としての面であったと思われる。臨調行革を起点に1980年代から1990年代を通して進められてきた行政改革に対峙し、国家・行政をあるべき姿へと変革し、そのような国家・行政によって人権・民主主義・平和を実現させようとする公共性論は、他の行政法理論との対照において異彩を放ち[6]、行政の守備範囲ないしは存在理由を根本から考える理論としての役割を担ってきた。

3　行政法研究の理論的課題——公私協働の法現象を念頭に

(1)　公私協働の法現象——高齢者福祉行政領域を例に

行政の事務事業の民営化や規制緩和による民間開放を通じての市場化が進む中、行政法学においてはこのところ、公私協働と呼ばれる法現象が注目を集めている。公私協働論は、行政組織が自らの任務として公共的役務を担うことにより形成されてきた行政過程に私人が関与する現象について、これら私人の諸活動をも行政過程として把握し、新たな法的規律や統制の法理を追究しようとするものである。

今や公私協働はあらゆる行政領域に見られる法現象と言えようが、これが相当に進んだ領域の一つに、高齢者福祉行政領域がある。この領域では1990年代後半から介護保険法（以下、「介保法」と言う）を軸に、契約化・市場化の政策

---

[4]　室井力「国家の公共性とその法的基準」室井力・原野翹・福家俊朗・浜川清『現代国家の公共性分析』（日本評論社、1990年）14頁。市民的生存権的公共性は「近代市民国家における市民的公共性の現代国家における発展形態」、「超市民的（国家的）特権的公共性」は「部分的利益を公益と偽装しつつ実現せんとする」ものとされる。

[5]　原野翹「行政の公共性分析と現代行政法学の課題」法の科学12号（1984年）61頁。

[6]　前田雅子「行政法のモデル論」磯部力・小早川光郎・芝池義一編『行政法の新構想Ⅰ・行政法の基礎理論』（有斐閣、2011年）32頁は、「政策目的を実現する手段として法制度を捉えてその機能の分析検討を行い、その成果を立法論に結び付けるという意味での法政策論」が「従来、行政法学では必ずしも正面から取り組まれてこなかった」とするが、公共性論が「その例外として」の位置を占めるとする。

が推進され、その結果、次の3つの法現象が生じてきた。第1は、ケアマネジメントと呼ばれる相談援助業務が民間に委ねられた結果として生じた、介護サービスに係る権利保障過程の細分化とこれにより生じた部分過程の民間化が、民間事業者に課されるべき公正性・中立性等の新たな法原則をもたらした現象[7]、第2は、サービス供給主体が多様化し介護市場が形成されるにつれ、介護事業者に対する公的規制を基礎づける法原理が変容してきた現象[8]、そして第3は、介保法下で近年推進されつつある「地域包括ケアシステム」によって、「地域ケア会議」と呼ばれる多様な地域構成員の参加を備えた形での、「住民主体」の要素を採り入れた新たな介護サービス供給体制の構築が行われようとしている現象[9]、である。特に第3の現象は、介護保険の持続可能性を企図した経済・財政の論理によるものであると同時に、コミュニティ再生という地域自治政策としての外観を持つものとなっている点が、注目される。

(2) 公共性論の射程

上述の法現象のうち前2者は、介護分野への民間参入進展の反面として行政の再規制が不可避であることから、この場合における公的規制のあり方や、公務が民間化されてもなお行政は免責されないとの理解を前提とした新たな行政法理論の必要性といった諸課題を噴出させる。こうした課題は夙に指摘されてきたところである上[10]、これら諸課題は、行政の存在理由それ自体を正面から論題としてきた公共性論においてもその延長線上で議論可能なものと整理して差し支えないと思われる。しかし、第3の「地域包括ケアシステム」をめぐる動きは、公共性論によっては解決不能な次元の論点を含む。なぜなら、前2者への理論的対処としては、行政・サービス利用者・サービス事業者の三面関係を念頭に置き、サービス利用者の権利保障のための行政の役割・責任を追究すれば事足りるのに対し、第3の現象は、この三面関係に加え、地域社会の在り様をも踏まえつつサービス利用者の権利保障とこれに応じる行政の役割・責任を描出することが不可避となると思われるからである。

以上のような公私協働をめぐる法状況に照らすと、公共性論には、1で述べた民科における行政法研究の状況と同様、国家・行政と社会の双方を視野に入

---

7) 豊島明子「福祉における公私関係の考察——情報提供・援助・苦情解決を素材に」『室井力先生追悼論文集 行政法の原理と展開』(法律文化社、2012年) 314〜339頁。
8) 豊島明子「福祉サービスの供給体制論——公的規制の観点から」社会保障法25号 (2010年) 113〜127頁。
9) 豊島明子「福祉サービスの供給体制論・再論——「地域包括ケアシステム」を視野に入れて」名古屋大学法政論集277号 (2018年) 123〜144頁。
10) 人見剛「公権力・公益の担い手の拡散に関する一考察」公法研究70号 (2008年) 174頁以下、亘理格「公私機能分担の変容と行政法理論」公法研究65号 (2003年) 188頁以下参照。

れ、これら双方を架橋する行政法理論の追究をなしえてこなかった点において、理論的課題が見出される。したがって公共性論には、現代日本社会の在り様をいかに扱うかという論点があると思われる。

　この論点は、1990年度学術総会での新・現代法論の総括における「『福祉国家から福祉社会へ』と変動する事態とどう切り結ぶのか」[11]との指摘、あるいは、晴山一穂会員が「公共性をめぐる若干の論点」として指摘された以下の点に関わる。それは、「個人の自立や市民的自治・市民的連帯という観点と公共性論との関係……すなわち、公共性論における行政責任の強調が個人の自立や市民的自治の観点を希薄化することにならないか」という問題提起である。ここで晴山会員は、「公共性論は個人の自立や市民的自治を前提としたうえで国家の役割を考えようとするものであって、両者の観点は本来的に矛盾するものではな」く、「弱者保護の視点だけにたってパターナリスティックな国家介入を容認しようとする立場とは無縁である。ただ、……臨調行革の特徴が、個人の『自立・自助』と『社会連帯』のイデオロギー……を根拠にしながら行政責任の放棄を正当化しようとする点にあることを考えるならば、今日においてはこの点に対する徹底した批判こそが重要なのであって、真の意味での個人の自立や市民的自治の確立も、そのことを通して初めて展望しうる」[12]とされるが、現時点においてもこのような方法論で事足りるかはあらためて突きつめるべき課題であると思われる。

おわりに

　1990年代から現在にかけての国家・行政の変容状況、特に、3(1)で述べた高齢者福祉行政領域の法状況に照らし考えると、公共性論の意義とともに、その課題もまた認識される。国家・行政と社会を架橋する行政法理論を追求する必要が生じているとの筆者の課題認識からすると、公共性論は、国家・行政のあるべき役割それ自体に迫る理論としての意義は大きい反面、社会の在り様をも念頭に置いた議論を展開しえなかったきらいが否めない。このような認識に立つとき、このところグランドセオリーが不在となってきた学会としての民科において、再び、現代日本法のトータルな把握のための新たな試みが可能であるかはともかく、学際的法学会であるからこそなしうる議論が、強く求められていることは確かであろう。

---

11) 森英樹「『新・現代法論』総括の観点と課題」法の科学19号（1991年）17頁。
12) 晴山一穂「公共性分析の意義と課題」法の科学19号（1991年）93頁（同『行政法の変容と行政の公共性』（法律文化社、2004年）所収。）。

コロキウム＝民科法律部会60周年記念シンポジウム「民主主義法学の未来」

法社会学研究と民主主義法学

飯　考行 (専修大学)

key words
民科法律部会 Law Section of the Association of Democratic Scientists, 民主主義法学 Democratic Legal Studies, 法社会学 Sociology of Law, パブリック社会学 Public Sociology, 戒能通孝 Michitaka Kaino

1　民科法律部会と社会との関わり

　民主主義科学者協会（以下、民科）法律部会は、「すべての分野における法学研究者の研究上の連絡、協力を促進して民主主義法学の発展をはかることを目的とする」（規約2条）。この規約にあるとおり、民科法律部会は、他の法律系学会に比して、基礎法、社会主義法、民事法、商法・経済法、労働法・社会保障法、憲法、行政法、刑事法、国際法などの分科会を中心に、多様な法分野の研究者と実務家が集い、民主主義のあり方を法学の視点から問い直し、民主主義法学の発展をはかるために、多彩な活動を行ってきた。

　民科法律部会の基盤にあるものは、個々の会員の関心にもとづく日々の法学研究である。会員は、各自の研鑽に加えて、民科法律部会を含む学会や研究会を通じて、研究の向上に努め、豊富な論考と実践に結実させてきた。すなわち、学術大会でのミニ・シンポジウム、全体シンポジウム、個別報告、春季合宿研究会での全体会、上記の法分野別分科会、その他の若手分科会や九条の会（やってみんか）、地区別支部研究会、会報および機関誌「法の科学」での研究成果および実践報告の発表や意見交換である。

　以上に加えて、法学系学会の中で民科法律部会が独自性を発揮してきたものは、社会との関わりである。会員により、勤務校等での法学教育に加えて、市民団体等で講話し、民科法律学校や公開シンポジウムの開催（1967年より確認される）に従事してきた。大学生ならびに市民向けの法教育にも尽力し、会員名義で、時々の日本社会を視野に入れた啓蒙的な法学入門書を多数出版してきた[1]。時々の法案などに対する決議や声明も、各法分野の会員を中心に行ってきた[2]。春季合宿研究会では、現地企画として、地元の裁判事例などを検討し、年により野外視察を含むフィールドワークも取り入れている。

民科法律部会は、第二次大戦直後の1946年に創設された民科の中で存続するほぼ唯一の分科会であり、上記の社会との関わりなどの点で、日本の法学において独特の位置を占める。しかし、マルクス主義の影響や政治的色彩があるためか、その位置づけに関する評価はほとんど行われていないように見受けられる[3]。筆者の専攻する法社会学は、社会現象の一つとして法をとらえ、法規のみならず、いわゆる生ける法や、法を形成する法学者、法実務家ならびに法律系学会も分析対象に含まれる。そこで本稿は、1957年発足の民科法律部会60周年を機に、民科法律部会の特徴を社会との関わりを中心に検討したい。

　法社会学の専門学会は1947年創設の日本法社会学会で、かつては民科法律部会と両方に所属する会員が多く、理事兼任者が10数名に及んだ。しかし近年、両学会ともそれぞれ会員数が減少傾向にあり、重複する会員、理事も少なくなりつつある[4]。この両学会兼任者の減少理由については別途考察を要するにせよ、戦後日本の法社会学を語る上でも、民科法律部会は陰ながら一定の重要性を帯びている。

2　パブリック社会学と法学への示唆

　法学と社会の関わりを検討するにあたり、社会学に目を転じると、マイケル・ブラウォイによるパブリック社会学の議論が注目される[5]。パブリック社

---

1)　主な刊行書に、野村平爾他編『現代法の学び方』（岩波書店、1969年）、片岡昇他編『法と現代社会』（有斐閣、1970年）、渡辺洋三他編『現代日本法史』（岩波書店、1976年）、天野和夫・片岡昇編『現代法学入門』（法律文化社、1977年）、渡辺洋三他編『現代日本法入門』（岩波書店、1981年）、天野和夫・片岡昇編『現代法を学ぶ』（法律文化社、1991年）、渡辺洋三編『現代日本の法構造』（法律文化社、1989年）、浦田賢治他編『いま日本の法は――君たちはどう学ぶか』（日本評論社、1991年）、渡辺洋三他編『日本社会と法』（岩波書店、1994年）、矢野達雄・楜澤能生編『法社会学への誘い』（法律文化社、2002年）、緒方桂子他編『日本の法』（日本評論社、2017年）がある。

2)　「法学研究者運動と法と社会」に関する特集論考（法の科学47号（2016年）119-147頁、同48号（2017年）78-101頁）参照。

3)　森下敏男「わが国におけるマルクス主義法学の終焉（上、中、下・Ⅰ・Ⅱ・Ⅲ・完）――そして民主主義法学の敗北」神戸法学雑誌64巻2号47-224頁、65巻1号45-253頁、65巻2号147-262頁、65巻4号1-150頁、66巻1号75-233頁（2014-2016年）は、民科法律部会の評価を含むが、「法の科学」所収論考（学術大会報告要旨）に依拠しており、その他の活動にほとんど触れていない。

4)　民科法律部会と日本法社会学会の兼任理事・監事数は、1972-1974年11名、1974-1976年13名、1976-1978年12名、1978-1981年8名、1981-1984年9名、1984-1987年13名、1987-1990年12名、1990-1993年14名、1993-1996年17名、1996-1999年16名、1999-2002年17名、2002-2005年16名、2005-2007年16名、2008-2011年11名、2011-2014年5名、2014-2017年6名、2017-2020年3名である（両学会機関誌記載の理事・監事名の対照による、年は期で両学会間に月単位のずれがある）。

会学とは、現実社会から疎遠になった社会学が、社会との距離を取り戻すために、社会を構成する人々（パブリック）に関与する社会学である。ブラウォイは、何の（テクニカルな手段的知識・社会の目的と価値を問い直す反省的知識）のためか、誰（学者集団・学者以外の集団）のためかにより、社会学を4分類し、専門社会学（社会学の分析枠組み、専門概念、方法論などを手段として、アカデミズムの世界への発信を目的とする）、批判社会学（社会学の前提とする価値やイデオロギーを吟味し批判する）、政策社会学（企業や国家などの学者以外のために社会学の成果を産出する）とともに、パブリック社会学（現実社会におけるパブリックに接近し関係しながら、パブリックのために成果を産出する）を位置づける[6]。

ブラウォイによれば、パブリック社会学は、第三の市場化の波の中で苦難を強いられるパブリック（とりわけ、サバルタン（従属的社会集団））を主な対象として、彼らに接近し彼らの状況をそれを生み出し規定する社会的脈絡と構造を分析する、双方向的・対話的なコミュニケーションを重視する。主な研究方法は、拡張事例研究法と称する、参与者と観察者、ミクロとマクロ、フィールドで生起する出来事と理論の間の対話による。また、社会学者が大学等で接する「パブリック」として、学生との関わり、教育も、パブリック社会学の対象となる。

社会学と法学は異なり、比較には留意を要するが、法社会学的な視点からは、「法発展の動因は…社会そのものの中にある」というエールリッヒの看破を引くまでもなく[7]、法と社会は密接に関連する。法学者の専門職としての社会的責任は、医師による啓蒙・教育活動の必要性からも首肯されよう[8]。パブリック社会学の議論の法学への援用を試みると、専門法学（主流の学術的法学）、批判法学（懐疑的、批判的アプローチ）、政策法学（依頼にもとづく法知識の提供）、パブリック法学（市民との交流を通じて形成する法学）に分類される。

すなわち、専門法学は、実定法学（公法学、私法学、刑法学などの法解釈学）と基礎法学（法社会学、法史学、法哲学、外国法・比較法学、立法学、法と経済学、法人類学など）で、批判法学として、マルクス主義法学、ジェンダー法学、

---

5) *See* Michael Burawoy, For Public Sociology, 70 *American Sociological Review* (2005), 4-28.
6) 「パブリック」社会学は、「公共」社会学と和訳される場合があるが、public は「公の、公的な、公共の、公衆の、人民の、（国民）一般の、公立の、普遍的な、国際的な」（リーダーズ英和辞典第3版による）という多様な意味を含むため、カタカナのままとした。
7) エールリッヒ（河上倫逸・M.フーブリヒト訳）『法社会学の基礎理論』（みすず書房、1984年）参照。
8) リチャード・クルーズ他編著（日本医学教育学会倫理・プロフェッショナリズム委員会監訳）『医療プロフェッショナリズム教育——理論と原則』（日本評論社、2012年）参照。

批判法学、ポストモダン法学、エスノメソドロジー法学などがあたる。政策法学は、国や研究機関から委託された法学研究、法学の知見にもとづく裁判等での鑑定書作成、証言、審議会等の委員としての意見表明や、法案に対する声明であろう。そして、パブリック法学は、政治、経済や社会に留意する法学（広義の法社会学）、民主主義や平和を尊重し擁護する法学（民主主義法学の実践面）となる。

パブリック法学は、民主主義法学と重なる性格を持つ。民科は、「国民のための科学運動」を、農民のためになる実態調査として1952年から1953年頃にかけて展開した[9]。この運動の評価は分かれており、法学者からも批判的に以下のように回顧されている[10]。そのため、パブリック法学の色彩を強める場合は、過去の実践を踏まえた方法論の再考を要する。

「科学をほんとうに国民のものにするためには、研究者が書斎の中に座っていてはいけない、国民大衆の中にみずから入らなければならないということで、学問の創造と普及とを統一しようという運動が民科の中に起こったわけです。しかし、その創造と普及ということを安易に考え過ぎて、結果的にはうまくいかなかったのですね。」（渡辺洋三）

「ぼくは「国民のための科学」は基本的には正しいものだったと思いますし、現在でもそう思っています。現在問題になっている「科学者の社会的責任」と共通点もあると思います。なによりもぼくたちは国民の生活を知らねばなりませんからね…。しかし、実際には、あの科学運動が、科学を媒介とし、科学に還元されるというかたちでおこなわれるユトリがなく、無媒介的に実践と結びついたところに——具体化の方法に——問題があったのではないでしょうか。それから、もう一つは、そういう実践を志向する科学自体の方法論についての反省が不足していたようにも思います。」（宮内裕）

「国民の科学運動の失敗のあと、民科全体としては行き詰った。」（渡辺洋三）

3　パブリック法社会学の構想と試行

法社会学で、農漁村等での実態調査にもとづく研究は数多く行われてきた。社会との関わりで独自の法学を展開した研究者に、戒能通孝がいる。戒能は、岩手県小繋村における入会紛争の研究と裁判での弁護で知られるが[11]、パブリック法社会学者として再評価に値する。

---

9) 柘植秀臣『民科と私——戦後一科学者の歩み』（勁草書房、1980年）196頁参照。
10) 座談会「戦後の法学」法学セミナー100号（1964年）29-30頁参照。
11) 戒能通孝『小繋事件』（岩波書店、1964年）。

その主な活動経過は、関東大震災後の東大セツルメントでの地域での法律相談への対応、ヨーロッパ法史の研究、農村入会調査、第二次大戦後の司法研究と極東軍事裁判弁護人担当、新聞で募集した市民有志との読書会（戒能私塾）、法律時報巻頭言執筆、民科や日本法社会学会での活躍、大学教授職から小繋裁判弁護人への転身、東京公害研究所初代所長就任など、社会の変遷に対応して多岐に渡る。戒能は、生涯を通じて、市民と交流しながら、時々の社会実態を踏まえた法学の絶えざる彫琢を唱え、実践し、「市民」になるための努力や「概念を事実で洗う」必要を唱え、プライバシーの権利、ニューサンスなどの欧米の法理論を日本社会へ応用し、環境・公害法の礎を築くなどした[12]。

　民科法律部会関連の実態調査を踏まえた研究は、1997年以降の「法の科学」誌に数点確認されるのみで[13]、必ずしも多くない。パブリック法社会学は、「市民・社会と関わり交流しながら、法理論を創出、検証、修正し、成果を還元する法社会学」と定義づけられる。この傾向を持つ研究は、近年の業績にも見出され[14]、留意事項に、自由、豊かさ、生活の質、平等、平和、対話、協働、連携、共生、地域社会、持続可能性、人権、民主主義、立憲主義の尊重と擁護などが挙げられる。

　筆者の貧しい業績と取組みを振り返ると、時々の社会事象に対応するパブリック法社会学的な面があることに気づく。2000年頃に焦眉の課題となっていた司法制度改革に助力し、関連する研究に従事した後、東北を中心とする司法過疎対策とアクセス向上、2009年実施の裁判員制度や、2011年勃発の東日本大震災に関連する活動を行ってきた。これらは、ボランティア、研究、教育と混然一体となっている[15]。

　裁判員制度については、裁判員経験者や実務法律家を交えたシンポジウムのほか、「裁判員ラウンジ」と称する、担当ゼミナール主催の定例公開企画を実施している。その契機は、裁判員制度の評価は措いて、市民の裁判員就任意向の低迷の一因は制度が身近でないことによる不安の増幅にあり、裁判員経験者

---

12) 後年の回顧として、柴田徳衛・淡路剛久「戒能通孝」宮本憲一・淡路剛久編『公害・環境研究のパイオニアたち——公害研究の50年』（岩波書店、2014年）75-93頁参照。
13) 樫澤秀木「環境運動と対立的共同性」法の科学33号（2003年）34-47頁、上野志郎「中国人強制連行・強制労働——室蘭におけるその実態」法の科学35号（2005年）180-189頁、藤崎陸安「患者運動からみた法学界の役割」法の科学48号（2017年）112-116頁。
14) 林研三『下北半島の法社会学——〈個と共同性〉の村落構造』（法律文化社、2013年）、塩谷弘康他『共生の法社会学——フクシマ後の〈社会と法〉』（法律文化社、2014年）、楜澤能生編『持続可能社会への転換と法・法律学—— Law and Sustainability』（成文堂、2016年）など。
15) 研究成果の一部に、飯考行「裁判員法の趣旨と実像」法と社会研究1号（2015年）137-159頁、同「津波被災者遺族による訴訟提起とその思い」上石圭一他編『現代日本の法過程（下巻）——宮澤節生先生古稀記念』（信山社、2017年）543-562頁がある。

の生の声を聞き実務法律家を交えて意見交換する場を作ることが有益と考えられたことにある。毎回、裁判員制度に関心や不安を持つ市民、学生（高校生から法科大学院生まで）、裁判員経験者、研究者、実務家やメディア関係者が集まり、意見交換を行っている。また、講義で裁判員経験者との対話を盛り込んでいる。

東日本大震災には、以前の勤務校での災害ボランティア引率で関わり、調査経験のあった司法過疎対策の見地から、法的対応のあり方を検討し始めた。その後、民科東北支部合宿で宮城県女川町を訪れた際、現地で語り部をしていた遺族と知り合い、その津波で亡くなった親族が現勤務校の卒業生であったことから、交流を続けることになった。具体的には、津波裁判の経過を含む特別講義をいただき、その他の津波や事故の犠牲者遺族とつながりを持つにいたっている。担当ゼミナールでも、被災地などを合宿で訪問して交流を行っている。

4　おわりに

本稿は、民科法律部会と社会との関わり、パブリック社会学と法学への示唆、パブリック法社会学の構想と試行の順に論を進めて、民科法律部会の重視する民主主義法学の存在意義を、社会との関わりの側面から検討した。そして、民科法律部会は、社会との関わりで、パブリック法学と呼びうる独特のアプローチを実践してきた点に特徴があることを明らかにした。

民主主義法学および民科法律部会の課題は、従来の特徴を再確認し、維持発展をはかることに見出される。すなわち、近代法理念を再考しつつ、不透明な国内外の社会情勢下で、市民や関連団体と連携し、国内外の最新の法その他の研究や実践に学び、直面する問題を見極め、法的に対応し、法理論を構築、発信、還元し、改善をはかる取組みを持続することである。

民主主義を尊重、擁護する法学へのニーズは、幸か不幸か、いっそうの高まりを見せている。立憲主義の危機や学問の自由の懸念に、民科法律部会は十分対応できているであろうか。民科法律部会がかつて切り開いた公開学習会の開催や啓蒙書の発刊は、主に他団体や弁護士会によって担わる傾向にあるように映る。他団体等との連携、SNSの活用や、憲法カフェならぬ「民（みん）カフェ」など、研究および活動の工夫の余地はなお残されている。

コロキウム＝民科法律部会60周年記念シンポジウム「民主主義法学の未来」

現代における法の形成と法曹の役割

豊川義明 （弁護士・関西学院大学大学院客員教授）

key words
時代と法 times and law, 人間の尊厳と権利運動 human dignity and rights movement, 基本権と法律解釈 fundamental rights and interpretation of law, 歴史、社会と法律解釈 history, society and interpretation of law

　テーマが法の形成である以上、法律の定立である立法論も含め分析対象にすることにしなければ充分でない。本稿では現時点における法曹としての裁判、司法の場における法の形成に焦点をあてるものとし、このなかで日本の司法（裁判）が憲法の基本権、人権から回避している現状のなかで基本権、人権論からの立法運動を提示することにとどめたい。このことは筆者の活動と力量の制約の結果である。

1　時代と法

　(1)　戦後72年の裁判運動と権利運動をとっても、時代区分をどう線引きするのかは別にして、時代に対応する権利運動のテーマは変動がある。それは経済、政治、社会の変化に対応して権利運動のテーマが変わっていくものであろう。勿論一貫して共通している権利運動の課題もある。しかしこの時代をもう少し大きなスパンでみてみると、戦後72年のほぼ同一期間である戦前の77年間は、概ね大日本帝国憲法下にあり、戦後72年間は、概ね日本国憲法下にあった。そしてこの前の時代と後の時代は、法規範とすれば国家主権と基本的人権のあり様について根本的な転換がある。しかし市民の意識のなかでは、その基底において戦前から戦後に連綿として続くものがある。例えば家父長的な父権中心の家イデオロギーである。戦前の家族主義的共同体意識は、戦後の企業社会に受け継がれてきたといえる。
　しかし日本国憲法の基本権は、戦後の労働運動も含めた社会運動の要求実現の法規範として強いメッセージ性と規範力をもってきた。それは、現実の日本社会に人間の尊厳と人権を侵害する事実があり、これを改革しようとする市民運動がその要求を人権要求として確認してきたからである。
　(2)　1990年代後半から現在までの20年をみると、日本社会には一つには貧困

の増大と格差の拡大があり、1984（昭59）年には604万人（全体の15.3％）であった非正規労働者は、2017（平29）年は2036万人（全体の37.3％）と増加した。

その内訳はパートが997万人、アルバイト417万人、派遣社員134万人、契約社員291万人、嘱託120万人である。年収200万円以下の労働者と家庭の増大と所得最上位層の増大にみられるように、市民社会の分断と危機が進行している。

二つには、全生活における競争と自己責任の強い社会になり、投機的な資本の動きも含め、強い利潤追求と経済的効率優先の社会、いわゆる市場原理主義、新自由主義が影響力を伸ばしている。

このような時代を象徴的に示す事件として電通過労自死第二事件（2016年12月25日）と相模原障害者施設殺傷事件（2016年7月26日）を挙げることができる。電通事件の被害者は、東京大学を卒業した新入社員であり、彼女は母親への死の直前メールで「人生も仕事も全てつらい」と記した[1]。

相模原事件では、加害者は「意思疎通がとれない重度、重複障害者は安楽死の対象とすべきだ」と述べた。障害者の安楽死を国が認めてくれないので、自分がやるしかないと思ったと捜査関係者に供述したとされる。

この二つの事件からは、現在においても戦前から続く日本社会の基底にある社会意識をみることができる（戦前の勤労観[2]や優生思想など）。

（3）　法については、民主政治が「人民の、人民による、人民のための政治」とするならば、民主的な法は「市民の、市民による、市民のための法」といえ

---

1)　電通には4代目社長吉田秀雄により1951年つくられた「鬼十則」（行動規範）があり、そのなかには④難しい仕事をなしとげるところに進歩がある。目的完遂までは…。⑤取り組んだら殺されても離すな、などがある。

2)　三村起一『産業戦士の心構え』（富士書店、1944年（昭和19年））10頁。
「産業戦士が増産挺身の為めに…特に高講したかったのは私の僅かな体験から見て主として次の三つの点である。第一には現有能力の最大発揮と云ふことである。設備や機械の新設増大等による生産拡充の声は頗る高かった。私はその固より必須なるを痛感して居たが、資材其他に自ら制限されるから新拡充も結構だが先以て何を措いても設備機械労力等の原有力を最大限度に発揮することが土台とならねばならぬと固く信じたものである。而して、遊休潜在の生産力の高度活用と二十四時間制の実行の如きは生産陣営の執務中の急務と考へたのである。第二に戦時国内体制の整備と共に訓練不足の人々が多数生産第一線に立つことからも当然だが、現在の産業戦士も一大決意の下に自分を再鍛錬して、訓練されたる自分を御国に捧げ奉ることを念願した。

　第三に各自がその持場に立つ以上は何事によらず責を他に転嫁せず、出来れば此の私が悪いのだと自分で引構へて為し遂げる決意をすることが現下最も肝要と信じて居る。従って、一見不可能の如き仕事も引構へて苦心工夫して実行する時に、不可能を可能となすことが出来ると云ふ確信と創意と熱意を喚起したい点である。」
野村平爾・島田信義「労働法（法体制、崩壊期）」『講座日本近代法発達史8』（勁草書房1973年）73頁引用。

　なお、三村起一は戦後も住友鉱業（現住友金属鉱山）初代社長、石油開発公団初代総裁、経団連常務理事などを歴任した人物である。（傍線は筆者）

よう。
　そして法の正義については、様々な意見は存在するが私としては、これまでの法曹としての実践と学びから「人間の尊厳」を根本原理とする基本権（平等、自由、連帯、公正）であると考えており、法運動（法の正義を実現する運動）は、「人間の尊厳」を実現する持続的な運動と組織の形成であると整理する。そして自己と他者はともに依存しあいながら共生して類としての人類を形成してきたものと認識している。「私は自己としては唯一の存在であるが常時、常在として他者に関わりともに生きている」という私としての命題である。そしてこれは個人主義でもなく、共同体主義でもない（参照　川本隆史『哲学塾』岩波書店、2008年）。

2　裁判運動と権利運動の特質

　既述のとおり、戦後72年間の裁判、権利運動は、人間の尊厳と基本的人権を侵害する社会的な権力や国や自治体（公務員のスト権をめぐる事案は特徴的である）との対立、対抗であり、この要求、社会運動は憲法規範としての人間の尊厳と基本的人権をそれぞれの社会の場において実現しようとするものであった。
　そして裁判事案は、その時代の象徴であり、原告側にとっては「人間の尊厳」を賭けた運動であった。最近では、非正規公務員の雇止め事案（守口市役所[3]、吹田市役所）、派遣労働者の「派遣切り」の違法を問うた松下PDP事件など、また大阪市における橋本維新市政による多発した不当労働行為事件などにみることができる。
　ここに指摘した事件において、全体として司法（大阪市組合事務所大阪地裁判決、松下PDP大阪高裁判決を除いて）は、私の理解では基本権、人権の擁護を内容とする「法の支配」に背をむけてきたのである。松下PDP最二小判後の各地の地方、高等裁判所の派遣労働者の「派遣切り」を適法化した裁判（唯一の例外は2009年12月18日マツダ事件山口地裁判決）にみられるように司法の官僚制は一層強固になっているといえる。

3　基本権と現在における裁判の特質──基本権から

　判決は、その内容の正当性が社会から求められる。この正当性は、事実認定の正しさと事実のなかにある、正しい法の抽出、「すくい上げ」が誤まりのな

---
[3]　拙稿「非常勤地方公務員の任用更新拒否が争われた例」民商法雑誌153巻4号107頁。

いことである。筆者はこれまでも事実と法との間の相互媒介関係を主張してきたが、いかなる事実を判決の基礎として認定するのか、どの法規範を選択するのかについて相互の媒介が不可欠である。

　先にも批判的に指摘した現在の裁判の全体の傾向、特質をつぎの四点に整理したい。

　一つは、法律実証主義[4]と評価できるものである。法律解釈は憲法規範から導かれるものではなく、法律解釈の「果つる」ところに憲法上の基本権、人権は存在しない。いわば戦前の人権規定における「法律の留保」と同様の思考様式である[5]。

　二つは、社会権としての労働三権、勤労権は、「財産権（施設管理権）」、「採用の自由」に優越されて社会権の相対化、融解がすすんでいる。

　三つは、憲法の根本原理としての「人間の尊厳」や基本権が、判決において尊重されるべき対象になっておらず、一部の判決を除いて「不在」状態である。

　四つは、司法は現実の支配的な経済システムなり、社会的な権力、優越的な地位に強い配慮を示しながら、差別された社会的弱者に対する眼は厳しい。裁判官が、社会のなかの強者であり、競争のなかでの勝ち組であることを反映している面もあるがそれは主要な原因でない。また官僚体制のなかで司法は、行政権に追随し続けている。戦前の特別裁判所としての行政裁判所の観である。

　このような司法権の脆弱化のなかで、市民の裁判運動、権利運動は司法手続上の三審制度の最大限の活用はもとよりのこと正義と人権の市民運動を実現するために立法運動を組み立て、政権交代も含めて立法要求（法律化）に習熟していかなければ法曹として正しい問題提起を社会に行ったことにならないであろう。

4　法運動の課題──労働分野から

　本来、労働こそは社会の価値の源泉である。それは労働主体にとって人格の実現であるとともに、他者（社会）とつながる価値あるものであり、喜びであらねばならない。しかし現実の労働は、苦しみになったり、他者との競争の対象や尺度となり、本来の社会価値から切断されている。

4）　ドイツの概念法学的法律実証主義への批判については磯村哲『社会法学の展開と構造（オンデマンド版）』（日本評論社、2008年）121頁。
5）　泉徳治『私の最高裁判所論』（日本評論社、2013年）174頁。泉徳治もこのことと、人権保障規定の実効性を確保する現行憲法解釈の必要性を指摘する。

(1) 「よき労働」の実現

　労働は、人間と人間を結び付ける重要なものであり、労働を苦しみから喜びが持てるものに変えていくための方向、運動が必要である。「よき労働」[6]の実現のために、その具体的内容として人間の尊厳、平等、他者との連帯となる課題を追求することが求められる。例えば労働条件についての対等共同決定原則の確認、また（長時間労働の規制というより）八時間労働で人間らしい生活を確保できる政策が賃金、社会保障も含めて提案できることが求められる。

　(2) 企業体に対する市民社会からの批判と規制であり、企業体の公共的価値実現への改革要求（CSRなども含めて）が労働者を含めた労働運動の枠を超える市民運動として展開されることである。

　(3) 市民運動、労働運動のなかに人間の尊厳と平等、連帯を創出する独自の意識的なプログラムが必要である。

5　民科の活動について

(1)　専門性の分化から「統合」への努力

　専門性は社会知の研究において必要なことであり、必然である。しかし今日のグローバリズムのなかで地球全体の、また人類の生存危機が進行（核戦争、温暖化、貧者の増大）しており専門性とともに総合化というか、トータルな知見、認識が求められており、これによって社会の力を結集できることになるのではないか。

　(2) 法の原理、人間の尊厳、基本権といった基本的な価値からの各法律分野の再編（構成）作業、すなわち憲法学との交流そして専門分野の憲法学的再定位の必要性を指摘したい。

　(3) 事実、実態を「学」に取り込むことが必要である。事実を基礎にもたない学は、抽象論（化）され、法解釈は実をあげることがない。

　このことに関連して、判例なり実務と研究者の「立ち」位置について、私の意見を述べておきたい。法律解釈学というか、実定法学に限定したことになるかもしれないのであるが、法律の体系論や立法論を別して、普遍的、一般的性格からは事実と裁判例を抜きにして法律解釈は展開され得ない。

　法の解釈が解釈者の実践行為であると考えていることは前提にしたうえで、

---

[6]　独のIGメタル産業別（金属労組）は、2003年10月の組合大会において「良い仕事」という活動構想をねりあげプロジェクトを立ち上げ、これが欧州委員会（2007年）や政府の連立協定（2013年）にも採用された。この目的は健康基準の設定、高齢者への配慮した仕事や学習に役立つ仕事のデザイン、不安定雇用の食い止め、である。北川亘太、植村新「ドイツの労働組合による組織化戦術の新展開」『認知資本主義』（ナカニシヤ出版、2016年）206頁。

判例の分析、検討は法解釈学にとっても避けて通れないのである。問題は先述した日本の司法、裁判状況の下で、判例への追随があってはならないし、むしろ新たな正しい判例形成にむけた社会的に説得力ある法理の提示が求められていることである。この点では法曹との共同作業が必要である。

（4）　現代の法を歴史のなかに、そして社会全体のなかからみることの大切さであり、このことは民科の先達が切り拓き確認されてきた事柄である。

（5）　以上は、法曹にとっても共通の課題であるが、法曹は判例形成の分野において、当事者と協働して司法を担っているのであるから、憲法上の基本権不在の悪しき判例や裁判に屈することなく当事者法曹として創造的な仕事をすることであり、このことの誇りと喜びを再確認することを共通の認識にしたい。

コロキウム＝民科法律部会60周年記念シンポジウム「民主主義法学の未来」

ミッションとしての民主主義法学
―― 科学としての法学そして科学者の社会的責任

広渡清吾（東京大学名誉教授）

key words
科学としての法学 science of law, 科学者の社会的責任 responsibility of scientist, 現代法論 theory of contemporary law, 東日本大震災 great disaster of Eastern Japan, 科学者コミュニティ scientific community

1　学会創設から60周年を記念する意味について

　本稿は、民科法律部会の創設から60年を経た今日、あらためてこの時代にわたしたちが「民主主義法学」に取り組むことの意味を考えることを目的とする。
　これまで学会としての周年行事は、30周年（1976年）について、また、50周年（1996年）について、いずれも民主主義科学者協会そのものの創設からかぞえて行った。今回は、あえて民科法律部会の学会としての設立から60周年を記念した。最初にそのことの含意をあらためて確認しよう。
　民科創設大会宣言（1946年1月）は、周知のように「民主主義日本の成長と確立」を目的とし、科学と科学者が「自己をとりもどし、日本国民の間における革新的民主主義と歩調を揃え、その支持をえつつ、封建的反動科学及び思想との闘争、民衆に役立つ真の科学の研究と普及、反民主主義的教化制度と政策との闘争」を進めることを謳った。一方、民科法律部会規約（1957年10月）は、「すべての分野の法学研究者の研究上の連絡、協力を促進して民主主義法学の発展をはかることを目的」として掲げた。つまり、民科の1部会であった法律部会が独自の学会として再出発を図ったのは、学術研究団体であることを明確にするためであった。現在では「なにをいまさら」というべきかもしれないが、30周年記念集会で、渡辺洋三と長谷川正安がいずれも民科の「国民の科学」運動について批判的に言及していることを確認したい。「民主主義日本の成長と確立」を直接の目的とせず、「学としての民主主義法学」の発展を追求すること、「60周年」はあらためてこのことの含蓄をふかく受け止める趣旨にでるものである。

2　学としての民主主義法学

　それでは、民主主義法学は、どこに「学としてのアイデンティティ」を求めるのか。これついては、大前提として客観的な歴史的な位置（historical defined identity）を考えなくてはならない。つまり、学会設立に先行する「反動的封建科学及び思想との闘争・民衆の真に役立つ科学」として「戦後法学」の営みがあったことである。戦後法学は、筆者の定義によれば、戦前との自覚的断絶のうえに戦後社会を構想し、そのなかで法学のあり方を位置づけるものである。それは、第1に科学としての法学の構築、第2に民主的法律による日本社会の「近代化」、そして第3に日本国憲法の価値的擁護を柱とした。民科法律部会はこのidentityを継承したと考えることができる。

　こうして学としての民主主義法学は、「科学としての法学」の構築を課題とする。それは3つの次元において捉えることができる。第1に、法と社会、法と経済、法と国家の関係、すなわち社会構成体における法の位置規定、歴史的変容および現代的作用の研究、第2に、法解釈とは何かの科学としての究明、その上に立った法解釈学の構築、そして第3に、「法学＝科学」であることに基礎づけられる科学者の社会的責任の追求である。

　いわゆる戦後法学論争は、第1の次元をめぐって「法社会学論争」（法の本質規定をめぐって、1940代後半から50年代初頭）として、続いて第2の次元をめぐって「法解釈論争」（法解釈の真理性をめぐって、50年代前半から）として展開したが、これはまさに「科学としての法学」構築に由縁するものであった。「法社会学論争」についていえば、のちに『法社会学講座』（全10巻、1972-73年）が刊行され、これに（も）応対する問題意識から『マルクス主義法学講座』（全8巻、1976-1980年）が刊行されたことを指摘しておかねばならない。戦後法学史としてつきあわせた検討がなお課題としてある。

　「法解釈論争」については、筆者の理解によれば、半世紀後の回答が次の諸著作にみられる。来栖三郎『法とフィクション』（1999年）、原島重義『法的判断とは何か』（2002年）、広中俊雄『民法綱要第1巻総論上』（1989年、『新訂民法要綱第1巻総論』、2006年）であるが、ここでは立ち入る余裕がない。第3の次元については戦前の科学に対する歴史的反省（民科創設の動機）を起点としつつ、今日、新たに論ずべき問題として後述しよう。

3　戦後法学の発展的継承としての民主主義法学
　　——現代法論の構築

　第 1 の次元の課題に対する戦後法学の取り組みとしてあげるべきは、『講座・日本近代法発達史講座』（全11巻、1958-1961年）である。「資本主義の発展と法」を副題とし、明治維新から第 2 次大戦まで80年間を「近代法不発達史」として描いた。その方法は「狭い意味での国家法」（ここでは法社会学論争が意識されている）を「経済・政治および社会生活の函数」として、それゆえ「法の変化は、経済・政治・社会の変化にそれぞれの仕方で対応し、また、後者の変化は前者の変化にそれぞれの仕方で対応する」ものとして捉えるとされた。ここには、「科学としての法学」と「近代化」の志向の結節がみられ、戦後法学の典型的営みといいうる。

　これと同様の方法で高度成長期の日本法を総体として「近代法から現代法へ」の視角の下に分析することを目指したのは、『講座・現代法』（全15巻、1965-67年）であった。第 1 巻「現代法の展開」では、大枠の議論として「近代法から現代法へ」のシェーマと「市民法から社会法へ」の古典的議論との重なりが認められるが、第 7 巻「現代法と経済」では、産業資本主義、独占資本主義、そして国家独占資本主義のカテゴリーが法を規定する「経済過程と国家権力の関係」の諸段階としてとらえられて、以降の現代法論の展開を導いた。

　民科法律部会は、「科学としての法学」のメインストリームとして、現代法論を受け継ぎ発展させた。民科法律部会における現代法論は、若手の論争を含みつつ（70年央ころまで継続）、おおむね1970年前後に、定式化できる形で成立した。それによると、日本現代法は「資本主義の全般的危機に規定された国家独占資本主義段階の法」であり、「憲法と日米安保条約を頂点とする二つの法体系」として特徴づけられた（野村平爾ほか編『現代法の学び方』岩波新書、1969年参照）。

　民科法律部会における現代法をめぐる論争は、「民主主義法学は現代日本の法と社会をトータルに把握する科学的営み」という identity の共有と確立の基礎をつくったということができる。70年代には、革新的社会勢力の伸長のなかで民主主義的変革における法律学の課題がテーマとされたが、これは、批判的分析と改革の方向（政策の提起）を結合して考察するという民科法律部会の基本的スタンスを基礎づけるものとなった。

　現代法論の新展開は、現代法論争を担った若手会員が今度は企画の中心を担当して80年代の後半に生まれた。この間、現代日本社会の変容が明らかに進ん

だからである。「新現代法論」としての４年間にわたる学会での検討は、次のような新たな視角や論点を提起し、あらためて現代日本法の解析を試みた。概括すれば次の諸点である。第１に経済、国家とならんで、社会・生活構造を独自に分析すること、第２に「企業社会」の構造（企業による労働者支配と社会支配）を明らかにし、その関係において「国家の公共性」の意義を分析すること、また関連して市民社会の意味をさぐること、第３に「法化」のカテゴリーを日本社会に即して考察すること、第４に現代資本主義の段階規定から進んで国際比較を重視すること。これらによって現代法論は、明確にバージョンアップを図ることができた。学会内的なことを付け加えれば、1985年に全国事務局がはじめて東京を離れ、関西に移転し、このことのリフレッシュ効果も大きかった。

4　戦後世界の構造変動と方法論・視角の「複線化」

　90年代初頭のソ連・東欧社会主義圏の崩壊は、世界と日本を社会科学的に考察する基本的視角に大きな影響を与えた。「全般的危機論」は最終的に根拠を失い、現代資本主義の発展に対する社会主義による側圧が消失した。社会科学理論において、資本主義 vs 社会主義の対決構図が資本主義 vs 民主主義の構図にシフトする傾向が強くみられるようになった。

　80年代にすでに展開した福祉国家見直しと新自由主義政策は、90年代以降資本主義の文字どおりのグローバル化のなかで国家間競争の手段として一層激化する。そのなかで格差と貧困の構造化が各国において、かつ、グローバルに進み、難民・移民の増大が生じ、先進国の非エリート層におけるナショナリズムが亢進する。

　この世界的変動のなかで、日本現代法の歴史的性格と内容をどう捉えるか、そこにおいて実定法学の課題はどう設定されるか、視角と方法の深化ないし進化が必要であり、かつ、求められた。民主主義法学の取り組みとして提起されてきた重要論点を概括すれば次のとおりである。

　第１に、東西冷戦終焉後の世界について、人権主体である市民のダイナミックスとしての民主主義は体制問題（資本主義か社会主義か）をこえる決定的問題なのかどうか、「自由と民主主義の最終的勝利」というイデオロギーの作用をどう分析し、批判するか。第２に、資本主義経済、政治的国家とならんで市民社会を位置づけるべきか、また、どのように位置づけるか。現代日本の「企業社会」批判の基点として、資本主義社会と市民社会のかかわり方を歴史的に、かつ、現代においてどう把握するか（ブルジョア法と市民法、あるいは資本法

と市民的生活社会の法の複層性という問題)、市場と非市場領域の対抗と矛盾をどう捉えるか。第3に、グローバリゼーションは、国民国家の機能と役割をどう変えるか、またグローバル化は人類的グローバルプロブレム解決への規範と制度を生み出す可能性をもつと考えるか。第4に、社会構成体のなかで「ジェンダー」(社会的性差・性差別)をどう位置づけるか。第5に、市民の運動の場として「公共圏」をどう捉え、その構造と可能性(「連帯や協働」など)をどう探るか、そして第6に、現代改憲と新自由主義政策の論理と作用をどうとらえるか(司法制度改革を含む)、そこから法改革をどう進めるか、である。

5　東日本大震災と民科法律部会

2011年の「3・11」は、戦後日本社会の欠陥(経済効率優先・環境保全と人間の安全の軽視・都市に対する地方の経済的従属)を露呈し、社会に「変わらなければならない」という意識を生み出した。民科法律部会は、2011年3月末合宿において理事長の問題提起をうけて緊急討論を行い、これをふまえた理事会声明「東日本大震災・大津波と原発事故のもたらしている危機と困難を乗り越えるために」(4月3日)を発表し(法律時報2011年5月号に収録)、2012-2014年の3か年の学会テーマとして「大震災」に全面的に取り組むことになった。

2012年度は「東日本大震災・福島原発事故は法と法学の何を問いかけているのか」をテーマに「科学者・専門家の社会的責任」、「法律専門家としての役割」が重要な論点とされた。また、法的課題の核心として「憲法の意義の再確認——個人の尊厳と生存権の保障」がうち出された。この基本的視角は、「3・11」後の日本社会において共有され、共感されるべきものであり、民主主義法学の感度の高さを示した。2013-2014年度には、「持続可能な社会」(sustainability)をキーワードに分析と対応が論じられた。この議論は、「地球・人類」の持続可能性と特定国家・社会、諸制度の持続可能性を論じることの位相の差異に方法論上の留意を必要としたものの、民主主義的改革論に「ポストフクシマ」的視角が据えられ、新局面を開いた。その根拠は、「科学としての法学」の第3の次元である「科学者の社会的責任」論であった。

これについては、さらに「法学研究者声明」を手がかりにする法学研究者運動の検討の取り組み(2015-2016年)が「法学者の社会的責任」の問題を中心の論点として位置づけている。そこでは、科学者の社会的責任が科学者に外から押し付けられる倫理規範ではなく、科学のあり方それ自体に包摂されるという本質的な問題が気づかれている。

6　科学者の社会的責任と民主主義法学の選択

　「3・11」を契機にあらためて「現代における科学のあり方」を考察すれば、それは真理を追究する営みとしての科学（「科学のための科学　Science for Science」）および科学者の営みに対するたえざる自省（動機、プロセス、成果の社会的作用等について）としての科学（「社会のための科学　Science for Society」を本質的契機とする一体的営みであると理解しなければならない。ここで「社会のため」とは、即自的に社会的有用性を意味するのではなく、それが科学者の自立的判断によることを要件とするものである。それゆえ科学者個人の自省（自立的判断）につき、これを支援し、共同する学術（科学者）コミュニティの役割が重要である。すなわち、科学者の社会的責任とは、科学者の自己の営みに対する自立的判断に基づく自省であり、科学者コミュニティである学会は、それを支援し、かつ、それとして社会的責任を共同で担うものでなければならない（広渡「科学者コミュニティと科学者の社会的責任」島薗進ほか編『科学不信の時代を問う——福島原発後の科学と社会』合同出版、2016年参照）。

　科学者の社会的責任について、社会科学と法学は、その営み自身が社会的コミットメントを有すること、つまり、認識的言明が社会形成的な作用を営み、また、法解釈が法形成的な作用を営むことをもって、より深く責任の負荷があることを自覚しなければならない。民主主義法学は、社会の共有する価値である民主主義を擁護し、その実現を目指して、民主主義法学とは何かを問い続ける学術的プロジェクトである。いうまでもなく、民主主義法学の名称は、そのまま民主主義への寄与を保障するわけではなく、「社会のため」、「社会的コミットメント」を科学者の社会的責任としてたえず自省しなければならない。そしてさらにさかのぼれば、わたしたちにとって民主主義法学の選択は、科学者の社会的責任に先行する、法学者として、市民としての選択という意味をもちうる。

　「民主主義法学のミッション」は、民主主義を価値として擁護し、その実現を目指し、民主主義法学とはなにかを学術的に問い続けることであり、そこには様々な学問的課題が見出されうる。表題とした「ミッションとしての民主主義法学」とは、そのような民主主義法学の営みそのものがこれを選択したわたしたちの意思とエネルギーにかかっており、それゆえわたしたちにとって「民主主義法学こそミッション」であることを伝えようとするものであった（本稿の資料は『法の科学』1号1973年～48号2017年である。本稿を敷衍したものとして広渡「民主主義法学についての覚書——民科法律部会創立60年を機縁に」江藤价泰先生追悼論集（日本評論社、近刊）参照）。

ミニシンポジウム1＝軍事研究と学問の自由・平和主義

軍事研究と「学問の自由」：日本学術会議の選択

佐藤岩夫（東京大学）

key words
軍事研究（軍事的安全保障研究）military research (research for military security), 学問の自由 academic freedom, デュアルユース dual use, 日本学術会議 Science Council of Japan, 安全保障技術研究推進制度 National Security Technology Research Promotion

1　はじめに：特集の企画趣旨をかねて

　近年、学術と軍事が再び接近する状況が見られる[1]。国家安全保障の強化を重視する現在の政府は、科学・技術政策の領域でも、大学等の研究成果を防衛装備品の開発に積極的に活用しようとする政策を進めている。「産学官の力を結集させて、安全保障分野においても有効に活用」（2013年12月17日閣議決定『国家安全保障戦略について』）、「大学や研究機関との連携の充実等により、防衛にも応用可能な民生技術（デュアルユース技術）の積極的な活用に努める」（2013年12月17日閣議決定『平成26年以降に係る防衛計画の大綱について』）とされ、2015年度には防衛装備庁の競争的研究資金制度である「安全保障技術研究推進制度」が創設された（しかも予算額は、2015年度は3億円、2016年度は6億円であったのに対して、2017年度は110億円と前年比18倍に一挙に増額された。2018年度にも101億円の予算が確保された）。さらに、2016年度から5か年の科学技術政策の基本方針を定める2016年1月22日『第5期科学技術基本計画』も、重要政策課題の一つとして「国家安全保障上の諸課題への対応」を掲げ、その内容は2017年6月2日の閣議決定『科学技術イノベーション戦略2017』で具体化されている。さらに、日本の大学への米軍研究資金の提供等の状況も明らかになっている[2]。

　このような動きに対して、学術の世界では、「軍学共同」に反対する研究者の運動が活発に行われ（軍学共同反対連絡会[3]、日本科学者会議[4]の取り組みなど）、また、日本学術会議も2016年に「安全保障と学術に関する検討委員会」

---

1) 詳しくは、池内了『科学者と戦争』（岩波書店、2016年）、「特集・軍学共同の新展開」『日本の科学者』51巻7号（2016年）、「特集・軍事研究と学術」『科学』86巻10号（2016年）、望月衣塑子『武器輸出と日本企業』（角川書店、2016年）、杉山滋郎『「軍事研究」の戦後史』（ミネルヴァ書房、2017年）参照。
2) 『毎日新聞』2017年2月8日、『朝日新聞』2017年2月8日。
3) 同連絡会の取り組みについては、以下を参照。http://no-military-research.jp

を設置し、その 1 年間にわたる審議の結果を踏まえて、軍事的安全保障研究が学問の自由および学術の健全な発展と緊張関係にあることを明示的に確認したうえで種々の提言を行う『軍事的安全保障研究に関する声明』(2017年 3 月24日。以下、『声明』という)、および、それと一体をなす安全保障と学術に関する検討委員会報告『軍事的安全保障研究について』(同 4 月13日。以下、『報告』という) を発表した。

現在の政府が進める軍事研究重視の科学・技術政策が学術の健全な発展および日本国憲法第 9 条の平和主義との関係でどのような問題を持つかは、民主主義法学にとっての重要な関心事であり、民主主義科学者協会法律部会 (以下、「本学会」という) は、2017年 1 月に、日本学術会議宛に意見書 (吉村理事長名、2017年 1 月11日付、『日本学術会議「安全保障と学術に関する検討委員会」への意見表明と要望』) を提出し[5]、上記『声明』の取りまとめに重要な論点を提起した。

本特集は、近年の軍事と学術の急速な接近を「学問の自由」および「平和主義」に関わる重大な問題ととらえ、本学会のこれまでの蓄積を活かして幅広い視野からその問題点を明らかにすることを目的とする。軍事研究の問題は今後民主主義法学が継続的に取り組む必要のある問題の一つであり、本特集の議論がさらなる取り組みへとつながることも期待している。以下、本稿は、本特集の最初の論攷として、上記・日本学術会議『声明』の背景、内容、意義および論点を解説する[6]。

2　『声明』の背景：日本学術会議の原点および学術と軍事の再接近

今回の『声明』が出された背景は 2 つある。第 1 は、日本学術会議の原点という言うべき軍事研究禁止の基本的考え方である。学術会議は第 2 次世界大戦後の1949年に創設された。設置法である日本学術会議法 (1948年法第121号) は、その前文で、「日本学術会議は、科学が文化国家の基礎であるという確信に立つて、科学者の総意の下に、わが国の平和的復興、人類社会の福祉に貢献し、

---

[4]　同会議の取り組みについては、以下を参照。http://www.jsa.gr.jp, 『日本の科学者』51巻 7 号 (2016年)「特集・軍学共同の新展開：問題点を洗い出す」、52巻 7 号 (2017年)「特集・学問の軍事化に抗う」、53巻 1 号 (2018年)「特集・大学の平和教育」。

[5]　同意見書は、2017年 1 月16日開催の安全保障と学術に関する検討委員会 (第 8 回) において、参考資料として配付された。

[6]　なお、関連する論攷として、①佐藤岩夫「安全保障と学術：『安全保障技術研究推進制度』が投げかける課題」『法律時報』89巻 3 号、1 - 3 頁 (2017年)、②同「日本学術会議『軍事的安全保障研究に関する声明』について」『法と民主主義』519号、32-35頁 (2017年) も参照。

世界の学界と提携して学術の進歩に寄与することを使命」とすると定めている。第2次世界大戦時の日本の科学者の戦争協力への反省と、学術の健全な発展を通じた平和と福祉への貢献が、日本学術会議の出発点をなす精神である[7]。これを踏まえて、日本学術会議は、1950年に「戦争を目的とする科学の研究は絶対にこれを行わない」旨の声明を発表し、1967年にも「軍事目的のための科学研究を行なわない声明」においてそれを再確認している。今回の『声明』はそれから50年ぶりに、日本学術会議として学術と軍事の関係についての原則的立場を示すものである。

　もちろん、いうまでもなく、今回、日本学術会議が改めて『声明』を発表した第2の、より直接的な背景としては、本稿の冒頭にも述べた近年の学術と軍事の再接近という状況がある。とくに、2015年度に開始した安全保障技術研究推進制度は、日本の科学者コミュニティを代表する機関としての日本学術会議に対して、この問題に対する原則的見地の再確認を迫るものであった。このため、2016年5月20日の日本学術会議幹事会において、「安全保障と学術に関する検討委員会」の設置が決定された。同委員会は2016年6月24日に第1回委員会を開催し（杉田敦氏を委員長に選出）、以後ほぼ毎月1回のペースで集中的に審議を重ね、2017年3月7日の最終（第11回）の委員会において『声明』および『報告』の原案し決定した。これに基づき、同年3月24日の幹事会において『声明』が、また4月13日の幹事会において『報告』が決定された[8]。

3　『声明』の論理と意義

(1) 『声明』の論理

　『声明』は、まず、①軍事的安全保障研究（軍事的な手段による国家の安全保障にかかわる研究）が学問の自由及び学術の健全な発展と緊張関係にあることを確認し、この立場から、②1950年・1967年声明を継承すること、③安全保障技術研究推進制度は政府による研究への介入が著しく問題が多いこと（必要なのは、運営費交付金や科研費など、科学者の研究の自主性・自律性、研究成果の公開性が尊重される民生分野の研究資金の一層の充実であること）、④各大学が、軍事的安全保障研究と見なされる可能性のある研究について、その適切性を技

---

[7]　井野瀬久美恵「軍事研究と日本のアカデミズム：学術会議は何を『反省』してきたのか」『世界』2017年2月号、129-143頁参照。

[8]　安全保障と学術に関する検討委員会の審議過程は、逐語的議事録とともに日本学術会議のHPに公開されている。http://www.scj.go.jp/ja/member/iinkai/anzenhosyo/anzenhosyo.html. なお、2017年6月24日付で『声明』の英語版（Science Council of Japan, Statement on Research for Military Security, March 24, 2017）も発表されている。日本の科学者コミュニティから世界の科学者コミュニティへの発信として重要な意味を持つ。

術的・倫理的に審査する制度を設けるべきであること、⑤学協会等も、それぞれの学術分野の性格に応じてガイドライン等を設定することを求められること、⑥研究の適切性について、学術会議を初めとする科学者コミュニティは、社会と共に真摯な議論を続けていかなければならないことを確認する。

　『声明』については一部に「ガラス細工」との表現が用いられたこともあるが、『声明』は、軍事的安全保障研究が学問の自由および学術の健全な発展と緊張関係にあるとの原則的見地（①）を確認した上で、そこから②ないし⑥の一連の帰結を導出する、明快な原則と堅牢な論理によって構成されている。この点を確認した上で、『声明』をめぐり問題となりうる論点のいくつかを整理しておく[9]。

(2) 論点①：『声明』は「学問の自由」の侵害か？

　『声明』の立場をめぐっては、委員会審議においても、一部に、軍事的安全保障研究を行うことも研究者各人の自由な判断であるとして、『声明』はそのような研究者各人の「学問の自由」を侵害するとの異論があった。この議論の特徴は、「学問の自由」をもっぱら個人の自由権（選択権）だけに還元している点にある。しかし、「学問の自由」を個人の自由権としてだけとらえることは狭隘にすぎる。憲法23条が、思想の自由（憲法19条）や表現の自由（21条）と別に、独立に「学問の自由」を保障することの意義は、研究者各人の選択の自由だけには還元されない、科学者コミュニティの独自の公共的役割と自律性を特別に承認する点にある[10]。

　学問にとって個人の自発性や創造性が重要であることは論を俟たないが、しかし、学問は、孤立した空間で行われるわけではない。たとえば、大学の施設の中で公開性等に制約がある軍事的安全保障研究が行われることは、単にそれを行う研究者の自由だけの問題ではなく、外国人を含む同僚研究者や学生の自由な研究活動への影響、それらの自由を保障すべき大学・研究機関の役割と責任への影響、軍事組織からの研究資金が増大することによる研究分野のバランスのとれた発展の歪みなど、様々な問題を考える必要がある。『声明』は、まさに、それらの点を総合的・俯瞰的に考察し、学問の自由および学術の健全な

---

9)　なお、『声明』が「軍事研究」ではなく「軍事的安全保障研究」の概念を用いた理由についても解説の必要があるが、これについては、紙幅の関係で、佐藤・前掲注6）論文②を参照。一言だけ付け加えるならば、軍事的安全保障研究とは、その実質において「軍事研究」そのものにほかならない。

10)　たとえば、渡辺康行他『憲法Ⅰ基本権』（日本評論社、2016年）201頁（松本和彦）参照。山本隆司「学問と法」城山英明・西川洋一編『法の再構築Ⅲ科学技術の発展と法』（東京大学出版会、2007年）143-167頁が紹介するドイツにおける議論も参照。

発展の見地から、軍事的安全保障研究の問題点を指摘したものであり、科学者コミュニティの独自の公共的役割と自律性という、言葉の本来の意味での「学問の自由」を実践した点に重要な意義がある。

(3) 論点②：「安全保障技術研究推進制度」は問題がないか？

防衛装備庁は、2016年12月22日に『「安全保障技術研究推進制度」の運営について』を発表し、安全保障技術研究推進制度について、①受託者による研究成果の公表を制限することはない、②特定秘密を始めとする秘密を受託者に提供することはない、③研究成果を特定秘密を始めとする秘密に指定することはないとの立場を明らかにした。これは、直接的には、安全保障と学術に関する検討委員会の第5回（2016年10月28日）および第6回（同11月18日）において、同制度が、研究成果の発表の自由等学問の自由との関係で問題点を抱えているとの指摘を受けたことへの対応と推測される[11]。

しかし、上記の防衛装備庁の立場の表明にもかかわらず、はたして、私法（事業委託契約）上の合意が「特定秘密（防衛秘密）」の指定権者（防衛大臣・防衛装備庁長官）による権限行使の可能性を完全に排除する効果を持つかは不透明であり、また、プログラム・ディレクター（PD）やプログラム・オフィサー（PO）の関与が、本当に研究者（受託者）の研究活動の自由や研究成果の公開性を制約しないかどうかも不透明である。

さらに、安全保障技術研究推進制度のモデルとされる米国・国防高等研究計画局（DARPA）の制度について指摘されている問題点にも目を向ける必要がある。すなわち、①軍事組織からの研究資金が研究分野のバランスを人為的に歪める危険、②研究資金の偏りが大学院生等若手研究者のその後のキャリア形成に及ぼす悪影響、さらに、③大学等における機密保全（セキュリティ・クリアランス）の問題の複雑化等の問題である[12]。

(4) 論点③：「デュアルユース」性・「基礎研究」性

安全保障技術研究推進制度創設の理由として、「デュアルユース」および民生分野への波及が喧伝されることにもふれておく必要がある。デュアルユースとは、研究成果である技術が軍事用にも民生用にも利用できる事態を指す（軍

---

11) 第6回委員会においては池内了氏が参考人として安全保障技術研究推進制度に対する根本的批判を述べ、また、筆者も第5回委員会において、防衛秘密との関係で安全保障技術研究推進制度の問題点を整理するペーパーを提出した（佐藤岩夫『防衛秘密と研究の公開性（論点整理）』）。

12) 安全保障と学術に関する検討委員会・第5回（2016年10月28日）に提出された川名晋史・上席学術調査員作成資料『軍事組織からの研究資金が大学の研究・教育に与える影響』参照。

民両用技術)。同制度に関する防衛装備庁の説明では、同制度の研究内容は基礎研究を想定しており、「得られた成果については、防衛省が行う研究開発フェーズで活用することに加え、デュアルユースとして、委託先を通じて民生分野で活用されることを期待しています」とされる(同庁HP)。

「デュアルユース」の言葉が強調されるようになったのは、冷戦終結後の米国でのことであるとされる[13]。たとえば、国防総省の1995年の報告書『デュアル ユース 技 術』(Department of Defense, Dual Use Technology: A Defense Strategy for Affordable, Leading-Edge Technology, 1995)では、冷戦が終結し国防総省の予算が抑制される一方、市場における厳しい競争にさらされている民間産業のほうが最新技術を迅速かつ低コストで開発できていることから、米軍にとって決定的に重要な分野において民生技術基盤が最先端であり続けるように支援し、かつその成果である民生技術を兵器の開発に積極的に取り込むことが提言された。単に、民生技術が軍事転用される、あるいは軍事的な研究の成果が民生分野にも波及するというだけであれば、それは決して目新しいことではない。単なる軍民両用技術ということではなく、兵器・装備品の研究・開発を迅速・効率的に進め、他国に対する「技術的優越」を確保するプロセスの中に民生研究を自覚的に組み込み、組織化する点に、今日、「デュアルユース」が強調される真のねらいがある[14]。

さらに、防衛装備庁が「基礎研究」性を強調することに関しては、基礎研究と世上言われているものの多くは、利用目的の決まっている目的基礎研究であるとの指摘にも耳を傾ける必要がある。科学史が専門の杉山滋郎は、ストークスの4象限モデル(basic/ applied, use-inspired/fundamental understanding)に依拠して、基礎研究の中に、純粋な基礎研究(basic and fundamental understanding)と目的基礎研究(basic and use-inspired)の区別を導入する[15]。安全保障技術研究推進制度は明確に防衛装備品への応用を目的としており[16]、基礎研究であるから軍事研究とは無縁と言い抜けることはできない。

---

13) 以下については、杉山・前掲注1)172頁以下参照。
14) 安全保障技術研究推進制度の2017年度予算の大幅拡充を提言した自由民主党政務調査会『防衛装備・技術政策に関する提言:「技術的優越」なくして国民の安全なし』(2016年5月19日)も、「推進制度」を、明確に、安全保障に関する「技術的優越」を確保するための戦略的な研究開発推進の一環として位置づけている。
15) 杉山滋郎「軍事問題、何を問題とすべきか」『科学技術コミュニケーション』19号(2016年)参照
16) たとえば、『平成29年度安全保障技術研究推進制度公募要領』は、「防衛分野での将来における研究開発に資することを期待し、先進的な民生技術についての基礎研究を公募するもの」とする。

4　結び

　日本学術会議の『声明』の出発点は、科学者コミュニティが追求すべきは、何よりも学術の健全な発展であり、それを通じて社会からの負託に応えることであるとの立場である。同『声明』は、科学者コミュニティや大学だけでなく、メディアや市民社会の関心も集め、日本における学術のあり方について重要な一石を投じた[17]。しかし、われわれは同時に、1950年・1967年声明以降、その原則を具体化する議論を怠ったことが、近年の学術と軍事の再接近の重要な背景の一つとなったことへの反省を忘れてはならない。今回の『声明』は、これで議論の終わりを示すものではなく、むしろ出発点と考えるべきである。

　そしてこの問題については、法学的な検討の必要性も大きい。憲法（『声明』が主要に問題とした日本国憲法第23条との関係のみならず、第9条との関係）、特定秘密保護法、共謀罪、外国為替及び外国貿易法（安全保障輸出管理制度）ほか、多くの法学的論点がある。本稿に続く本特集の2つの論攷（小沢論文および前田論文）ではそれらの論点について検討されているが、それを踏まえて、法学研究者の総合学会としての本学会が、今後さらに軍事研究と学術の関係をめぐる法学的な検討を深め、この問題領域において固有の貢献をはたすことを期待したい。

---

[17]　声明のインパクトについては、日本学術会議『(声明)「軍事的安全保障研究に関する声明」インパクト・レポート』(改訂版2017年9月22日) 参照。なお、日本学術会議は、『声明』の効果の継続的なモニタリングの一環として、2018年2月から3月にかけて、全国の大学・公的研究機関を対象としたアンケート調査を実施した。その速報は2018年4月の日本学術会議総会において発表され、メディア等でも報道されたが、数字の読み取りには注意を要する。アンケートの最終的な取りまとめの結果は、2018年9月に開催予定の日本学術会議・学術フォーラムで発表される予定である。

ミニシンポジウム1＝軍事研究と学問の自由・平和主義

軍事的安全保障研究における〈忖度〉強制の行政法的諸装置

前田定孝 (三重大学)

key words
軍事的安全保障研究 Militaric National Security Technology Research, 防衛装備庁 Acquisition Technology $ Logistics Agency, 安全保障技術研究推進制度 Military-Industrial-Academy Complex, 行政計画 Administrative Planning, 評価 Surmising

はじめに

　防衛装備庁「安全保障技術研究推進制度」が2015年に創設され、3年目の2017年度には約37倍の110億円へと急拡大した。日本学術会議は、この動きに対して2017年3月24日、「軍事的安全保障研究に関する声明」を発した。本稿は、この外部資金制度がアカデミアの世界と大学行政とに作用するに際し、いかなる行政法的な諸装置が用いられるのかを考察する[1]。

1　安全保障技術研究推進制度と学問研究

(1)　防衛装備庁の外部資金制度と大学・研究者

　本外部資金制度による資金は、第1に、科研費のようにその都度償還され、あるいは大学が負担するのではなく、翌年度の事後的な査定を経て償還払いされる。そこで「やむを得ない事情が生じた場合」には、「『業務計画書』の変更又は研究の中止を求めること」がある。第2に、研究の進捗管理が、防衛省職員であるPO（プログラムオフィサー）によって「調整、助言又は指導」される。第3に、研究成果の公表の自由度につき、公募書類には「受託者による研究成果の公表を制限することはありません」あるいは「研究成果を特定秘密を始めとする秘密に指定することはありません」と記述されつつ、研究実施期間中は「あらかじめ防衛装備庁に通知していただく」とし、また研究期間終了後についても、研究成果報告書に記載事項以外の公表はフリーパスでない。

　第4に、防衛装備庁作成の「研究機関における競争的資金の管理・監査の指針（実施基準）」の契約条件を遵守しない場合は、契約の解除・変更をされ、あるいは委託費の返還を求められる場合がある。

　このように、委託契約のあり方につき、〈大学における軍事研究の推進〉と

---

1)　本稿の執筆作業は、筆者の『日本の科学者』2018年8月号掲載論文「安全保障技術研究推進制度——研究者を軍事研究に自発的に服従させる諸装置」と同時並行的に進められたため、内容上重複する。ご寛容願いたい。

いう行政目的を達成するに際し、研究者に対してその自発的に服従させるなど、必ずしも権力性を帯びない手法が用いられる点に特徴がある。そこで国家が直接の権力的関与をしなくても、大学が国の動向を忖度し、あるいは研究者個々人が自主的自発的に国家の誘導に乗りたくなる諸装置が準備されている。

(2) 軍事的安全保障研究を推進するにあたっての法的しくみ

日本学術会議の声明は、資金の出所等からみて「軍事的安全保障研究」であると判断される場合は、国家権力による介入と判断してカテゴリカルに排除しつつも、まぎらわしい場合は、あらためてアカデミアの内部での専門的判断にゆだねることとした。ここでは、旧教育基本法10条１項が「教育は、不当な支配に服することなく、国民全体に対し直接に責任を負つて行われるべきものである」とし、同２項が「教育行政は、この自覚のもとに、教育の目的を遂行するに必要な諸条件の整備確立を目標として」とした関係との類似性が指摘される。教育行政法学におけるいわゆる内的事項外的事項区分論と類似の関係である[2]。研究資金の出所のような研究活動そのもの以外の部分は「研究外的な事項」として排除し、これに対して研究活動上の専門的判断を求められる部分を「研究内的な事項」として、それぞれの専門家の判断に委ねる。

本稿では、この「内的事項外的事項区分論」を分析の導きの糸とする。

(3) 分析の視角としての内的事項外的事項区分論

2006年に安倍政権のもとで「改正」された教育基本法16条１項は、「教育は、不当な支配に服することなく、この法律及び他の法律の定めるところにより行われるべきものであり、教育行政は、国と地方公共団体との適切な役割分担及び相互の協力の下、公正かつ適正に行われなければならない」とする。それは、旧教育基本法10条１項の規定のうち、「国民全体に対し直接に責任を負つて」とする部分を、新法16条において、「この法律及び他の法律の定めるところにより行われるべきもの……」へと変更した。この法改正は、「不当な支配」の判断を通して、国家が「法律による行政の原理」を、より〈形式的〉に貫徹しうる法改正であった。それは、大学における教育・研究活動に対して、国家の行政諸計画を貫徹しようとするものである。

---

[2] 兼子仁は、「法政との係わりにおける教育の諸事項は、教育の内容面である『内的事項』と、教育が行われていくのに必要な外的条件をなす『外的事項』とに、事柄の性質上区別され、内的事項については原則として法的拘束力のある命令監督が許されず、外的事項については国ないし教育機関設置者の法的決定権が一応存するが、その権限は、『条件整備』の態度で、教育の自主性を尊重するとともに教育の側からの要求に応えるように構成され働かせられなければならない」とする。兼子仁『教育権の理論』（勁草書房、1976年) p.291. そして兼子は、それを担うのは、「主権者国民とは一応異なる『文化のにない手』としての国民・住民にほかならない」とする。同前 p.251.

しかしながら、学問・研究とは決してそのような性格のものではない[3]。

「学問の自由・大学の自治は、社会が、大学および研究者をしてその使命を果たさせるに当たって、その職責遂行上の不可欠の条件として、社会自らの利害の観点から、大学・研究者にこれを与えたもの」である。「大学は、この期待に応えるためには、外に対し、また、その内部において、真理探究が可能であるような諸条件を確保しえなければなら」ず、「大学は、これらの自由を保障されるとき、真理の探究を遂行することができ、それによって社会に奉仕することができる」[4]。研究者の雇用主たる大学法人およびその長は、成果を独り占めしそうな組織とは共同研究をしないなどの倫理的な基準を設定したり、あるいは警察や軍事組織等の国家権力がその所属する研究者の研究内容に侵害したり、あるいは情報収集等の監視活動をしたりすることを抑制するなどの、いわば〈外的事項〉的対策を通じてアカデミアの自主的判断を保障してきた。

2006年の「改正」教育基本法的な発想は、「法律による行政の原理」を、〈法律を支配の便利な道具〉として読み替えることによって、法律および政府諸計画を道具として「知」を支配しようとすることに直結する。「法律による行政の原理」は、その"ダークサイド"をあらわにし、さらに反対物に転化する。

このような視点からみると、軍事的安全保障研究にまつわる研究資金制度を行政法学的に検討するに際して、第1に大学や研究者を自主的自発的に軍事研究へと向かわせる政策や行政諸計画の体系が、第2に、これらの政策や行政諸計画の内容を実現するに際してかけられる法的なあるいは事実上の拘束力の内容が、それぞれ明らかにされなければならない。

2　研究者を軍事研究へと誘う国家的諸施策・計画

(1)　軍事的安全保障研究を推進する行政諸計画の体系

日本の学術研究体制は、井原聰によると、「学術」と「科学技術」という2つの流れのなかで形成され、前者の「学術」が日本学術会議を中核として発展したのに対し、「科学技術」は、「産業技術政策」として発展してきた[5]。

これらの政策は、一定の行政上の政策目的を実現するために、「行政計画」――「行政権が一定の公の目的のために目標を設定し、その目標を達成するための手段を総合的に提示するもの」[6]――として文書化され、実現される。安全保障技術研究推進制度による研究活動およびその成果も、防衛装備庁の行政目

---

3)　高柳信一『学問の自由』（岩波書店、1983年）p.122.
4)　同前 pp.123-25.
5)　井原聰「戦後日本の学術研究体制――日本学術会議とその周辺」『日本の科学者』2015年1月号 pp.11-17.
6)　塩野宏『行政法Ⅰ［第六版］』（有斐閣、2015年）p.234.

的の範囲内でのみ利活用される。そこでその研究が軍事的安全保障研究という「公の目的」と抵触することがらは、当然ながら許されない。

　安全保障技術研究推進制度も、単なる大学政策だけでなく、科学技術政策や安全保障政策との関連を見るなかで、その性格が明らかになる。「第5期科学技術基本計画」(2016年1月閣議決定)は、「国家安全保障戦略を踏まえ、国家安全保障上の諸課題に対し、関係府省・産学官連携の下、適切な国際的連携体制の構築も含め必要な技術の研究開発を推進するとする。他方で昨年6月、「科学技術イノベーション総合戦略2017」(2017年6月閣議決定)が策定された。大学の軍事研究推進の背景には、これらの科学技術の軍事化政策の流れがある。

　そしてその「最上位の計画」として、2015年4月27日の「日米防衛協力のための指針」は、「教育・研究交流」という項目で、「日米両政府は……各々の研究・教育機関間の意思疎通を強化する」とした。防衛装備庁の研究資金制度は、このような「ガイドライン体制」のもとで進められている。そして「国家安全保障戦略」(2015年12月17日国家安全保障会議・閣議決定)は、「高等教育機関における安全保障教育の拡充・高度化、実践的な研究の実施等を図る……」とした。またほぼ同時並行的に、武器輸出三原則(1967年)の廃止と「防衛装備移転三原則」の閣議決定(2014年4月)[7]がされた。

　さらに2014年度防衛大綱は、「大学や研究機関との連携の充実等により、防衛にも応用可能な民生技術(デュアルユース技術)の積極的な活用に努めるとともに、民生分野への防衛技術の展開を図る」とした。この防衛大綱が「そもそもの発端」である[8]。「安全保障技術研究推進制度」は、防衛省「防衛生産・技術基盤戦略」(2014年6月)を受けて、同年の防衛省の概算要求において明記された[9]。この制度は翌2015年に現実化した。防衛装備庁が発足したのは、直後の2015年10月1日のことであった。

(2) 行政計画の外部的効力

　このような安全保障技術研究を推進する各種「行政計画」は、上記のように体系化されている。しかしながら、「行政計画」は、計画それ自体として「直接の法的拘束力を法律上与えられているのは稀」[10]である。それは、府省等の

---

7) 青井未帆「憲法9条の具現化として武器輸出三原則はあった」池内了・青井未帆・杉原浩司編『亡国の武器輸出』(合同出版、2017年) p.38.は、「武器輸出三原則は『防衛装備移転三原則』となりましたが、正統性が伴っていないため『過ぎたこと』『終わったこと』にはされえない」とする。

8) 池内了「軍学共同と大学の危機」多羅尾光徳他著『「軍学共同」と「安倍政権」』(新日本出版社、2016年) p.55. なお、これ以前の動向については、河村豊「軍事研究を拡大させる『軍学共同』の新たな動き——最近15年間の動向から考える」『日本の科学者』2015年11月号に詳しい。

9) 池内了『大学と科学の岐路』(東洋書店、2015年) p.156.

10) 遠藤博也『計画行政法』(学陽書房、1976年) p.39.

職員を規律し、さらにはそれが閣議等のより上位の計画である場合には、府省の枠を超えて、国家公務員の全体を規律する。文部科学省の職員は、科学技術基本計画を身にまとって、大学幹部に接する。各大学幹部は、文部科学省高等教育局の職員の意向への忖度を強制される。そしてその「成果」は、「評価」を通じて次期に影響する。これらを評価・査定するのは、文科省の職員である。この点佐藤学は、「通達あるいは命令による統制」から「査定による統制」への変化を指摘する[11]。こうして、各大学が、直接的な「公権力の行使」によって強制されるまでもなく、官僚あるいは国家へと自発的に従属せざるをえない装置が完成する。

3 軍事的安全保障研究を推進するための行政手法

(1) 文部科学省による予算誘導とその帰結

かかる誘導施策により大学において、いくつかの問題発生が懸念される。

まず第1に、大学などの研究者を貧困状態において軍事研究を行わなければ研究者として生きていけない状態——「研究者版経済的徴兵制」——などの事態が発生する[12]。

第2に、現在進行している「地域貢献型国立大学」化において、航空宇宙産業＝軍事産業という地場産業集積への協力こそが、地方国立大学の"使命"であると誤認する動きが危惧される。たとえば、愛知、岐阜、三重の3県で「三重航空宇宙産業推進協会」が設立されるなど、中部圏に、産軍学共同の集積拠点をつくる動きがある。この地域での大学の「地域貢献」の中身が問われる。

第3に、共同研究を通じた軍事産業の研究室支配が進行する。そこでは特定秘密保護法の対象となる部分も発生し、軍事と関係を持つ研究者は研究成果を自由に公表することも許されない。すでに三重大学工学部では、現在の産学協同体制においてすらも、卒業論文さえも企業秘密と化し、発表会でも単にタイトルの記載しか許されないという。学生の卒業論文が、軍事機密と化す。

このように、軍事的安全保障研究に関する行政諸計画は、直接的に研究者個々人や国民に対する法的拘束力を持たないとはいえ、予算誘導をはじめ"忖度"の強制を通じてその実効性が担保される[13]。大学における教育および研究、あるいは「科学・技術」が、国家権力による「超市民的特権的公共性と市民的生存権的公共性とのせめぎ合い」[14]のなかにあるとすれば、これらは、「市民

---

11) 佐藤学「学校教育はどう変えられようとしているのか」藤田英典編『誰のための「教育再生」か』(岩波新書、2007年) p.70.
12) 池内了「急展開する軍学共同にどう抗するか」池内了・古賀茂明・杉原浩司・望月衣塑子『武器輸出大国ニッポンでいいのか』(あけび書房、2016年) pp.81-82.

との連携」を通じて[15]乗り越えられるべきである。

　しかしながら第4に、皮肉にも、文部科学省にとって、大学へのさまざまな行政的な影響が及びにくくなる。たとえば防衛装備庁以外にも、大学に対する経済産業省や厚生労働省などの他府省からの研究経費の配分が増えるなかで、「大学に文科省がコントロールできない（一種の治外法権になる）予算項目ができ、それによる施設や設備が増えてくると、文科省として干渉したり口出ししたりできなくなる」[16]。そこでは、国の意向が各府省の委託研究予算を通じて直接的に大学に影響する。大学の研究費の保障は、分担管理原則上、その（外的事項たる）条件整備を担当する文部科学省の責任である。その原則が崩壊し、文部科学省以外の府省が大学に対して、「この法律及び他の法律の定めるところにより」（教育基本法16条）、「不当な支配」を自在にできる状況になる。

おわりに

　以上、安全保障技術研究推進制度が大学や研究者に及ぼす諸問題の法的諸論点を指摘した。そこでは、大学や研究者が、予算ほしさのために国家の意向を忖度して、自主的自発的に軍事研究に手を染めることが「期待」される。科学者および科学者コミュニティには、日本学術会議声明がいうように「社会からの負託に応える」べく、国家権力の「不当な支配」を排除しつつ、その〈内的事項〉に関する権限をフル活用して、学問・研究を守ることが要請される。

---

13)　高柳は、第2次世界大戦後において、（研究のための）資金が「大学を通して供与されると、学内のどの機関または個人――学長、学部長、研究班または個々の教授――に、研究費支出を調整する権限が与えられるかによって、学問研究共同体内部の力関係が変動せしめられる」ことによって、「大学や学部の統制力を強めて、研究者の研究の自由を制限する結果をもたらすことがありうる」とする。前掲註(3) p.114.
14)　室井力「国家の公共性とその法的基準」室井他編『現代国家の公共性分析』（日本評論社、1990年）p.15.
15)　三重大学では、日本科学者会議三重支部はじめ58の市民団体の連名で、2017年2月22日、駒田美弘・三重大学長に対して、「三重県の『学術の中心』である三重大学は軍事研究に協力しないで下さい」と題した申し入れを行った。
16)　池内了『科学者と戦争』（岩波新書、2016年）p.96.

ミニシンポジウム1＝軍事研究と学問の自由・平和主義

日本国憲法の平和主義と軍事研究　憲法学の視点から

小沢隆一（東京慈恵会医科大学）

key words
平和主義 Peace Articles, 日本国憲法 Japanese Constitution, 軍事研究 Research for Military Security

はじめに

本稿のねらいは、①日本学術会議の「軍事的安全保障研究に関する声明」（2017年3月24日、以下「声明」と略）が、あえて踏み込まなかった憲法9条および平和主義の観点から今般の「軍事研究」問題を考察すること、②あわせて、その考察から浮き彫りとなる「軍事研究」問題が有する日本国憲法9条の下での平和主義にとっての意義、それへの対応の際の課題を明らかにすることである。

1　「軍事研究」問題にとっての憲法9条・平和主義

⑴　民科法律部会の「意見表明と要望」

民科法律部会は、日本学術会議とそのもとに設置された「安全保障と学術のあり方に関する検討委員会」（以下、「検討委員会」と略）に対して、「協力学術研究団体」として専門分野的知見に基づく意見を提出するという責務の自覚のもと、2017年1月9日、「意見表明と要望」[1]を提出した。

この「意見表明と要望」は、「2　日本国憲法の平和主義と軍事研究禁止の立場について」で憲法論を展開している。その論旨の概略は、あえて行間への筆者の解釈ないし注釈も交えて紹介すると、以下のようなものである。

①憲法9条は、戦争と武力行使の放棄と一切の戦力の不保持を規定して、自衛のための戦争・武力行使も否定した。これは、憲法9条の original な解釈である。

②憲法9条とその平和主義は、日米安保条約の締結とそれによる米軍駐留、自衛隊の創設などを経て、歪曲されてきた。

③そうした歪曲を経てもなお、国民の支持により9条の明文改憲が阻止され

---

1) 民科法律部会理事会名の「日本学術会議「安全保障と学術に関する検討委員会」への意見表明と要望」（2017年1月9日）。なお、法の科学48号には、この「意見表明と要望」の取りまとめ作業中のものが掲載された。本号の巻末資料に掲載されたものが正文である。

てきたことで、「専守防衛」（集団的自衛権行使違憲論）、非核3原則、武器輸出禁止3原則などの政府方針が打ち出されてきた。その結果、「専守防衛」型の9条の政府解釈が定着をみた。これは、歴史論かつ規範論である。

　④こうしてかろうじて保たれてきた憲法9条の平和主義は、2015年の安保法制、2014年の防衛装備移転3原則などによって大きく脅かされており、今般の「軍事研究」問題もそのなかに位置づけてとらえるべきである。政府の「専守防衛」型9条解釈の放棄と、9条のoriginalな解釈からの一層の逸脱が生じている。

　この後に「意見表明と要望」は、「自衛目的の軍事研究」肯定論に対する批判を、「自衛戦力合憲」論とのアナロジーを用いて展開している。大西隆日本学術会議会長（当時）は、同会議の内外で、「自衛目的に限定した装備の研究開発への研究協力は認めてよい」[2]、「現行憲法下で、自衛権の存在、したがって、自衛隊の存在を認めるべきである。自衛隊には自衛のための装備が必要となり、日本科学者が装備の開発につながる基礎的研究を大学等の研究機関において行うことを認めるべきである」[3]と述べ、また、「検討委員会」の小松利光委員も、「許される自衛力の範囲内で、大学や組織は緩やかに判断し、軍事研究に関わるかは最終的に研究者個人判断に委ねる」[4]と述べた。こうした議論が、憲法9条をめぐるこれまでの議論から成り立ちがたいことを、法学研究の分野から指摘する必要があった。

　芦田均などによって9条2項の「前項の目的…」解釈から導出された「自衛戦力合憲論」は、「戦力を自衛用と侵略用に区別することはできない」という批判もあって、歴代政府のとるところとならなかった。政府は、「戦力」概念の仕分けではなく、自衛権概念を援用し、憲法9条の外から「『戦力』にいたらざる『自衛のための必要最小限度の実力』（自衛力）」という概念を持ち込むことで、自衛隊合憲論を構成してきた。そうした解釈枠組みの「くびき」は、2014年5月15日に提出された「安全保障の法的基盤の構築に関する懇談会」報告が、いわゆる芦田修正に基づく「自衛戦力合憲論」を開陳した際にも、安倍首相が示した政府の「基本的方向性」という文書の中で、「いわゆる芦田修正論は政府としては採用できません」という言葉の形で受け継がれている。

　人員も含む軍事組織全体を示す「戦力」が自衛用か侵略用かを論じる場面と、「武器」や「装備」が自衛用か攻撃用かを論じる場面とでは、厳密に考えると、議論のレベルが必ずしも同じではない。しかし、「武器」や「装備」について

---

2)　日本経済新聞2016年11月28日。
3)　第8回検討委員会（2017年1月16日）配布資料3。
4)　第7回検討委員会（2016年12月16日）配布資料8。

の自衛用と攻撃用の区別が前提となっているはずの「自衛のための防衛装備、そのための技術研究の推進は認められるべきだ」という大西会長や小松委員らの議論の問題性を指摘するための論建てとして、また法律学会としての知見の提供として、戦後日本における「自衛戦力」論の位置付けをあえて論じる意義があった。さらに、民科声明は、従来から政府によって違憲とされてきた集団的自衛権行使が、安保法制によって限定つきではあれ容認されるようになったことから、「自衛」概念の変容、不確定性も指摘した。

これらの論点と提起は、「検討委員会」のなかでも、以下のような形で相応に受け止められたように思われる。

〈検討委員会報告「軍事的安全保障研究について」2017年4月13日　3民生的研究と軍事的安全保障研究　7）より〉

「軍事的安全保障にかかわる技術研究の内部で、自衛目的の技術と攻撃目的の技術とが区別でき、自衛目的の技術は認められるとの意見があるが、自衛目的の技術と攻撃目的の技術との区別は困難な場合が多い」。

〈検討委員会インパクト・レポート（改訂版）2017年9月22日〉

「①「自衛」目的か否かが判断基準となりうるか

1928年の不戦条約（「戦争抛棄ニ関スル条約」）で戦争が違法化されて以来、自衛の概念は拡張され、社会一般において戦争と呼ばれる事態のほとんどが国際法上の自衛権の行使とされるに至っている。さらに、今日、日本国憲法上許される自衛権の範囲がどこまでかについて、国内外でさまざまな意見がある。こうしたなかで、研究目的が自衛とされているかを、研究適切性を判断する基準とすることは困難である。

②非攻撃的、防衛的な兵器・装備の研究なら許されるか

攻撃・防御という文脈において兵器・装備がいかなる機能をはたすのかは、それが使用される状況によるのであり、兵器・装備の表見的な開発目的が防衛的とされているか否かを、研究適切性を判断する基準とすることは適切でない」。

「検討委員会」での「軍事研究」と憲法、平和主義との関係に関する議論は、概して、大西委員（会長）や小松委員などの容認論の方が、これを積極的に論じており、能弁であった。大西会長は、集団的自衛権行使にまで踏み込んだ政府の動向をにらんでか、「自衛のための装備の技術研究は認められる（はず）」との議論を導き出したし、小松委員は、安保法制の正当化として政府が持ち出す「安全保障環境の変化」論を彷彿とさせるような「戸締り」論を展開して、「自衛のための軍事研究」の推進すら語っていた。こうした、言わば「硬軟」二様の「自衛目的の軍事研究」肯定論は、自衛や自衛権の概念が戦後国際社会

や戦後日本政治における文脈で果たしてきた役割、それをめぐる論争の意義について、社会科学の見地からすれば「素朴」と映るぐらいに無頓着であり、最近の政治動向をストレートに反映、導入したかのような議論であった。これら議論のいずれもが、検討委員会の採用するところとならなかったのは、「検討委員会」が、全体として学問の自由を守るための科学者コミュニティとその代表としての日本学術会議のあり方についての合意で結束したことが何より大きいが、同時に日本学術会議には、人文・社会・自然の諸科学の研究成果を踏まえた態度表明が求められることからも、妥当な結論であった。そして、上記「検討委員会」報告とインパクト・レポートに明記されているように、「自衛目的」、「防衛的」なるものが、研究の目的や兵器・装備の研究の「研究適切性」の判断基準とすることが否定されたことも、学術的な裏付けをもつ適切な判断であった。

　日本学術会議の「声明」本体は、憲法9条に関わる論点にあえて踏み込まずに書かれているが、こうした「検討委員会」報告やインパクト・レポートに示された「自衛・防御は判断基準にならず」という憲法学にも関連する知見は、今後の「声明」の活かし方に役立つであろうし、また、そうすべきであろう。

(2)　**防衛装備移転３原則・安全保障貿易管理・防衛装備庁の下での軍事研究**

　「自衛のための装備の研究は認められる」との論は、今般の安全保障技術研究推進制度（以下、「推進制度」）の出自、その登場環境を「不問」にすることで成立している。この点を無視すべきでないことを、民科法律部会の「意見表明と要望」は２の末尾で言及しているし、日本科学者会議の声明なども強調している[5]。

　2013年12月の「国家安全保障戦略」（閣議決定）、同日の「防衛計画の大綱」、2014年６月の防衛省「防衛生産・技術基盤戦略」が下敷きとなって「推進制度」が導入されており、これに連動して2016年１月の「第５期科学技術基本計画」に「国家安全保障」が明記された。日米同盟関係の深化とそのなかでの日本の軍事的役割の拡大という文脈に「推進制度」を位置づける必要がある。この「文脈」の大枠は、2015年４月27日の日米ガイドラインと、その国内法化としての同年９月19日制定の安保法制であるが、「推進制度」の位置づけとの関係で着目すべきは、2015年10月に設置された本「推進制度」の元締めである防衛装備庁それ自体と、その設置の「呼び水」となった防衛装備移転３原則、そしてこれらと密接な関係のある安全保障貿易管理制度である。これらについての正確な把握なくして「推進制度」が持つ意味をとらえることはできない。

---

[5]　日本科学者会議常任幹事会「意見表明と要望」2017年１月25日。

2014年4月の防衛装備移転3原則によって、武器輸出3原則から禁止の対象国が限定され、武器輸出（移転）を認める場合が大幅に拡大された。これにより、従来主として政府からの調達分に頼ってきた日本の防衛産業が、海外にビジネスチャンスを求めていくことが可能となった。防衛装備庁は、そうした海外への武器の売り込みも含めて、防衛装備の開発・生産の基盤の強化をはかりつつ、研究開発、調達、補給、管理ならびに国際協力の推進を図ることを任務として設置された。特に国際的な共同生産に積極的に乗り出すことを目指している。こうした枠組みの下での「推進制度」は、海外への輸出に資するような武器の開発に大学等の研究機関の研究を組み込むための仕組みと言えよう。また、外為法が定める安全保障貿易管理制度は、通常の民生目的の研究に関しても、48条で貨物、25条で技術について、大量破壊兵器や通常兵器の開発に用いられる恐れの高いものについてのリスト規制、リスト規制対象以外で大量破壊兵器や通常兵器の開発に用いられる恐れのあるものについてのキャッチオール規制などを定めており、規制対象を経産大臣の許可なく輸出した場合などの法令違反に対しては、例えば大量破壊兵器関連では最高で懲役10年、罰金1000万円の罰則がある。

　一方で、このように研究の成果や資材の海外での軍事利用を防ぐための措置をとりながら、他方で、「推進制度」による研究の軍事利用、その成果の輸出を進める動きは、矛盾的なベクトルをもつ。この矛盾の解決方法としてとり得る簡便な方法は、情報の管理、すなわち秘密化の徹底であろう。「推進制度」の下での研究は、自ずとこの安全保障貿易管理制度による規制を受け、その担い手は、他の研究に増してこの規制を自覚し励行せざるをえず、自主的な情報管理の形での研究内容の軍事秘密化が進行することが想定される。「推進制度」について、防衛施設庁は、研究受託者への特定秘密の提供や研究成果の公開制限はしないというが、「推進制度」の下での研究は、この罰則付きの安全保障貿易管理制度の下にある以上、それによって一定の軍事研究としての秘匿性は保つことができると、当局は判断しているのではなかろうか。「委託契約」の内容に情報管理の要請が入り込んでくる可能性と合わせて、検討すべき論点であろう。

　以上のように、「推進制度」による防衛装備庁からの委託研究に「自衛のための装備の研究は認められる」、「研究成果の公表は妨げられない」という「入口」から入ったとしても、その研究は、軍事技術の海外、具体的には「同盟国」アメリカなどとの共同開発、武器の共同生産という「自衛」とはおよそかけ離れた道に進んでいく可能性がある。また、その場合、安全保障貿易管理という枠組みの下で、厳しい情報管理という形での研究内容の実質的な軍事秘密

化が行われる危険性がある[6]。

2　憲法9条平和主義にとっての「軍事研究」問題

　防衛装備移転3原則と防衛装備庁との関わりにおいて「推進制度」を見た場合、2015年のガイドラインと安保法制によって集団的自衛権行使にまで踏み込んだ日米安保体制（軍事同盟）の強化の一環という相貌が浮き彫りになる。安全保障貿易管理制度は、もともと対共産圏輸出規制（COCOM）という形で存在していた貿易管理が、冷戦終結後の大量破壊兵器の拡散問題の浮上を契機に、そのための国際的な諸レジームとして整備されるようになってきた[7]。ようするにこうした貿易管理制度は、つねに「敵」の存在を前提に構築されてきたのである。したがって、これは、民生用の研究が軍事開発に利用されることを防ぐという広く普遍的な平和保障に寄与するという面と、戦後世界の軍事的敵対状況（友－敵関係）の昂進の元凶ともいえる「核と軍事同盟」の存在を前提にして構築されたという面との二重（Duel）の性格を有している。日本国憲法の前文や9条が掲げる平和主義の実現にとって、その前に立ちふさがる壁とは、ほかならぬ「核軍事同盟」としての日米安保体制であること[8]が、今般の「軍事研究」問題を通しても明らかとなった。

　憲法9条は、ポツダム宣言の受諾を踏まえて、かつての侵略国が戦争と武力の行使の放棄を国際社会に対して約し、国連憲章が定める集団安全保障への期待を込めて、戦力不保持を定める国家にとっての制限規範、端的には禁止規範として成立した。しかし、この制限規範は、1950年代東アジアにおける東西対立の激動の中での講和条約と日米安保条約の締結による米軍駐留の容認、警察予備隊から保安隊を経て自衛隊の創設などを通じて、その規範性を減殺する歪曲を被ることになる[9]。以後、安保法制の制定強行にいたる日米安保体制の強化を通じて、この制限規範性の後退は、「極限」にまで達している。それでもなお、憲法9条は軍事に対する制限規範としての意義を保持しており、軍事に関する授権規範に転換してはいない。自衛隊や米軍駐留の正当化論は、9条規定の外から持ち込まれており、この「転換」を果たそうという企てが、「憲法9

---

[6]　第11回検討委員会（2017年3月7日）佐野正博明治大学教授作成参考資料5参照。
[7]　浅田正彦編『輸出管理　制度と実践』（有信堂、2012年）参照。
[8]　「コロキウム「日米核軍事同盟」を問う」法の科学48号（日本評論社、2017年）所収の論稿参照。
[9]　この「歪曲」の起点にあるのが、1950年に勃発した朝鮮戦争である。韓国と北朝鮮の首脳による南北会談と宣言、米朝首脳会談を通じてこの朝鮮戦争の終結が現実的なテーマとして浮上している以上、「歪曲」前の憲法9条の再生も現実的な課題として提起されうるし、そうあるべきであろう。

条に自衛隊を明記する」という改憲論である[10]。

　こうした局面に際して「軍事研究」問題が提起するテーマは、いわば「極小化」してしまった９条の制限規範性の回復にほかならない。それは同時に、９条がどれだけ平和主義に立脚する施策と社会構築の根拠規範となり得るか、という課題、すなわち、「軍事に関する制限規範性の回復と平和の根拠規範性の獲得」という「二重課題」である。この「二重課題」のもつ意味合いを、「非核３原則法制化」というテーマを例に考えてみよう。核兵器を「作らず・持たず・持ち込ませず」という３原則の実効化は、法律による政府への義務付け、政府が言う「国是」から「法」への格上げによって前進しうるが、同時に政府による対米交渉をともなうものでなければならない。外交という「対外」政治という要素が、実効化の不可欠の要素であると同時に、「非核３原則」という禁止規範の実効化は、国内の体制や状況の面においても、その執行を監視する政府組織や自治体などの公的機関とそれらの権限の法制化、平和運動団体など市民団体による監視への協力の仕方の探究、日本学術会議や学協会などによる「作らず」原則の徹底への協力や平和の実現に向けた研究の推進、同時にその中での学問の自由の意義の確認とその確保に向けた学術コミュニティの責務の確立、民間団体も含む学術、文化、教育組織による平和教育、学習の推進など、多方面にわたる法的・行政的・社会的施策によるフォローが必要とされる。日本政府による核兵器禁止条約の署名、さらには同条約の実効化へと至る道筋も同様に展望される。制限規範を実効あらしめるための法的・行政的・社会的施策によるフォローのためには、当該規範に「制限規範でありかつ（諸施策の）根拠規範」たる位置づけを持たせる法学の世界での固有の構想力が求められる。こうした作業は、ひとり憲法学のみでよくなしうるものではない。法律学の総力を挙げて取り組むに値するテーマだと思う。

---

10)　小沢隆一「九条加憲で何がどう変わるのか」前衛954号（2017年11月）27頁以下参照。

ミニシンポジウム2＝法学教育と民主主義法学の現在――『日本の法』を素材として

『日本の法』と法学教育
―― 編者・著者の立場から

長谷河亜希子（弘前大学）

key words
法学教育 legal studies、教養科目 liberal arts、『日本の法』LAWS in JAPAN

1　はじめに――出版の経緯

本稿では、緒方・豊島・長谷河編『日本の法』（日本評論社、2017年）の編者の一人として、出版の経緯、編集方針、授業での使用例を紹介することとしたい。

2013年の秋ごろ、民科若手企画の一つとして、若手が中心となって入門書を執筆してはどうか、との提案がなされた。その後、2014年春合宿の若手懇親会において、教養教育および専門基礎科目の法学教育に関する意見交換を行ったのち、編者および編集者間で話し合い、以下のように編集方針を固めるに至った。

2　編集方針

①読者は、高校生・短大生・大学1年生（法学専攻者に限定せず）・外国人を想定する。
②オーソドックスなタイプの法学入門書にする。一例をあげるならば、ストーリー形式の法学入門書にはしない。
③日本の法制度全体を概観できるような内容にする。
④今後、法律を勉強する機会がないであろう人に、これだけは知っておいてほしいという内容を盛り込み、読み物のように通読してもらう。
⑤本文中の他、コラムにて現代的トピックを問題提起的に取り上げる。
⑥達成感を味わいやすくし、読み進めるインセンティブを強めるため、原則、1キーワード2頁とする。
⑦紙幅の関係上、各法分野のエッセンスを抽出するよう努める。
⑧単に制度を説明するのではなく、その法の考え方を述べる。すなわち、そのような制度となっている理由・背景等を明らかにする。
⑨可能な限り実例を盛り込む。
⑩その法分野において問題が発生した際の救済手段を意識する。

⑪憲法の機能不全という問題を意識しつつ(明示するか否かはともかく)、執筆する。
⑫主に④との関係上、索引は付さない。判決も年月日のみの記載とする。
以上の編集方針のうち、最も達成困難な課題は⑪であったように思われる。

3　講義での活用例

(授業計画表)

回	テーマ	授業内容・狙いなど	教科書
1	ガイダンス	・授業内容・レポート作成方法の説明	
2	司法制度(1)	・刑事裁判・民事裁判の違い ・簡裁・地裁・高裁・最高裁 ・判例変更がされるとき(最高裁大法廷判決) ・法体系(大陸法・判例法)	13章 1章
3・4	司法制度(2)	・今村核弁護士のドキュメンタリーを見て、刑事司法の問題点の書き出すことを通じて、刑事司法の問題点を知ってもらう。 ・刑事裁判(少年審判も含む)・裁判員裁判(陪審制・参審制含む)・検察審査会の仕組みと司法専門職 ・推定無罪(大津事件)	7章 13章
5・6	憲法・法令・条令	・憲法・法律・条令等の関係 ・飛鳥・平安・江戸・明治・それ以降にわたる日本法の歴史を比較法という観点を絡めて説明。 ・明治以降はとりわけ憲法に注目。 ・近代立憲主義・植木枝盛「東洋大日本國國憲按」・日本国憲法制定時の国会での議論(9条、25条など)	2章 14章 15章
7	外国人と法	・外国人教員と対談形式での授業(感想文) ・日本で30年以上、外国人として暮らしてみての感想・意見・直面している問題。 ・在留資格・国籍・多重国籍・国籍条項 ・米国の税金は属人主義　　・納税と地方参政権 ・白人男性とアジア人に対する日本人の態度の違い。	12章
8	18歳と法	・選挙権年齢・民法成年・少年法適用年齢について ・少年法適用年齢引き下げに関して賛成82.2%・反対14.1%(2015年FNN合同調査)⇔研究者・弁護士らは反対多し。現状認識の違いが背景にあることを、日弁連パンフレット「少年法の適用年齢引下げを語る前に」を利用して説明。 ・感想文：各分野、何歳が成年年齢として妥当と考え	

		るか。	
9	新しい権利	①公害訴訟 ・「権利」とは：憲法97条「多年にわたる自由獲得の努力の成果」「永久の権利として信託されたもの」 ・公害史、四日市公害・東京大気汚染公害のビデオ：かつての日本の大気汚染＝現在の中国のような状況。日本でも、現在進行形の課題。 ・立証につきまとう困難（過失・因果関係） ・新しい権利が認められるようになるには、市民による長い闘いが存在する。「環境権」が唱えられた背景。 ②知る権利 ・憲法21条（表現の自由）⇔知る権利 ・情報公開法 ・憲法に記載がなければ権利として認められないわけではない。憲法に記載があればその権利が実現するわけでもない。その他、様々な行政訴訟を紹介。	4章 9章
10	地方自治・市民オンブズマン	・弘前市民オンブズパーソン事務局長と対談形式での授業（感想文あり）。 ・地方行政をチェックするのは誰か？＝私たち住民 ・オンブズパーソン：普通の様々な業種の人たちがボランティアで行っている。 ・「知る権利」の行使方法：意外と簡単な「情報公開」「監査請求」 ・機能しない監査請求と住民訴訟による問題提起、判例形成。	9章 8章
11	労働者 事業者	・自分で労働法の知識・情報に気を配る必要性 ・事業者化させられる労働者（労働者的事業者（非雇用型就業・個人事業者）の増加）：各種講師、営業、メンテナンス、フリーランス、フランチャイズ⇒労働者的実体・労働組合の活用	
12	法の実現における私人の役割	・特定商取引法・消費者契約法・消費者団体訴訟（差止・損害賠償） ・様々な悪徳商法 ・被害を受けた場合の対処・情報提供（被害報告）	8章
13	公益通報者保護法	・内部告発の事例、内部告発者の現状 ・公益通報者保護法の問題点 ・感想文：自分だったら内部告発をするか？	

１）弘前大学・人文社会科学部１年配当科目「法学入門」：受講者75名（社会科学系が95％（法学系は30〜40％）、人文系が５％）。講義回数13回（感想文（授業の最後約20分でＡ４用紙１枚）提出５回）＋市議会傍聴１回・裁判傍聴１回（それぞれレポート。市役所・裁判所は大学から比

較的近い)。卒論が必修のため、文章作成の機会を多く設けている。
　2) 教科書の使用方法：授業中に関連部分を読み上げるほか、裁判傍聴前に刑事司法・司法制度の章で予習してから行くことを強く推奨するなどした。その他については、上記の表を参照。
　3) 講義計画の意図・学生の反応等：法学入門科目はカバーしなければならない範囲が広く、そのすべてを「私自身の興味深い講義」によって提供する自信がなかったこと、また、本物(裁判であれ議会であれ)を見たり、当事者の話を聞いたりしてみてほしかったことから、講義以外の手法を多く取り入れた。
　裁判傍聴は、行ってみたいと思っていた学生が多かった模様である。市議会傍聴も、国会と異なり身近な議題が多いことなど色々と気が付いた様子であった。イラスト付きのレポートを提出してくれた学生もおり、教員も楽しめた。
　2度、ゲスト(外国人教員、弘前市民オンブズマン事務長)をお招きし、インタビュー形式にて話を伺う機会を設けた(質問内容は事前に打ち合わせをしている)。インタビュアーの私自身、初めて聞く話も多く、また、ゲストの方自身も楽しんでくださったようで、お招きした方としては、ほっとした次第である。
　また、ビデオを用いた授業も2回(刑事司法、環境問題)行った。
　4) 教科書を使用しての感想：キーワードが明確に設定されていたことと、具体的事例が多く盛り込まれていたことから、専門外の分野でも使いやすいと感じた。なお、教科書のカバーしている範囲が非常に広く、半期では到底使い切れない。

4　編者としての反省点

　これはシンポジウムにおいて指摘されたことではあるが、各章同士の連携・繋がりにまで、十分配慮できなかったことが反省点の一つとしてあげられる。また、当初は「易しい入門書」を目指していたはずが、出来上がってみれば、かなり高度な内容となったことは否めない。「とにかくわかりやすく」を心がけ、大幅な修正をお願いした場合があるにもかかわらず、である。法学の入門教育は、どのようなカリキュラムを組むのか、それ自体も難題であるが、そのための教科書作成もこれまた大変に難しいということを実感した3年間であった。

ミニシンポジウム2＝法学教育と民主主義法学の現在——『日本の法』を素材として

緒方桂子他編『日本の法』と民主主義法学

小森田秋夫（神奈川大学）

key words
法学教育 legal education at undergraduate level, 法学教科書 legal textbook, 民主主義法学 democratic legal science

1　四半世紀前（1993年）の民科学術総会においてとりあげられた法学教育論をふり返ってみると、そこでは、2つの視点が提起されていた。

ひとつは、「ひとりの会員が、日々、自らのエネルギーの相当部分（場合によっては圧倒的な大部分）を割いて取り組んでいる仕事そのものにかかわっている」という意味で法学教育論がもつ重要で普遍的な実践的な意義と「学会が積み重ねてきた現代日本法の批判的分析——最近では、とりわけ『新・現代法論』の名のもとに論じられてきたこと——とは、どのようにかかわっているのであろうか」という、「法学教育を、私たちが築こうとしている民主的社会の担い手を作る仕事として位置づける」教育内容にかかわる視点である。

もうひとつは、「法学部における専門教育としての法学教育」、「プレ法学部教育としての一般教育課程における法学教育」、「ポスト法学部教育としての大学院教育」という「縦への連なり」、「司法試験にどう対応すべきかが現実的な難問となっている『大手』（とりわけ私学）や、大学院への専修コース導入という『最先端』を走る一部の法学部」、「そのような動向からはさしあたり縁遠い法学部」、「非法学部における法学教育」という「横へのひろがり」、さらには「高校以下の学校教育における法学教育」、「市民教育としての法学教育」という「縦とも横とも言えるような広大な領域」からなる「法学教育のおこなわれる『場』の構造」を明らかにするという視点である[1]。

その後の学会では——とくに近年では法科大学院の設置という新たな状況を強く意識しながら——法学教育の行われる「場」の構造の解明に焦点を当てる一方、——高校以下の法教育を別とすれば——教育内容をめぐる議論はあまり行われてこなかった。このような中で、緒方桂子・豊島明子・長谷河亜希子編『日本の法』（日本評論社、2017年）という民科会員の集団的著作を具体的な手がかりとして、教育内容・方法について検討する機会をもったことは、学会活動の歴史における新たなページを開くものであった。

1) 小森田・早川弘道「序論　課題にどのように接近するか」『法の科学』22号、1994年。

2　これまで、数多くの法学入門書・概説書が刊行されてきた。それらは、類型化してみようという誘惑にかられるほど多様性に富んでいる。例えば、基本的なアプローチから見ると、法の主要部門ごとの概説を集積した〈法部門アプローチ〉、実定法の学び方をとくに意識した〈実定法学アプローチ〉、社会の中に生起する問題群に即して法をとらえようとする〈問題アプローチ〉、法を理論的にとらえ、あるいは法をめぐる原理的問題を提示することに主眼を置く〈法理論アプローチ〉の区別が考えられる。また、目的という観点からは、現行法ではこうなっている、またそうなっているのはなぜかについて解説することを主眼とする〈基礎知識型〉、法の現実の機能や法の変革の可能性について問題意識を喚起しようとする〈現行法の相対化型〉、法を専門的に学び、法を用いて仕事をするために必要な、判例の読み方、法的ものの考え方などを身につけさせようとする〈スキル養成型〉を識別することができそうである。これらの類型の違いとも多かれ少なかれ関連するが、誰を主要な読者として想定するか、という区別もある。大学における講義ノートを基に書かれたものは、主要な読者である学生と書物の使用方法についての一定のイメージが念頭にあるのに対して、もっぱら読み手として考えるほかのない、漠然とした一般市民を想定したものもある。単著と共著との区別、共著の場合は何が著者集団を結びつけているか、という問題もある。最後の点を別とすれば、個々の入門書・概説書を無理やりいずれかの類型に押しこめることは簡単ではないし、その必要もない。が、書物を作るという観点からは、以上のような類型化はひとつの手がかりになるかもしれない。

　3　民科には、会員の集団的著作の形をとった財産として、いくつかの法学入門的な作品がある。
　ひとつは、野村平爾・戒能通孝・沼田稲次郎・渡辺洋三『現代法の学び方』（1969年）、渡辺洋三・長谷川正安・片岡昇・清水誠『現代日本法史』（1976年）、渡辺洋三・清水誠・宮坂富之助・室井力『現代日本法入門』（1981年）の３部作と、それに続く渡辺洋三・甲斐道太郎・広渡清吾・小森田秋夫『日本社会と法』（1994年）という一連の岩波新書版である。最初の『現代法の学び方』は、1967年10〜12月に行われた民科法律学校を基にしたものであった。それぞれの著作は、そのときどきの学会における議論の動向を多かれ少なかれ反映しており、そのような観点から学会史的に読み直すことも可能である。
　もうひとつは、浦田賢治・新倉修・吉井蒼生夫編『いま日本の法は――君たちはどう学ぶか』（日本評論社、1991年）を皮切りに、版を改めながら書き継がれてきた関東民科の書物である。岩波新書版よりも思い切ってトピックを絞

っているのが特徴である。こちらの方も、最初の土台となったのは東京民科法律学校（1986年11月～1989年6月）であった。

　これらの作品を前述した類型化にもとづいて特徴づけるとすれば、基本的には〈問題アプローチ〉プラス〈法理論アプローチ〉にもとづく〈現行法の相対化型〉であり、そこに"民科らしさ"が表現されていたといってよいであろう。もう少し敷衍すれば、①民主主義・人権・平和という憲法的価値の実現という実践的問題意識に導かれながら、②現代日本法の総体的把握をつうじて、歴史と比較によって現行法を相対化することをめざし、③そのためにも法と社会、法学と社会科学との関連に自覚的であろうとする"民科的こころざし"が、共通の核としてそこにはあった。

　4　以上のような整理を踏まえたうえで『日本の法』を位置づけるならば、〈法部門アプローチ〉の〈基礎知識型〉を土台としつつ、〈基礎理論アプローチ〉〈現行法の相対化型〉の要素を加味しようとしたもの、と位置づけることができよう。したがって本書は、民科会員のこれまでの集団的著作とは類型を異にしており、両者を単純に比較することはできない。そこで、本書に即してともに考えたいのは、「あとがき」において「法分野の違いを越えて法の全体を見る視点」、「その国の特質を歴史的に捉え、その国の社会の動態を学ぶ」、「最高法規である憲法が掲げる平和・人権・民主主義の原理」と表現されている"民科的なこころざし"を、上記のような比較的オーソドックスな構えのもとで、しかも限られたスペースの中でどのように盛り込んでいるか、またその可能性があるか、ということである。そのような観点から、いくつかの論点を指摘することにしたい。

　第1は、基本的に〈法部門アプローチ〉を採用したうえで、「法分野の違いを越えて法の全体を見る視点」、つまり総体的把握の視点をどう盛り込むか、ということである。この点は、個々の法部門の内部でも問題になりうるが、より明確になるのは、部門間の関係においてである。まず、個別法部門に憲法がどうかかわっているかは、ほとんどの章で言及がある。個別部門間では、一例を挙げれば、民法と労働法との関係がある。民法では「抽象的な人」から「具体的な人」へという論点が示され、これが労働法につながってゆくことになる。ただし、どちらの側からも両者の関係が明示的に示されているわけでは必ずしもない。この点、技術的にはクロスレファレンスの方法で対応することが一案であるが、より重要なのは記述内容である。

　それと関連して、第2に、歴史部分（第14～16章）と法部門部分（第2～12章）との関係が問題となろう。いまという時代を歴史的にとらえるうえで、と

くに法学においては「近代」についての理解が欠かせない。第14章「法とは何か」は、立憲主義という観点から「近代」と「現代」とを対置し、さらに「中世」を位置づけることによって、歴史的視点を正面から打ち出すものとなっている。さらに第15章「日本法の成り立ち」では、近代法-現代法という筋に西欧法-日本法という筋が重ねられている。ここで提起されているのは、法の体系的把握における「公法私法二元論」と「憲法を頂点とする法体系一元論」との対比である。これらの問題提起を、法部門部分がどう受け止めるかが問われよう。第15章では、上記の対比について、労働法を民法と関連づけるか憲法と関連づけるかの相違が例示されている。この点をめぐっては、民法から労働法へという前述したような見方とどうかかわるのかという疑問ないし問いが、読者の頭には浮かぶかもしれない[2]。

第3に、小澤隆一の書評[3]も注目しているように、本書には「日本以外の国の方」へのメッセージが含まれている。自分の国の法律や法制度と「どこがちがうのか、なぜそうなのか、その違いは私たちの生活にどのような影響を及ぼしているのか」を考えながら読むことが勧められている。が、このような比較の眼は、日本（人）の読者にも求められるはずである。手がかりは、氏と戸籍制度、親権、同性カップル、労働時間規制、日本的雇用慣行、刑事訴訟法と国際人権法など、随所に見つかる。それらを、日本法を国際比較の視点から相対化してみることが必要だというメッセージとして集約し、より明確に発することもできるのではないか。

第4に、読者への（教育的）配慮という点で、気づいたことをふたつだけ挙げたい。

法部門部分では、それぞれの部門に即して当たり前のように「判例」「学説」という言葉が頻繁に出てくる。「学説」については「通説」や「多数説」という言葉もある。だが、それらが何を意味するかについての直接的な説明はない。「判例」や「学説」ということがなぜ問題になるのかは、第1章の「裁判による紛争解決」「法の適用」「法解釈の方法」のところで論じられている。ただ、ここでの記述は初学者には（しかも第1章としては）恐らくかなり高度であろう。しかし、法は解釈を必要としており、事件の解決には法の適用という操作が必要であるからこそ、「学説」は多様でありうるし「判例」は変化しうると

---

[2] なお、立憲主義という切り口が前面に打ち出されていることは、第16章「日本法の現在」が示すように、今日の時代的問題状況に立ち向かおうとするものとして特徴的である。その反面として、民主主義という課題が、したがって立憲主義と民主主義との関係という視点が（第2章「憲法」の論点として触れられていることは当然として）全体としてやや後景に退いている、という印象があることも否めない。

[3] 『法の科学』48号、2017年。

いう説明がどこかにあれば、読者が法部門部分でこれらの言葉に接したとき、第1章を想起することが可能になるのではないか。また、「判例」を作る場としての裁判所、作る主体としての裁判官は、第13章「日本の司法制度」で扱われている。第13章のような内容を含めていることは本書の優れた点のひとつであるが、ここでもやはり、さまざまな問題を抱えた現実の裁判所において、そこで働く生きた裁判官によって「判例」が作られているのだということを意識させるような手がかりが、どこかにあるとよいのではないだろうか。

　法を学ぶうえでは社会の現実を知ることが不可欠だという、当たり前のように見えることを繰り返し強調することが、とくに学生に対してはますます重要になっている。この点、本書では図表や資料を活用する工夫が随所でなされている。問題は、限られたスペースの中で、とりあげる資料をどう精選するか、ということであろう。例えば第12章「外国人と法」では、難民については審査制度と統計データが掲載されているのに対して、在留外国人については、在留資格や退去強制についての制度が詳しく紹介されている一方、統計データはない。これはひとつの選択の問題であるから、ただちに良し悪しを論じることはできない。要は、読者に何を伝えようとするのか、そのためにどのような資料を示すかについての吟味が求められる、ということである[4]。

　最後に残るのは、「日本の法の現在や将来について、以前よりも主体的に考えられるように」という「はしがき」にあるねらいをどう実現するか、である。これについては、書物だけを手がかりに論じることはできないかもしれない。今後、より広く「授業を語りあう」[5]取り組みが進むことを期待したい[6]。

---

4) 筆者は、担当している法学入門科目「現代社会と法」の1回を外国人問題に充てているが、いわゆる「オールド・カマー」と「ニュー・カマー」をめぐる問題に焦点を当て、その前提として国別・在留資格別の在留外国人統計を示している。他方、難民問題にはほとんど触れていない。〈問題アプローチ〉に徹し、基礎知識を過不足なく伝えるということは二の次にしているため、学生に何を伝えようとするのかがいっそう鋭く問われる。
5) 小森田「授業を語ろう」『東日本大震災・福島原発事故と法』（法の科学44号）、2013年。
6) この点で、編者のひとり、長谷河亜希子のミニシンポジウムにおける実践報告に感銘を受けた。

ミニ・シンポジウム2＝法学教育と民主主義法学の現在──『日本の法』を素材として

法教育の目標・内容・方法をめぐる課題
―― 『日本の法』を参照しつつ

渡邊　弘（鹿児島大学）

key words
法教育 law-related education, 教養教育 liberal arts education, レディネス readiness, イリテラシーと法的リテラシー illiteracy and legal literacy, 教育上の困難 educational difficulties, 市民性 citizenship

1　はじめに

　ミニシンポジウム「法学教育と民主主義法学の現在」において筆者に与えられた課題は、初等中等教育段階における法教育のありようをふまえ、高等教育のうち一般的には「教養教育」などと呼ばれる部分（以下、単に教養教育という）における法教育の課題を明らかにするとともに、緒方・豊島・長谷河編『日本の法』（日本評論社、2017年）の活用の可能性・方向性を探ることであったと理解している。その課題の中には、①日本で現在まで続く「法教育」の流れを検討した上で未解決の課題を明らかにすること、②初等中等教育を「拘束する」学習指導要領の変遷（特に、現行学習指導要領から次期学習指導要領（小・中＝2017年3月、高＝2018年3月公表）への変化、中でも、高校公民科における「現代社会」の廃止と「公共」の新設）に関する分析を行うこと、③それと軌を一にしながら進められている高大接続改革のあり方を検討すること、④高等教育段階の教養教育において『日本の法』およびそれを用いた科目が果たすことのできる／果たすべき役割を提起することなどが含まれていた。また、筆者としては、法学部非存在大学・法学部非存在県にける教養教育担当者としての経験から明らかになりつつある課題も論じたいと考えていた。

　しかしながら、検討するべきことに比して報告時間はあまりに短かったし、また、本稿の紙幅もあまりに少ない。そこでここでは、『日本の法』を参照しつつ、教養教育における法教育のあり方を考えるにあたって議論しなければならない論点を列記し、民科において引き続き行われる法教育・法学教育の議論の促進を図ることとしたい。

　なお、本稿と一体となるものとして拙稿「憲法を学ぶ生徒・学生の弱点？──憲法教育・法教育は何をなすべきか」（全国民主主義教育研究会編『民主主義教育21』12号（2018年4月）もあわせて参照されたい。

2 法教育・法学教育の目標・内容・方法の設定の二類型

　法教育・法学教育の目標・内容・方法について検討する際には、大まかに(A)教育対象に獲得させたい能力を設定し、そこから下向的に目標・内容・方法のあり方を考えるというやり方と、(B)教育対象の実態（レディネス）を把握した上で、そこから上向的に目標・内容・方法を考えるというやり方があるように思われる。

　もちろん、この二つの方向性はどちらかだけで足りるわけではなく、実際には(A)と(B)とを行ったり来たりしながら検討が行われる。そうは言っても、検討する法教育・法学教育の段階や種類によっては、どちらかに重点がかかるのが実態であろう。例えば、法曹養成教育や法学研究者養成教育について考える際には、おおむね(A)に重点がかかるのではないだろうか。というのも、法曹養成にせよ法学研究者養成にせよ、具体的に教育に取りかかるよりも前に、大学院入試などによってその教育の対象者のスクリーニングがなされており、その段階で、(B)の最初のステップである教育対象の実態把握という課題は既にある程度済んでいると言いうる（ないしは、その教育を受けようとする者が教育対象足りうると擬制することができる）からである。また、法曹や法学研究者に求められる水準は、社会や学界から与件としてある程度は示されているのであって、教育対象の実態によって教育目標を変化させる（とりわけ、その水準を下げる）わけにはいかないという事情もある。

　ところが、初等中等教育段階における法教育については、それが市民として必要とされる教育であるという一般性からすれば(B)に一定の重点を置かざるをえない。もちろん、(A)市民として求められる能力を設定し、そこから下向的に目標・内容・方法のあり方を考えることも必要である。しかしながら、市民として必要な法教育を受ける教育対象をスクリーニングするわけにはいかない。初等中等教育段階における法教育では、児童・生徒の現時点でのレディネスを把握し、それをベースとした上で、目標・内容・方法が組み立てられる必要がある。この点から言って、例えば、大学法学部専門教育における入門科目の内容などを単に初等中等教育段階へ下ろしたような授業設計は不適切である。

3 教養教育における法教育の目標・内容・方法の設定のあり方

　それでは、教養教育における法教育についてはどうか。
　第一に、教養教育における法教育は、目標の点で法学部における法学教育とは異なる。それは、市民として求められる法的能力を涵養することを目標とするものであって、この点で、初等中等教育におけるそれと類似している。この

点をふまえた法教育論は、法学研究者の間においては、例えば法科大学院制度発足前後からの法曹養成教育論のある種の「隆盛」などと比較すると、まだまだ緒についたばかりであるように思える。

　第二に、レディネスという点で最初につかまなければならないのは、初等中等教育段階における法教育の普及状況であろう。ただ、その実態を示す資料は乏しい。それでも、①法務省法教育研究会の報告書の成果を取り入れた現行学習指導要領が公表されたのが2008年3月（小・中）・2009年3月（高）であり、大学入試センター試験において公民科の問題がこの現行学習指導要領に沿って出題されたのはようやく2016年1月実施のそれ以降であることや、②従前から指摘されてきたことではあるが、中学校社会科や高等学校公民科を担当する教員が必ずしも法学を専攻した者ではないことなどからすれば、今後もしばらくは、高等教育機関への入学者に充分な法教育がなされたことを期待することはできないように思われる。

　第三に、現在の日本における高等教育段階の学生の実態を見ると、学力全般について（すなわち、法に関する能力だけではなく）、ある程度のレディネスを期待することは困難となっている。四年制大学は約780校、短期大学は330校以上を数え、高等教育機関への進学率は80％を超えた[1]。高等教育機関の入学定員総数との関係で言えば、おおむね、「選ばなければどこかの高等教育機関には進学できる」という状態になっており、入学試験がスクリーニングの機能を果たしていない高等教育機関はかなりの数に上るであろう。

　第四に、加えて、初等中等教育修了者の読解力の問題がある。この点については、最近、新井紀子・国立情報学研究所教授らのグループによる研究成果が報告されつつあり、一部は新聞などでも報道されている。それによると、例えば、(a)「幕府は、1639年、ポルトガル人を追放し、大名には沿岸の警備を命じた」という文と(b)「1639年、ポルトガル人は追放され、幕府は大名から沿岸の警備を命じられた」という文の意味することが同じだと答えた者は、中学生で42％、高校生で27％に上るという[2]。第三に挙げた点とあわせて考えれば、教養教育において教員が対面する学生たちの相当数が、このような水準の読解力の持ち主であることを覚悟しなければならない。

　以上のように見てくると、教養教育における法教育の目標・内容・方法の設定は初等中等教育におけるそれとおおむね同様に、相対的には(A)よりも(B)に重

---

1)　文部科学省「平成29年度学校基本調査（確定値）の公表について」（2017年12月22日）（http://www.mext.go.jp/component/b_menu/other/__icsFiles/afieldfile/2018/02/05/1388639_1.pdf）2018年3月6日最終閲覧。
2)　朝日新聞東京本社版2017年11月7日付朝刊。同じ問題とその詳細な結果が新井紀子『AI vs. 教科書が読めない子どもたち』（東洋経済新報社、2018年）205〜207頁に掲載されている。

点をかけて行わざるをえない。

4　教養教育における法教育を実施する上での困難

加えて、教養教育における法教育は、法学部における法学教育などとは異なる実施上の困難を有している。

第一に、教養教育における法教育の多くは、法学部（ないしは、法学関連の学科）が存在しない高等教育機関で行われている。したがって、①法学部を持たない高等教育機関で行われている法学関係の教養科目の実施は、その多くを非常勤講師に頼っており、その条件から言って、専任教員が担当する場合と比較して指導の手厚さには差が出ざるをえない。さらに、②近隣に法学部がない高等教育機関での法教育には、それを支えるリソースが不足している。例えば、筆者が2004年4月から2016年3月まで勤務した活水女子大学の所在する長崎県は、県内に法学部を持つ大学が存在しない。県内に法学研究者は少なく、授業実施上の困難について日常的に議論したり相談したりする機会が極めて乏しい。その一方で、県内には高等教育機関の数が人口や学生数に比して多く、一定数の授業は開講しなければならないため、非常勤講師としての出講は多い。大学院法学研究科のある都道府県（特に大都市部とその近隣）では、そのうちの一定数を専業非常勤講師が担当していると思われるが、それも期待できない。このようなリソースの不足が教養教育における法教育の困難に拍車をかけている。

第二に、教養教育における法教育は、それが「最終決戦」であることを考慮に入れなければならない。すなわち、非法学部生にとってみれば、教養教育における法教育はまとまった時間をとって法学について学ぶ（おそらく）最後の機会である。ということは、教養教育における法教育は、日本社会における市民性 citizenship 形成に、最後のところで責任を負わなければならない一部門であるということになる。このことも、当該科目の担当者にとってはなかなかに負担の重いことである。法学部における法学教育であれば、一定の体系性を持ったカリキュラムに沿って法学教育がなされるわけであるから、万一、自分が担当する科目において期待されている法的能力の涵養に失敗したとしても（それはいつでもあり得ることだ）、どこかの段階で他の教員の担当する科目によってそれがリカバリーされるチャンスがある。しかし、非法学部における教養科目では多くの場合それが期待できない。

5　『日本の法』と教養教育における法教育

さて、以上述べたような課題や困難を克服するための手段としての『日本の法』である。

ミニシンポジウム当日の小森田報告は、民科が取り組んできたいくつかのテキストブックについて、その特徴を「アプローチ」と「目的」という二つの角度から類型化した。その上で小森田は、『日本の法』を「〈法部門アプローチの基礎知識型〉を土台としつつ、〈基礎理論アプローチ・相対化型〉の要素を加味しようとした、新たな試み」であると分類した[3]。

　このような方向性を本書がとったということは、『日本の法』が他のテキストブックに比べてアドバンテージを持ちうる要因となる。教養教育において法教育を担当する教員にとってみれば、①学生の目に見えている社会的な現象が、法的な視点から見るとどこにどのように位置づくのか、②そこに生じている課題はどのようなものであり、その課題の解決と克服の方向はどのようなものかを学生に考えさせることができる。①についていえば、本書が〈法部門アプローチの基礎知識型〉を採ることによって、学生の関心を法の体系の中に正確に位置づけることが容易となっているし、②についていえば、本書が〈現行法の相対化型〉という目的をふまえていることによって、学生が主体として現行法の発展のあり方を考えていく力を涵養することができるようになっている。筆者は、法教育のあり方として従前から「『法・制度・政策をつかう力』から『法・制度・政策をつくる・つくりかえる力』への発展」を目指すべきだと主張してきたが、本書はその主張を教養教育において具体化するための適切なツールとなり得るであろう。

　その一方で、筆者が先に示した(A)教育対象に獲得させたい能力を設定し、そこから下向的に目標・内容・方法のあり方を考えるというやり方と、(B)教育対象の実態（レディネス）を把握した上で、そこから上向的に目標・内容・方法を考えるというやり方という、二つの方向性の点から本書を見るとどうだろうか。

　筆者としては、(A)の方向性という点から、『日本の法』が市民性の涵養にとって適切な「目標」を設定していることを評価した上で、(B)の方向性からすれば、学生のレディネス設定について課題を残しているのではないかという疑問を抱く。例をひとつだけ挙げよう。『日本の法』7頁に「法とは何かという問題は、法学のアルファでありオメガである」という一文がある。この文を見た瞬間に、筆者としては先に述べた種々の困難が頭によみがえる。筆者の担当した授業には、自由権と社会権の区別について、杉原泰雄『憲法読本　第四版』（岩波ジュニア新書）の説明を読んでも理解できないと述べた学生がいるのである。そういう学生は、先に挙げた新井紀子らの研究によれば、筆者の授業だけにいるわけではなさそうだ。学生から「『アルファでありオメガ』ってなん

3）　民科会報185号13頁。詳細は本号小森田論稿に譲る。

ですか」という質問が聞こえてきそうである。

6　まとめにかえて

　理想の教育について語ることは、ある意味ではたやすい。しかし、現実の教育は、様々な制約の中でしか行うことができない。テキストブックであれば、ページ数や価格に制約がある。すべての受講生がそれを買うとも、それを読むとも限らない。授業であれば、時間数、受講生数、教室の条件、受講生のレディネスなど、制約だらけである。

　そのような制約がある中でも、よいテキストブックを見つければ次の学期の授業の構想が泉のように湧き出る。また、学生の発言が授業への意欲をかき立てることも、我々は常に経験している。

　法教育論、法学教育論を語るにあたっては、このような日々の実感をもひとつのスタート地点とするべきではないか。民科も含めて、法学研究者によるこれまでの法教育論、法学教育論には、大所高所からその理想やあり方を語るものは多くても、この地点からの検討は少なかったのではないか。この疑問を投げかけて、この小さな論稿を閉じる。

ミニ・シンポジウム3＝体制転換・市場経済化の四半世紀と法

社会主義の亡霊？
―― 変らぬロシアから考える

篠田　優（北星学園大学）

key words
体制転換 systemic transformation, 住宅私有化 privatization of state-owned apartments, 特典 benefit, 監督審 supervisory review, 法文化 legal culture

　本稿では、筆者がフォローしてきたロシアの社会＝経済領域の法において、体制転換にもかかわらず、変らず存続している次の三つの制度、①公有住宅の無料私有化、②早期年金受給等の特典制度、③監督審、に着目して、体制と法の関係という問題を考える。

1　公有住宅の無料私有化[1]

(1)　公有住宅無料私有化

　①ペレストロイカの過程で市場経済への移行が目指されたこと[2]、それに伴う②不動産市場形成の必要、③国家財政の逼迫（国家の住宅建設・維持負担の軽減の必要）、そして④従来からの国家による住宅分配というやり方では市民の住宅ニーズに結果として十分に応えられていない、といった事情から、社会主義改革の一環として「住宅私有化法」（以下、「私有化法」とよぶ）が1991年に採択された。同法によって、市民は、現に居住している公有住居を無料で私有化する権利を得、この権利を生涯1度行使できるとされた。

(2)　社会主義時代の公有住居供与制度

　公有住居は、居住条件改善必要者として認定、登録された者に原則として登録順に賃貸借で供与されていた。90年末の時点で、ロシア全世帯の2割が登録されていた。

(3)　私有化法の対応

　こうした状況の中で私有化法は、「市場関係への移行期間においては、居住条件の改善を必要とする市民のために、登録と住居保障の現行手続が維持され

---

1)　本節についての記述は、特に断りのない限り、小森田秋夫編『市場経済化の法社会学』（有信堂、2001年）第三章（篠田執筆）、および篠田「体制転換と住宅法制(1)(2・完)」『ロシア・ユーラシアの経済と社会』945号、946号（2011年）を参照。
2)　1990年10月19日ソ連邦最高ソビエト承認「国民経済の安定化と市場経済移行の基本方向」（Известия, 27.10.1990）参照。

る」（10条）と規定し、市場経済への移行期間は、従来型住居供与手続を存続させた。こうして、私有化法は、生涯1度の私有化権を、市民が新規に住居を供与されてから行使できるという可能性を残した。

(4) **新住宅法典の制定**[3] **に伴う事態の変化**

2004年12月制定の新住宅法典により、①無料私有化が、2006年末日までで終了するとされ、②加えて、従来の居住条件改善必要者として登録されるのと同様の要件に加えて低所得要件が加わり、これら要件を満たした者が「住居必要者」として登録され、彼らに漸次公有住宅が供与される、という制度が導入されたが、この制度で供与された住居は私有化できないとされた。

(5) **2006年6月15日違憲判決（判決6号）**

ところが、上記の①無料私有化に期限を設けたことと、②新住宅法典で導入された新たな公有住宅供与制度で供与された住居は私有化できないとされた点が、憲法違反ではないかと争われ、憲法裁判所は、①は合憲としたが、②については、平等違反として違憲と判示した。すなわち、私有化が禁止された住居も許されている住居もいずれも公有住宅内の住居である、同じ公有住宅なのに、許されるものと許されないものがあるというのは平等に反する、というのである。

こうして、新住宅法典で導入された新たな公有住宅供与制度で供与された住居も、2006年末日までは無料私有化ができることになった。

(6) **無料私有化の恒久化**

しかし、無料私有化終了まで半年を切った2006年6月、終了期限は2010年2月末日とされ、その後、終了期限が近づくたびに期限が延長され、ついに2017年2月22日の住宅法典施行法の改正で私有化法自体が失効予定法令リストから外され（2017年連邦法律第14号）、結果的に、公有住宅の無料私有化が恒久化された。

(7) **考察**

(a) 恒久化の理由について直接論じたものに筆者はまだ接していないが、考えられる理由は、「住居必要者」が多数存在し、その多くが供与を長年待っていることである[4]。このような状況で、無料私有化を終了させると、住居供与が私有化法有効中に間に合った者と間に合わなかった者の間で不平等が多数発

---

3) См. СЗ РФ, 2005, № 1, ст. 14; ст. 15.

生してしまうことを避けられない。避けようとすれば、無料私有化を続けるしかなく、恒久化に踏み切らざるを得なかったということだと思われる。

(b)「無料私有化の恒久化」は、社会主義のいわば「負債」が新体制に受け継がれ骨肉化し、権利として結実した事例であると筆者は考えている。

社会主義国家は、社会的生産物を各人民にその労働に応じて分配するという債務を負っていた。ところが、ソ連においては、一部の特権的階層には手厚く分配される一方で、大多数の人民には均等主義的に低水準で分配される、というのが現実であり[5]、いわば「債務不履行」が常態化していた。後継国家ロシアは、住宅領域において、ソビエトの債務を「公有住宅の無料私有化」という形で結果的に引き受けた、と考えられるのである。こうして、この債務は新体制に根を張り、結果的に公有住宅の無料私有化権という名の「社会権」が生成された、というのが筆者の見方である[6]。

2　特典制度

(1)　社会主義時代の特典制度

社会主義時代、戦争参加者、受勲者等さまざまなカテゴリーの市民に、諸交通機関の無料利用、保養施設の優先利用、国有住宅の優先供与、等々さまざまの特典が供与されていた。

(2)　2004年「特典金銭化法」

2004年のいわゆる「特典金銭化法」[7]により、社会主義時代から続いていた少なからずの特典が、あるいは廃止され、あるいは現物給付から金銭給付に変更されたが、それでも一定の特典は維持された。

報道によれば、連邦予算から月々の金銭給付を支給されている者は、身体障害者、戦闘行動の功労退役者、チェルノブィリ被曝者等約1600万人に及んでいる[8]。

---

4)　Известия, 25.01. 2007, с. 1 ; Социальное положение и уровень жизни населения России, 2015, с. 204.
5)　篠田「脱社会主義ロシアの社会保障法制1」『賃金と社会保障』1200号（1997年）8－9頁参照。
6)　このような見方を得るうえで、無料私有化権は憲法上保護される権利であるとする議論が参考になった。См. Литовкин В. Н., Дефектная ведомость Жилищного кодекса РФ, Журнал российского права, 2006, № 4, с. 42-43.
7)　СЗ РФ, 2004, № 35, ст. 3607.
8)　Известия, 15.12. 2016, с. 6.

(3) 早期年金制度

 社会主義時代以来、通常の老齢年金の受給年齢より早く年金を受給できる早期年金制度があった。1956年国家年金法では、例えば、地下労働・有害労働従事者は通常の老齢年金受給年齢より10年早く年金を受給できた。
 こうした早期年金制度は、現在も維持され、21種のカテゴリーが定められている（2013年保険年金法30条）。

(4) 特典制度の存続

 特典制度がなお存続している一つの大きな理由は、年金に見られるように、それが社会保障機能を営んでいるからであるが、それだけでは尽きないものがあるように思われる。それは、ロシアの社会主義についてコルナイの所謂《早産の福祉国家 premature welfare state》[9]性が、住宅の場合とは反対の意味で体制転換後の現代も規定しているということである。住宅の場合は、早産ゆえに国家は住宅保障債務を履行しきれないまま推移した。他方、特典のほうは、早産であるにもかかわらずそれなりに履行されてきた。そのため、特典は、体制にかかわらず現代国家の属性である、という意識が人々に形成され、それにメスを入れることは国家の正当性問題に直結することを意味したと考えられる。実際、「特典金銭化法」が施行された2005年1月1日以降各地で起きた反対・抵抗行動は、知る限り、プーチンが大統領になって以降、最大の反政府行動であったと思われ、であるがゆえに、早期年金制度についても、整理縮小すべきという議論は少なからずあったものの[10]、直近の改正においても手がつかなかった、と筆者は見ている。

3　監督審[11]

(1) 監督審制度

 (a) 社会主義時代に生まれた監督審制度は、①適法性の遵守のために、②確定判決に対して、当事者ではなく裁判所所長・副所長または検察官が異議申立て（プロテスト）を行うことで確定判決を再審査する制度で、③監督審裁判所は裁判所の上級各層にあって、④確定判決後、異議申立て（プロテスト）が行われるまでの期間制限はない、というものであった。
 (b) 監督審制度は、体制転換後、数次の改正を経て、現在（イ）監督審裁判

---

9) Kornai, J., "Reforming the Welfare State in Postsocialist Societies", *World Development*, XXV (1997), 1184.
10) 2012年12月25日政府決定承認「ロシア連邦の年金制度の長期的発展戦略」（СЗ РФ, 2012, No. 53, ст. 8029）においても早期年金制度の改革の必要性に言及されている。
11) 本稿は、民事監督審に限定して議論している。

所は、ロシア連邦最高裁判所幹部会だけとされ、(ロ)監督審は当事者の申立てを起点とし、(ハ)当事者の申立ては判決確定後3月以内になされなければならない、とされている。

(c) しかし、2010年民事訴訟法典改正で控訴審が導入されて三審制となり、第三審とされた破棄審に2010年改正までの監督審機能が付与されている。

(2) 監督審制度の変化の要因

監督審制度の変化は、従来否定されてきた権力分立原則が承認され、それに基づき検事による裁判監督が否定された点では、体制転換の帰結といってよい。

しかし、変化に寄与した決定的要因は、ロシアの欧州人権条約への加盟であった。その結果、ロシアは、従来の監督審制度が欧州人権条約6条の「公正な裁判を受ける権利」に違反するという判決を欧州人権裁判所から一度ならず受けることになり[12]、制度改正を余儀なくされたのだった。

(3) 監督審機能の存続と法文化的要因

しかしながら、なお監督審機能を存続させているということは、そこにはロシアの法文化的要因が働いているように思われる。

(a) 西欧においては、法は裁判から生成されてきた。例外的または限定的な紛争解決手続として裁判なるものが生まれ、そこでは、関係者がみんな集まる中で判決が発見された。判決が積み重なることで〈権利＝法〉という観念が生成され、人は権利主体と観念され、支配関係も権利主体としては対等のもの同士の契約関係と認識され（主従契約）、かくして関係者全員に「同じ法の支配下にあるという考え方」が生まれてきた[13]。このように、裁判結果の積み重ねが法と観念されるところでは、確定した判決を覆すことは、法を否定することになり、したがって、監督審のごとき制度は、——例外的救済手続であれば格別——西欧法文化の中からはおよそ生成し得ないものと考えられる。

(b) 他方、帝政時代のロシアは西欧で発達した封建法（その中核が「主従契約」）を知らず、そこでは、ツァーリと貴族の関係は双務的ではなく、貴族を含む被支配者が片務的に義務のみを負い、権利者はツァーリのみであった[14]。双務性に根ざし、支配者も含む関係者全員が服するものという意味での法は、帝政ロシアには存在せず、法と呼ばれるものの実質はツァーリの命令であった

---

12) e.g. *Ryabykh v Russia*, no. 52854/99; *Denisov v. Russia* (dec.), no. 33408/03.
13) ハロルド・J・バーマン／宮島直機訳『革命と法 I』411頁参照。
14) 大江泰一郎が紹介するスペランスキーの見方である。大江「国家的所有権の誕生」『静岡法務雑誌』8号（2016年）49頁参照。

（命令としての法）。〈命令としての法〉文化は、社会主義においても存続した。というより、社会主義においてヨリ発達した。社会主義への体制転換によって双務性を支える経済的土台である〈商品＝貨幣〉関係が原理的に否定されることにより（法の死滅論）[15]、そして、規範の総体を法と考える法理論（ヴィシンスキー理論）が正統的地位を占めることにより、つまり全く相対立する二つの理論がこと〈権力者の命令としての法〉文化に関しては、共にそれを発展させたと考えられるのである。権力者から見て問題のある判決を監督するという監督審は、このような法文化に極めて親和的であった。

　(c)　資本主義への体制転換により、〈商品＝貨幣〉関係に対する原理的制約がなくなり、また、欧州人権裁判所に監督審は人権侵害と判示され、改革されつつも、監督審機能はなお存続している。ここに〈命令としての法〉文化の慣性力を見るのである。

---

15)　マルクス（主義）的法理論は、形式的平等の名の下に実質的不平等が隠蔽される法のイデオロギー性を批判する。資本家も労働者も対等平等の主体として契約自由の名の下に契約を締結するが、その結果、労働者は資本家に搾取される。ここから、法のもつ抽象的形式的平等理念が批判され、階級の権利といった観念が紡ぎだされる。しかし、この結果、法のもつ最も重要な側面、すなわち〈形式的平等と自由意思〉という赤子が搾取という盥の水と共に流されたのではなかったか。〈形式的平等と自由意思〉を否定した結果、法のもつもう一つの側面、すなわち権力の命令としての側面が制約なく前面に出てきたといえるのではなかろうか。

ミニ・シンポジウム3＝体制転換・市場経済化の四半世紀と法

脱社会主義化における立憲主義
——1993年ロシア憲法の歴史的位置

樹神　成 (三重大学)

key words
立憲主義 Constitutionalism, 半大統領制 semi-presidentalism, 憲法裁判所 constitutional court, 憲法制定過程 constitutional making, ロシア憲法 the constitution of Russian Federation

はじめに

　ここでいう脱社会主義化とは、地理上は、旧ソ連と中東欧の旧社会主義国で、時期としては、1990年前後に始まり、内容としては、a）経済体制の転換およびb）社会主義憲法に代わる、競争民主主義、権力分立および人権保障を要素とする近代的意義の憲法の継受（立憲主義）である[1]。モンゴルもこの意味での脱社会主義化国である[2]。

　この脱社会主義化の特徴は、a）がb）に先行するという前後関係でないことである[3]。したがって、脱社会主義化は、b）がa）に先行し、(1)あるb）がa）の進行により別のb'）になるという過程として存在する。そして、(2) b）はa）をめざすものであり、a）に規定されたものでないとすれば、何が、b）における選択を規定したかという問題が生ずる。(1)と(2)を踏まえると、(3) b）における選択の契機を重視し、a）または／およびa）とは別のもののb）における一方向の規定関係ではなく、b）をめぐる選択と規定の相互関係こそが重要となる。

---

1)　立憲主義については、ここでは、鵜飼信成『憲法』（岩波書店、1956年、16-17頁）を参考にしている。理由は、鵜飼の指摘する三要素が、欧州評議会の目標と重なるからである。ただし、鵜飼が指摘する代表民主主義に代えて、一党制から複数政党制への変化を念頭に競争民主主義を挙げておく。
2)　モンゴルは、政権交代を経験したという意味で民主化が定着し、法治主義という点では旧来の観念も残存する（民主化と実質的法治主義化の相関）。
3)　脱社会主義化における新憲法の制定年は以下のとおり。1991年（5）、1992年（6）、1993年（4）、1994年（3）、1995年（3）、1996年（1）、1998年（1）（括弧内は国数）。なお、ポーランドおよびハンガリーは、まず旧憲法改正（暫定憲法）を行い、新憲法制定は、1997年と2011年である。脱社会主義化国は、現在の国となるまで紛争を経たセルビア、ボスニア・ヘルツゴビナ、モンテネグロそして、コソボを除くと25カ国で、経済体制転換の始期と終期、速度と深度は国により異なるものの、その完了前に新憲法を制定した国は多い。

1　脱社会主義化への二つの視点——共時的視点と通時的視点

　脱社会主義化においてb）の要因が大きな位置を占めると考えると次のことを指摘できる。すなわち、社会主義化以前の近代的意義の憲法の継受度は旧ソ連と中東欧では異なり、さらに、旧ソ連では、そもそも近代国家の成立という点で、ソ連のもとではじめて近代がもたらされた中央アジア諸国[4]とそれ以外の国とは異なる。したがって、脱社会主義化の出発点での継受度と近代国家成立の度合のちがいを踏まえると、脱社会主義化における立憲主義の帰結は、ある地域（例えば、中東欧や中央アジア）または一国の歴史社会における変化として捉えるべきことになる。つまり、脱社会主義化は、特定の地域または国における通時的現象である。

　脱社会主義化においてb）の要因が大きな位置を占めることに対応して、政治学では、脱社会主義化においてどのような政治制度を採用するのが望ましいかが議論された（憲法工学）[5]。この議論は、大きく見れば、1970年代半ばの南欧（スペイン、ポルトガル）から始まる民主化の「第三の波」の延長に脱社会主義化を捉え、それに相応しい政治制度、また民主化への移行[6]とその定着を論じるものだった。この観点は、民主化の前提条件論に代わる制度選択論（新制度論）を前提とし、民主化はどこでも起こりうることへの期待を秘めたものであった[7]。このような観点からすれば、脱社会主義化は、近代的意義の憲法の継受（民主化）の共時的機会である。

　しかし、脱社会主義化の帰結は一様ではない。両極には、民主主義が定着した国と権威主義が定着した国とが存在するという現実を踏まえ、そのような帰結を説明する要因に関心が集まり[8]、脱社会主義化の帰結を規定する構造的要因が分析されるようになる。構造的要因論は前提条件論と同じではなく、また特定の地域または国の歴史社会性格論でもない。中東欧で民主化がより定着している要因として、欧州連合加盟という政治的要因（国際的要因）が強調される[9]。民主化の帰結も、民主主義対権威主義という二分法ではなく、民主主義、準民主主義、異種混合、準権威主義および権威主義といった多分法で考えられ

---

4)　加藤周一『ウズベック・クロアチア・ケララ紀行——社会主義の三つの顔』岩波書店、1959年。
5)　Giovanni Sartori, *Comparative Constitutional Engineering*, New York: NYU press, 1997.
6)　シュミッター／オドンネル著真柄秀子／井戸正伸訳『民主化の比較政治学　権威主義支配以後の政治世界』（未来社、1986年）。
7)　Adam Prezeworski, *Democracy and Market: Political and economic reforms in Eastern Europe and Latin America*, Cambridge: Cambridge UP, 1991. "Modernization: Theories and Facts", *World Politics*, Vol. 49, No. 2, 1997, pp. 155-183.
8)　アメリカでの議論の転機を示すのは次の論文である。Thomas Carothers, "The End of the Transition Paradigm", *Journal of Democracy*, Vol. 13, No.1, 2002, pp. 5-21.

るようになる[10]。

2　憲法変動と「大統領―政府―議会」および「大統領―憲法裁判所―議会」の関係——1993年ロシア憲法

　脱社会主義化の当初憲法[11]の制定過程には、大きく、三類型がある。すなわち、合意型（交渉型）（支配集団と市民社会の交渉）、対立型（支配集団の分裂と対立）および非対立型（支配集団の継続）である[12]。合意型（交渉型）は中東欧だけに存在し、中央アジア諸国の当初憲法制定過程は非対立型である。

　脱社会主義化の過程で、類型間の移行や類型内での変容が見られる。すなわち、非対立型から対立型への変化（例：カザフスタンの1995年新憲法およびキルギ共和国の1996の憲法改正）、合意の変容（例：ハンガリーの2011年新憲法）、対立型における憲法改正または新憲法制定による憲法変動（例：ウクライナの2004年、2010年および2014年の憲法改正、キルギス共和国の2010新憲法）。ロシア連邦は、明文での憲法変動によらず、対立型から非対立型に変化したと見ることができる[13]。脱社会主義化の過程は、当初憲法に代わる新憲法制定、憲法改正あるいは非明文での憲法変動の過程でもある[14]。

　憲法変動は、支配集団間の対立と統合という政治関係の表現と見ることができる。とくに、異種混合、準権威主義または権威主義の国ではそうである[15]。焦点は、「大統領―政府（首相）―議会」の関係で[16]、それは、脱社会主義化国の多くが、首相と公選の大統領が存在する半大統領制を採用したからである。

　半大統領制における「大統領―政府―議会」の関係は一様ではない[17]。1993年ロシア憲法におけるその関係は、フランス第５共和制憲法のそれと同じではない。ロシア憲法第83条は、連邦大統領が「ロシア連邦政府の総辞職を決定」

---

9)　Steven Levitsky & Lucan A. Way, *Competitive Authoritarianism: Hybrid Regimes after the Cold War*, New York: Cambridge UP, 2010.
10)　以下のサイトでは、2009年の評価から多分法を採用している。https://freedomhouse.org/report-types/nations-transit.
11)　脱社会主義化に対応して制定された新憲法および旧憲法改正を指す。
12)　「支配集団」という用語を用いるのは、共産党の分裂度や議員の交替度、行政官僚制の変容、国家機関相互および国家社会の関係の変化を包括する用語が選択できなかったからである。
13)　連邦構成主体の合併に伴う憲法改正には別として、2008年と2014年に重要な憲法改正がロシア連邦では行われたが、変化は、大統領の交代とともにそれ以前に起きた。
14)　Anna Fruhstorfer & Michael Hein（ed.）, *Constitutional Politics in Central and Eastern Europe: From Post-Socialist Transition to the Reform of Political System*, Wiesbaden: Springer VS, 2016.
15)　樹神成「「大統領―政府―議会」の関係から見たキルギス憲法」『法経論叢』第35巻第１号、2018年。
16)　権力分立論の枠組でなく、主人・代理人理論で変化を考える議論も存在する。

すると定める。これは、連邦大統領に、固有で自由な首相任免権があることを意味する。国家会議には、首相任命同意権(第83条1項)があり、国家会議には政府不信任決議権(第117条3項)がある。しかし、これは、大統領の固有で自由な首相任免権を否定するものではない。つまり、ロシアの半大統領制では、首相(政府)は、結局のところ、大統領の信任に依拠する。

しかし、議会の支持しない首相(内閣)は不安定である。この不安定さを、ロシアは、政党再編(「わが家ロシア」と「祖国」の統合)による議会多数派の形成で解消した。重要なのは、首相(政府)の力で[18]、それは議会の支持から生まれるが、ロシアで議会多数派を必要としたのは大統領だった。

1993年ロシア憲法における大統領の地位は次のようである。ロシア憲法は、「立法権、執行権および司法権」への権力分立を規定するとともに(第10条)、国家権力の行使者に、三権の担当機関に加えて連邦大統領を含める(第11条)。連邦大統領の地位は国家元首であり(第80条1項)、国家元首として、「国家権力機関の調整のとれた活動および相互作用」を保障し(同条2項)、「国家の内外政策の基本方向」を定める(同条3項)。

ロシア憲法第80条2項を、フランス憲法第5条1項の「裁定」による「公権力の適正な運営の確保」に、同条3項を、アメリカ大統領の教書に対応すると考えて、国家元首としての大統領の地位を消極に解釈することも可能だろう。しかし、ロシア連邦憲法裁判所は、第80条を根拠に、大統領の固有で自由な首相任免権を明確にし[19]、また大統領による連邦構成主体の長の任命制を合憲とした[20]。ロシア憲法第80条は、固有の大統領権限を推定する根拠でもあり、ロシア憲法裁判所による憲法改正に等しい解釈の根拠条文となっている。

「大統領(首相)―憲法裁判所―議会」の関係は、脱社会主義化の憲法変動において重要である。脱社会主義化の特徴は、例外(トルクメニスタン)を除いて、すべての国が、歴史社会の性格に関わりなく、憲法適合性審査機関を設置した点にある。脱社会主義化国を、国家と社会の分離を前提に、社会が国家を制約する(制約型)、社会と国家が遊離する(遊離型)、国家が社会を包摂す

---

17) 半大統領制の類型論については以下がある。Matthew Soberg Shugart & John M.Carey, *Presidents and Assemblies: Constitutional Design and Electoral Dynamics*, New York: Cambridge University Press, 1922. Robert Elgie, *Semi-Presidentialism: Sub-Types and Democratic Performance*, New York: Oxford University Press, 2011.
18) 大統領と首相の関係が、縁故関係社会における支配集団内ネットワークの性格を決めるという主張もある(Henry E. Hale, Patronal Politics: Eurasian Regime Dynamics in Comparative Perspective, New York: Cambridge UP, 2014.)。
19) 「ロシア連邦憲法第111条4項の規定」についての解釈(1998年12月11日)。
20) 「ロシア連邦構成主体の国家権力の立法(代表)機関および執行機関の組織の一般原則」についての連邦法律の規定の憲法適合性審査(2005年12月21日)。

る（包摂型）の三類型に分類できるとして、そのすべてにおいて憲法裁判所が設置された[21]。この分類からはロシアは遊離型であり、前述のように、ロシア連邦憲法裁判所は体制擁護機能を果たしている。しかし、それは大統領についてであって、他の事件では違憲判決も出し、法令改革者の役割を果すこともある。ロシアは、平均すると毎年20件の連邦憲法裁判所判決が出される憲法訴訟大国で、違憲判決も少なくない。そのことだけ見れば、ロシア憲法裁判所は機能している。

脱社会主義化国では、憲法適合性審査機関をめぐって、ここでの国家と社会の関係の類型に関わりなく問題が生じている。問題の底には、国家と社会との関係における正統性と適法性との関係がある[22]。

おわりに——1993年ロシア憲法の歴史的位置と展望

国家元首としてのロシア連邦大統領は、大統領令（第90条）で立法権、首相任免権と内外政策基本方向決定権（第80条3項）で行政権、国家権力機関相互不一致解決権（第85条）で準司法権を有し、三権にわたる権限を有する。つまり、ロシア憲法には立憲君主制の要素がある。それは、1993年ロシア憲法の歴史的位置でもあり、対立型憲法制定過程の帰結でもある。立憲君主制自体は、近代的意義の憲法の継受にともない出現する一段階である[23]。問題は、それを経過点とする力と方向性がロシアの国内とそれを取り巻く国際環境[24]のなかにあるかどうかだろう。

脱社会主義化国の憲法のすべてが立憲君主的要素をもつわけではない。しかし、民主化と立憲主義化、つまり法治主義（法の支配、または形式的法治主義から実質的法治主義への飛躍）をめぐる問題は脱社会主義化国全体の問題でもある。

---

21) 当初憲法制定過程の合意型に制約型を、対立型に遊離型を、非対立型に包摂型を対応させることもできる。
22) この関係に着目して、メドゥシェフスキー（ロシア）は憲法周期（循環）論を展開し（樹神成「現代ロシアの比較憲法学：A. H. メドゥシェフスキー」『法経論叢』第34巻1号、2016年）、アラト（ハンガリー出身）は憲法制定過程を類型化する（Andrew Arato, "Regime Change, Revolution, and Legitimacy", in Gabor Attila Toth (ed.), *Constitution for a disunited Nation: On Hungary's 2011 fundamental law*, Budapest: CEU Press, 2012.
23) 段階と類型については、広渡清吾『比較法社会論研究』（日本評論社、2009年）、樋口陽一「比較における「段階」と「型」加藤周一「雑種文化」論から何を読みとるか」（戒能道厚・石田眞・上村達夫編『法創造の比較法学』日本評論社、2010年）（同『加藤周一と丸山眞男 日本近代の〈知〉と〈個人〉』（平凡社、2014年）も参照）。
24) 欧州に限定すれば、ここでの国際環境とは、欧州連合、欧州評議会および北大西洋条約とロシアとの関係である。樹神成「欧州評議会議員会議の監視（monitoring）を通してみる現代ロシア法」『法経論叢』第33巻1号、2015年。

現代ロシアにおける民主主義を検討した論文で、ホームズは次のように指摘している。「文化による説明はきわめて満足のいかないものである。なぜなら、名前の上で一括りの文化は、現実には、不等質で可鍛性があるので、長い年月の間には、多くの相互に排除しあう編成の下地となる」。かれは、「ソ連から遺産」でもある「断片化し汚職に満ちた官僚制」を、「構造的要因」として提示する[25]。かれは、ひとつの文化が多様な形をとりうることを前提に、脱社会主義化の過程に内在する要因の分析を試みている[26]。宿命論に陥らない、構造的要因論の多様な展開が差し当たり必要である。

---

25) Stephen Holms, "Imitating Democracy, Feigning Capacity", in Adam Prezeworski (ed.), *Democracy in a Russian Mirror*, New York: Cambridge University Press, 2015, p. 54. かれは、文化論からの現代ロシア論は、モリエール『病は気から』の第三幕間劇の「阿片が人を眠りに誘う原因と理由」は「阿片においては眠りを誘う作用」があるからだという問答(『モリエール全集第9巻』臨川書店、2002年、406-407頁)と同じだとまで指摘する。

26) 福島正夫「法の継受と社会＝経済の近代化」(『福島正夫著作集 第6巻 比較法』勁草書房、1995年)における「文化変容」の視点をもつ「根づき」論も発想を同じくする部分がある。鮎京正訓は、福島正夫の「日本の近代法学の中」での「特異な位置」を指摘する(『法整備支援とは何か』名古屋大学出版会、2011年、23頁)。

民科法律部会60周年記念事業

座談会　民主主義法学の到達点

日時：2018年2月4日（日）
場所：日本評論社　5階会議室
参会者：戒能通厚会員（基礎法）、広渡清吾会員（基礎法）、浦田一郎会員（憲法）、
　　　　吉村良一会員（民法）
司会者：楜澤能生会員（基礎法）

　楜澤（司会）　それでは民主主義科学者協会法律部会60周年記念事業、「座談会　民主主義法学の到達点」を開催いたします。
　この座談会は、これまでの民主主義法学の到達点を確認し、今後の学界を展望するという趣旨で企画されたものです。民科法律部会の理論活動の歴史、その特徴を4つの時期あるいは論点に整理し、それに沿って、ご参会いただいた歴代の理事長――戒能通厚会員（第20期〔2002年～2005年〕）、広渡清吾会員（第22期〔2008年～2011年〕）、浦田一郎会員（第23期〔2011年～2014年〕）、吉村良一会員（第24期〔2014年～2017年〕）――にご発言をいただく。こういう形式で進めてまいりたいと思います。
　なお、歴代の理事長の一人である西谷敏会員（第21期〔2005年～2008年〕）は、本日はご体調の関係で欠席されております。
　それでは、企画者である吉村会員から簡単に趣旨説明も含めて口火を切っていただきたいと思います。よろしくお願いいたします。

1　「現代法論争」について

　吉村　4つの時期、柱に沿って問題提起をしたいと思います。
　一つ目は、1960年代末から70年代の、いわゆる「現代法論争」から「民主主義的変革」への流れです。二つ目は1980年代前半の「市民法論」をめぐる議論。三つ目は80年代後半の、いわゆる「新・現代法論」をめぐる議論です。最後に、ここはなかなかまとめにくいのですが、1990年代以降、グローバリゼーション・新自由主義改革に対する取り組みについてです。それぞれに関わって問題提起をしたいと思います。現代法論争以前、とりわけ法社会学論争とか、法解釈論争とか、あるいは『講座　日本近代法発達史（全11巻）』（勁草書房、1958年～1967年）から『講座　現代法（全15巻）』（岩波書店、1965年～1966年）にいた

る理論史とかも重要ですが、とりあえず私の問題提起からは省略をいたします。ただ、現代法論争のいわば前史に関わる問題ですので、あとで議論にはなると思います。

「現代法論争」というのは、ご承知のように1967年、NJ（Neue Juristen）研究会が「国家独占資本主義法としての現代日本法をいかに把握するか」という「討議資料」（季刊現代法5号〔1971年〕再録）を公表し、それをめぐって行われた論争です。

この「討議資料」は、現代の世界と日本の資本主義を、資本主義の「全般的危機の段階における国家独占資本主義」と捉え、国家権力が社会、経済に全面的な介入をする。その全面的な介入の手段として、法が位置付けられる。そこでは政策と法とが融合する、あるいは政策に法が従属する。こういう立て方になっていて、具体的な法の分析については、経済政策と法とか、治安政策と法とか、政策体系ごとに記述がなされています。こういう議論はおそらく、当時の経済学における理論、いわゆる国独資論や全般的危機論がベースになっていると思います。

このあたりは戒能さんから補足をいただきたいのですが、私の見るところ、法律学固有の課題としては、『講座 現代法』の評価、あるいはそこの議論との兼ね合いがあったのではないかと思います。ご承知のように、『講座 現代法』は——第7巻は少し議論の様子が違うのですけれども——、基本的には、「近代法から現代法へ」「市民法から社会法へ」という、この二つのテーゼを重ねて考える、つまり、「市民法から社会法へ」というのが「近代法から現代法へ」の変化であるとする、当時一般的であった理解が中心になっていたのですが、それに対する批判を含んでいたのではないかと思います。

笹倉秀夫さんは、民科法律部会の50周年のときに、当時の現代法論の意義として三点指摘されています（笹倉「民主主義科学者協会法律部会50年の理論的総括」法の科学26号〔1997年〕）。従来の市民法論は国家の位置付けが弱い。それが克服された。それから、社会法論というのがもちろんあったわけですが、社会法とか社会権とか福祉国家というのが、資本主義のシステムに組み込まれた、体制内のものであるということについての認識が弱かった。これが克服された。現代法論は、私の理解では、市民法と社会法の対比で近代法と対比された現代法を見るという見方に対する批判ということになると思います。もう一つは、現代の資本主義をトータルに把握するという試みだった。ただ、国独資段階の法として現代法を見るという点について、いろいろな議論があると思います。そもそも当時の資本主義の有り様を国独資あるいは全般的危機といった議論で捉える見方が、はたして適切であったのかどうか。これについてはなお

議論があるし、問題点も指摘されています。

　実は、昨年（2017年）の学術総会でのコロキウムで、私が「国独資とか全般的危機という議論は最近ではほとんどされない」という言い方をしたら、中村浩爾さんから「いや、そんなことはないのではないか」という問題指摘がありました。そのときにも答えたのですが、いわゆる全般的危機論と結び付いた国独資論はもはや今日、とれないだろうと思います。ただ、国家と経済と社会の有り様を捉える見方として、国家独占資本主義という言葉を使うかどうかは別にして、当時の国独資論に代表される経済学の議論が、今日どういう意味を持つかについてはなお考えてみる必要があると思います。特に、われわれがよく議論する新自由主義なるものが資本主義の一つの新しい段階なのかどうか。このあたりは大きな論点かと思います。

　もう一つは、経済構造と国家政策と法とがかなり一直線に捉えられていますので、それらの間の相対的独自性や緊張関係がなかなか見えてこないという問題点が当時から指摘されていました。この点が、いわゆる「社会法視座」とか、あるいは「二つの法体系論」からの批判のベースだろうと思います。実定法の解釈をやっている人間からすると、かなり強い違和感があったようで、私自身も研究者としてスタートした時点で、自分の民法の議論と国独資法論の議論がどう結び付くのかについては、悩みが多かったところであります。

　さらに、国独資としての日本の国家と法の普遍性というのが強調され、従来からの、日本社会の非近代性とか近代社会の未成熟——これは民科を含む戦後法学の伝統的な見方ですけれども——これの克服が目指されていましたので、どうしても日本の国家と法の固有性がうまく出てきていないのではないかと思っています。

　それから、1977年と1978年、「民主主義的変革と法律学」というテーマで学術総会が行われました（法の科学6号〔1978年〕、法の科学7号〔1979年〕）。意図としては国独資法論をベースに——「二つの法体系論」と「社会法視座」を組み込んで——日本の法と社会の民主主義的な変革を目指そう。こういう問題意識だったのではないかと思います。つまり、法や社会の認識論としては国独資法論を深化させながら、日米関係を中心とした国家権力のあり方——日本独特の歪みを持っているわけですけれども——を分析し、変革の主体の権利として「社会法視座」で提起された論点を組み込む。こういう意図であったと思います。

　おそらく、この背景には、ちょうど高度成長の公害問題に代表されるような弊害に対する住民運動や革新自治体の前進、それから当時、日本共産党なども、民主連合政府の「綱領」を出したりという状況があった。他方で、ソ連等の現

存社会主義の体制の問題点がだんだん明らかになってきた。そういう中で設定されたテーマかと思いますが、この課題設定が当時の時代状況との関係で適合的だったのかどうか。これについてはやはりいろいろな評価があろうと思います。

楜澤 ありがとうございました。それでは引き続きまして、戒能会員からお願いいたします。

戒能 いま吉村さんが言及された1967年の「討議資料」の執筆メンバーで、現在民科の現役で活躍している人はいないのですね。本間重紀さんが亡くなってしまったので、結局、現代法論争のきっかけになった「討議資料」なるものの成立経緯はほとんど誰も言及しなくなっています。当時僕は東京大学の社会科学研究所の助手になってすぐでしたし、早稲田大学の田山輝明さんとか、そういう人たちも本当に助手になりたてで、論文もほとんど書いていない。これから勉強しようという連中ですから、これまでの民科だけではなく法学界全体の法学の在り方を批判せよという、こんなすさまじいテーマをいきなり持ってこられたので、非常に対応に困りました。しかし当時は、東大闘争とか、いろいろな大学で大学紛争が起こって休講でした。大学院が休みですから、勉強をしようと思ったら自分でやる以外にない。そういう時期にそれがまさにピタッと入ってきたということです。ですから、これに集中できたということは、歴史的偶然ですけども、ある意味、これしかないみたいな感じでした。

ちょうどその前の年までに『講座 現代法』が完結します。特に第7巻の「法と経済の一般理論」という、藤田勇先生の書かれた論文にわれわれは非常に感激しまして、まず藤田先生のところにいろいろ聞きに行ったりしていました。そのうちに、渡辺洋三先生の近代市民法論が提起されます。そこでは実は産業資本主義段階の法を近代市民法とし、それの変容形態が現代法だという記述になっていますので、それは非常におかしいのではないか、まずは渡辺近代法を「現代法論」から批判しようじゃないかということになりました。

そのときにやはり資本主義の発展史から考えるべきだろうということだった。実は宇野弘蔵先生の経済学、いわゆる宇野経済学には三段階論——原理論・段階論・現状分析論——というのがあります。こういう宇野理論は使えるというので、ともかく飛び付いたところ、そこに「国家独占資本主義」という概念が出てくるわけです。宇野経済学における国家独占資本主義というのは、要するに資本主義の社会主義への移行過程だととらえます。宇野さん自身は「移行過程であるからしてどうなるか分からない」と。社会主義になる移行の段階だから、これは段階なのか、現状分析の課題なのかという議論を宇野経済学の人たちはしている。ですから、これは必ずしも使える議論ではないのではないかと

は思ったのですが、しかし非常に明快に論じているものですから、これは使う。

　それと、宇野経済学の人たちは非常に法律に興味を持っていて、その法律論として、経済政策、特に独禁法をどう位置付けるかが現代法のカギだというようなことをいろいろ主張されていました。それで『講座 現代法』第7巻の著者全員から話を聴いたらどうかということになり、そうしました。これはいまから見ると非常に贅沢です。渡辺先生が編者であるということもあったのでしょう。特に下山瑛二先生の行政権の話とか、利谷信義先生の近代法の話とか、非常に参考になりました。

　そのときに正田彬先生が出て来られて、「独占禁止法というのは、要するに資本主義の修正のために必要な法である」と言われた。それが藤田勇先生の「法と経済の一般理論」の独禁法の位置付けと全く違うのです。それが有名な藤田先生の「意思関係を通じない法」、独禁法というのは一種の政策立法であり、したがってこれは現代法の典型であって、「政策の外皮としての法」であると。有名な言葉ですね。これは市民法とは全然論理を異にする。「古典的市民法の崩壊」の例として藤田先生の論文に書かれてあるわけです。

　実は1967年のわれわれの報告の前の年に、公式には記録に残っていないと思いますが、蓼科で合宿をやっています。なぜ蓼科でやったかというと、例えば野村平爾先生とか、利谷先生とか、蓼科に別荘を持っていた先生方がいたからです。そこに分宿すればできるだろうから、泊まって議論しようということになった。テーマが「外国法研究の方法」という、全然関係がないようなものでした。要するに方法論をやるには、ちょうど外国法論をやるか、資本論をするのがいいのではないかという話があって、そこに稲本洋之助さんの「資本主義法の歴史的分析に関する覚書」（法時38巻12号〔1966年〕）というのが出てきた。実はわれわれはそれに飛び付いたのです。これは短いのですが、すばらしい論文です。たぶん藤田さんの論文を使ったのだと思いますが、この論文にあらゆるキーワードが出てきます。これは使えるということで、この稲本論文をベースに、さきほど紹介した『講座 現代法』の著者ヒアリングをしたわけです。

　ともあれ、大変なことになったと思ったのですけども、頼まれた以上、やらざるを得ない。それをやるにはやはり現代法の捉え方が必要だというので、「国家独占資本主義法としての現代日本法をいかに把握するか」という題にしたわけです。全くのトートロジーで変な題だと思うのですが、これも僕らが考えたものではなく与えられた題です。そういう意味では本当に手探り状態でした。

　都立大学で開催された1967年の学術総会は非常に盛況でした。そこでかなり議論をしました。その翌年にNJ研究会の合宿があって、そのときにわれわれ

は被告席に着かされたような感じになります。実はそこに当時大学院生だった水林彪さんとか笹倉秀夫さんとかが参加して、「あれはおかしい」という批判を受けたのです。特に稲本理論はご存じのとおり、原始的蓄積期の最終段階、すなわち、近代法というのは市民革命期から産業資本主義段階のプロセスに照応する法であると。要するに市民革命から産業革命への移行に国家権力が重要で、その国家権力を通じて、法による資本主義化が推進されるというのがシェーマなのですが、特に水林さんから近代法を資本主義とまるごと対応させる点が問題だとか、そういう議論がありました。笹倉さんからは、「経済過程に還元するような感じだ、全般的危機とか、そういう概念で現代法を切るというのは何か戦前の統制経済の話を聞いているようだ」といった批判がありました。

それから「二つの法体系論」、「社会法視座論」という視角からの「国独資法論」批判が出てきた。長谷川正安先生の「二つの法体系論」からは、「これは極めて政治分析が弱い。日本的特殊性が一切出ていない」という批判が出た。「社会法視座論」からは、西谷敏さんよりもむしろ、前田達男さんが出てきて、厳しい批判が行われた。非常に血気盛んな連中が議論をしていた。ですから、これを外から見ていると、本当に「何やっているんだ」というようなことでした。

その中で、甲斐道太郎先生の評価が、客観的で、しかも当時の実定法学者の気分を代表しているのではないかと思います（甲斐『新版 法の解釈と実践』〔法律文化社、1980年〕）。甲斐先生は当時の法学界の状況についてよく見ていると思いますね。当時は、星野英一さんとか加藤一郎さんが唱えた「利益衡量論」が全盛で、特に民法解釈論では個別ケースの具体的妥当性が問題とされていて、全然全体論が見えない。そういうときにNJ研究会が「討議資料」で注ぎ込んできた議論は、ある意味で解釈学者たる自分たちに刺激を与えたということを言っておられます。

しかし、これで終わってしまうと、結局、民科のもう一つの柱である実践の面というのはどうなのかということが極めて問題だとも書いておられます。これは全く当たっている議論です。ただ、われわれとしては総体的把握の方法論をやっているのであり、法の解釈論をやっているわけではないので、それを批判されても困るというのが正直な気分でした。しかし、「現代法」論争それ自体が、総体的把握よりも、「国独資法論」、「二つの法体系論」、そして「社会法視座」、いずれの方法が優れているかという議論になってしまったのです。これはある意味では不毛な議論でした。

少し話題を変えますと、先に吉村さんも言及した笹倉さんの論文に「国独資」の概念は、民科でも「ほとんど死語化してしまった」と書かれています。

これはいささか問題のある発言で、私は「国独資法論」というのは死語になっていないと思っています。

　最近亡くなられた馬場宏二さんは、例の会社主義とか企業社会論を説かれた非常にシャープな方で、宇野経済学派ですが、『富裕化と金融資本』（ミネルヴァ書房、1986年）とか、『新資本主義論』（名古屋大学出版会、1997年）などの著作で有名な方です。彼はもちろん国独資という概念はあまり使いませんけども、これははっきり言って国独資論です。特に金融資本による支配という形態、堕落した形態で資本主義が、自然環境や生活を破壊していく。このまま行くと資本主義そのものが死滅するのではないか。非常にペシミスティックな議論です。もう一人、馬場さんと同じ宇野経済学派でこの方も故人ですが、加藤榮一さんという方がおられて、国独資論の再構築みたいな議論をしていて、福祉国家というのを重視するわけです（加藤『現代資本主義と福祉国家』〔ミネルヴァ書房、2006年〕）。「福祉国家というのは社会主義から摂ってきたものだ。だから社会主義に対する抵抗の中で資本主義国が社会主義の成果から摂ってきたものが福祉国家である。したがって、いわゆる新自由主義の中でどんどん福祉国家が解体されていくことは、社会主義圏が崩壊したというだけではなく、要するにそういう社会主義的なものが剥奪されていく過程でもある。これはやはり金融資本のあり方とか資本主義のあり方から出てくる話である」。そういう議論をしていますので、少なくとも死語化というのは非常に誤解を招く。僕は国独資論というのは、基本的にはまだ生きていると思っています。

　先ほど吉村さんが言われましたが、そもそも新自由主義とは何かというのをよく考えてみますと、やはり金融資本の支配そのものです。これがグローバル化して支配していく。ですから、いまの世界を見ていれば、そのことが分からないと現代の世界が説けないぐらいの問題だと思います。支配的資本を基軸に資本主義の段階を論じるというのが経済学における段階論の特質ですけれども、それは基本的にはやはり生きているだろう。

　ただ、問題は、グローバル化とか新自由主義とかいう概念は取扱い注意の概念ではないかと思います。新自由主義といっても、例えばサッチャーはもちろん新自由主義ですが、日本における新自由主義とサッチャーの新自由主義は、名称は共通ですが、全然違うわけです。サッチャーの場合は、そこにはやはりビクトリア朝の自由主義がセットで入っている。古典的自由主義というものをある意味ではうまく利用している新自由主義です。そういう古典的自由主義の伝統がほとんどないというか、そういう意味では市民法の伝統のない日本における新自由主義とは全く違う現象形態をとる。

　ですから、そういう意味では、世界的資本主義の動向あるいは資本主義分析

とそのための理論はやはり必要ではないかと思います。それが国家独占資本主義論でいいかどうかは、私は経済学者ではないから分かりません。しかし、いま経済学界を見ていると、国家独占資本主義論にわれわれが飛び付いたころの宇野経済学の資本主義論とはずいぶん違う。馬場さんのものなどは宇野さんとは似て非なるものになっているぐらい変わっています。ただ、それは非常に使えるものを持っている。そこの根っこに帝国主義の一局面という分析があるということになります。そういう意味では帝国主義論が前提になっている国家独占資本主義論というのは、例えばグローバリゼーションという中でもやはり押さえておく必要がある。

楜澤 グローバリゼーションの世界と新自由主義の時代、それと国独資論との連続性、国独資法論が持つ有効性ということについてお話をいただきました。

続きまして、広渡会員。

広渡 1978年に戒能さんと前田さんと私とで座談会をしました。「現代法論争の到達点と課題」というタイトルで「季刊現代法」の最終号（第10号〔1979年〕）に載っています。ここでかなり議論をしましたけど、これはこれとして、いま戒能さんのお話を聴きながら幾つかの感想です。

第一点は、民科の「現代法論」は、『講座 日本近代法発達史』、それから『講座 現代法』を継いで、戦後の法学改革、つまり科学としての法学を目指す取り組みであったということです。民主主義法学というのは、科学としての法律学を構築するというのが学問としての最大の課題であり、したがって、戦後の科学としての法学の取り組みである『講座 日本近代法発達史』と『講座 現代法』の流れを受け継いで、民科的にそれを発展させようとしたのが、「現代法論争」だった。その核心は、資本主義と国家と法との関係を明らかにする。とりわけ、法の発展は資本主義の発展段階に照応するという考え方。これを基本にして議論したというところが一番重要なことですね。

そういう意味で民科の「現代法論争」というのは、戦前の法律学に対する反省と、その上に立った戦後の新しい法律学の構築、科学としての法律学の構築に応じる一つの重要な業績であり、戦後法学の成果であったというのが僕の捉え方です。

論争のポイントですが、国家独占資本主義は、京都の経済学者たちも議論していました。東京で一番早く言ったのは青木昌彦氏です。当時は姫岡玲治というペンネームで執筆活動を行っていたブント系全学連の中心メンバーです。彼が最初に「国家独占資本主義」と呼んで議論をしたのですが、関西と関東の議論では、運動論を理論構築の中にどうやって持ち込んで位置付けるか、そこのところに決定的な違いがあったと思います。

「現代法論争」の背景として社会政策本質論争という、大河内一男氏と岸本英太郎氏による論争があります。社会政策を資本の支配体制の中にどう位置付けるか。つまり労働者が勝ち取って、そこから自分たちの権利を拡大していく橋頭堡として捉えるのか。そうではなく、総資本の立場から労働者を手なずけるためのものが社会政策なのか。こういう論争がありました。この論争は「社会法視座」を説いた人たちの頭の中にあったと思います。社会法というのは、労働者が闘争して獲得したものがブルジョア法体系の中に押し込まれるわけだから、それを通じて権利が拡大していくという展望を議論の中に含み込む。だから、対象の分析のときに、その対象の中でどのように運動が展開していくのか、運動の契機を対象の分析の中にどのように位置付けるか。対象の分析を徹底し、対象を変革するとして、ではその変革運動自身は対象の中にどう位置付けられているか、ここのところをはっきりさせなければならない。「社会法視座」の主張はそういう問題提起でした。

　論点のもう一つ、国家独占資本主義は国家が全面的に資本主義的な再生産構造に介入するというわけだから、国家が資本主義を制御するシステムを作るということです。資本主義を制御するシステムが経済的な論理ではなくて政治の論理、つまり資本主義体制を擁護しようという政治の論理で国家の中に作られる。だとすれば、国家を民主化すると、この制御のシステムを使って経済体制それ自身を転換することができる。これが島恭彦先生の管制高地論です。法学的な議論だとこの議論は乗りやすい。つまり、なぜ国家独占資本主義段階が資本主義の最後の段階かというと、社会主義への移行の制度的準備になっているからだ。だから、われわれが民主主義を基盤に多数派で権力を執れば、国家を通じて資本主義経済体制を転換することができる。こういう見通しをもって議論するのが、国独資論の民主主義的な立場からのアプローチだったと思います。

　基本的に国独資論は全般的危機論と結び付けて議論された。関西の経済学者、杉本昭七氏はその頃から「全般的危機論は誤りだ」と言っています。これはソ連のイデオロギーであり、資本主義の全般的危機論、当時は第三段階論でしたが、第三段階論は誤りと言った。これと結び付いた国独資論はもう使えないというのが現在だと思います。

　戒能さんがおっしゃったように、国家が経済過程に介入するシステムを国家によって資本主義経済をどうサポートするのかというシステムと考えれば、新自由主義も介入の仕方が変わっているだけであって、全面的に手を引いているわけではないのです。いろいろな介入の仕方をしている、その一形態として新自由主義を捉えれば、国独資論として議論した国家が経済プロセスを制御するシステムは、いろいろな形で変わっている。しかし、その制御するシステムが

重要なのだということを言うのが国独資論であれば、その視角はずっと有効な形で残っているのではないかと考えています。

棚澤 どうもありがとうございました。それでは浦田会員のほうからお願いできますか。

浦田 「現代法をトータルに把握する」という言い方が、民科でずっとされてきました。これについて「民科に伝統的な言い方である」と、藤田勇先生がどこかで言われています。「国家独占資本主義法論」に対して「社会法視座」や「二つの法体系論」では、法の実践性や日本の特殊性が強調されました。そういうものを含みこむ分析が、トータルに把握することだ、というふうに考える傾向がその当時ありませんでしたか。現在もそういう意味で言われている場合があるように思うのですが。戒能さんたちが国独資法論を出されたときは、現代法の構造分析のポイントというような意味だったのですか。

広渡 いや、トータルというのはたぶん、全分野という意味ではなくて、もちろん分野は必要なのですけども、国家と資本主義と法の関係を総合的に捉えるのがトータルだと考えたのだと思います。だから、例えば「二つの法体系論」だと、「二つの法体系論」の中にはその理屈はないじゃないかということです。おそらく。

戒能 国家、法、経済の関係を総合的に捉える方法として国独資があるというのが、僕らの主張です。だから、そういう意味で総体なのですけど、「二つの法体系論」から出てきた批判は、要するにそういう点を理解していないように僕らは受け取ったわけです。つまり、われわれがやった国独資の総体的把握というのは、決して「二つの法体系論」と矛盾していないと僕らは思っている。だけど、「二つの法体系論」の方はそうじゃないと言う。それは長谷川さんが特に言っていたのだけど、トータルというのであれば、やはり日本的特殊性とか、特に日本の、まさに法体系の直面している問題点が入っていないのはおかしいと言う。だけど僕らとしては、それは経済、国家、法の三者関係論の中の問題で、もちろんそういう議論を入れようと思えば入れられるわけだけど、それが総体の把握になっていないと言われてしまうと、結局、われわれの議論の基本を否定されてしまうように思った。

広渡 「国独資論は国家の経済的力能しか注目していない」という批判は正しいと思いますね。だから、両者は補完し合っていると思うのだけど。

戒能 だから、非常に生産的ではない議論をしたなという印象はみんな持っていると思うのです。

広渡 名古屋の「討議資料」は「国際的条件について」という副題が付いていたので、まさに日本国家の従属性を国際的な条件として設定し、「そういう

国家独占資本主義法」と言っているのだから、国独資法を否定しているわけではなかった。

　吉村　現代法論争を今日どう見るかについて検討しなければならないことの一つは資本主義論です。先ほど広渡さんがおっしゃった座談会の中で、要するに当時の日本と世界の資本主義を帝国主義段階とは異なると段階規定したことが、はたして適切だったのだろうかという見直しを示唆されているわけです。非常に重要な点なのですけども、そのあとの議論でそういう示唆に基づいた議論をわれわれはしてこなかった。「現代法論」の中でも「新・現代法論」の中でもしてこなかった。その辺をどういうふうに見るか。そういう意味では、現代資本主義論というのはあらためてしなければいけない議論なのではないか。「全般的危機」に対応するために、資本主義の最後の段階として国独資があるのだという意味での「国独資論」はもはや全く通用しない議論だけれども、国家と経済の有り様を分析するときの一つの見方としては、あり得る議論かもしれない。ただ、その後、「経済学の理論を使いながら」という議論を民科はしてこなかったですよね。「新・現代法論」のときなどは、関心が社会学などにシフトしたので。

　広渡　帝国主義論との関係で言うと、「グローバリゼーションと日本国家」というテーマで企画委員長（1997年〜1999年）をしたときに、グローバリゼーションと帝国主義の関係はどうなのかということを一つの論点にしました。渡辺治さんたちが執筆した『講座 現代日本（全4巻）』（大月書店、1996年〜1997年）ではそれが一つの論点になっていた。帝国主義というのは、要するに、多民族抑圧、植民地支配、それから労働組合幹部の貴族化です。植民地支配による超過利潤で組合幹部にお金を回して、堕落させる。つまり帝国主義の段階の国家、政治構造、それから国際関係という問題が当然に国独資論の中にはあったはずなのだけれども、振り返ってみると、国独資法論ではその論点はほとんど出ていない。そういう意味では、1870年代以降の帝国主義段階、それから戦後の新植民地主義と言われる段階での世界の経済構造が日本の資本主義をどう規定しているかというところは、現代法論争のときには必ずしも十分に議論されておらず、その後も十分に議論されてはこなかった。80年代以降の日本資本主義の変化のなかでも、帝国主義論的視角は重要だということは渡辺洋三先生や藤田先生がいつも忘れずに言うのだけれども、われわれはそこのところに焦点を当てて議論できたかというと、十分ではなかった。

　ついでに言うと、戒能さんも言及したけれど、東京大学の社会科学研究所に加藤榮一と馬場宏二という、非常にユニークな経済学者が2人いた。馬場さんは「新資本主義論」を立てます。馬場さんの議論が最終的にはどうなったかと

いうと、資本主義がどんどん回っていき、資本主義の三つの過剰が生まれている。過剰効率化、過剰富裕化、過剰商品化。この資本主義は滅びると言っています。彼は資本主義擁護派なのだけれど、この資本主義は滅びる。滅びない資本主義にするためには何をしたらよいか。それは環境問題がカギであると彼は言っています。そういう意味では、「持続可能な社会」の議論につながっていくような議論を立てた。

　加藤榮一さんは、純粋資本主義化傾向の時期が、資本主義が始まってから19世紀の中ごろまで続き、1870年代のヨーロッパの大不況以降は福祉国家化傾向の時期が続くと分析する。それは第二次世界大戦以降1970年代ごろまで続くが、このあとが、そしてヨーロッパの社会主義体制が崩壊したあとの資本主義の状況はもっと分からなくなっているというのが彼の診断です。福祉国家は資本主義の修正形態であり、社会主義国家と各国の先進的労働運動の側圧によって資本主義自身が修正されているというのが彼の議論です。だから、ある意味ではそれは守るべきものだと考えられていたのですが、これが崩壊しつつある。つまり、welfare から workfare の国家に変わりつつある。

　２人とも亡くなりましたが、僕は横にいて彼らの議論を頼りにしながら自分の考えをまとめようとしていましたけども、今、本当にどういう経済理論がわれわれの現代法分析を進める前提にできるのかなかなか難しい。

2　「民主主義的な変革」について

　栩澤　それでは、「『現代法論争』から『民主主義的な変革』へ」という時期に話を移しましょう。

　吉村　その３年間の取り組みをどう見たらいいんですかね。民主主義的変革の時代がやって来たという、そこのところがね。要するに、ちょっと時期を逸したという議論だという評価もあるのですが。

　広渡　この時代、稲本さんが事務局長（1974年～1978年）でした。僕は事務局にいましたけれども、このテーマの取り上げ方は、革新勢力の伸長という当時の政治状況を背景にしています。その中で、もちろん構造的分析も重要なのだけど、どうやって日本社会を変えるかという話に焦点を当てて議論してみようじゃないかというのが、この課題の設定だった。民主主義的変革とは何かということを藤田先生にお願いしてかなり理論化してもらったのですが、前のほうのテーマとのつながりでこれが出てきたということでは必ずしもありませんでした。

　栩澤　その点について、戒能会員、何かおっしゃられることはありませんか。

戒能　一言だけ。ちょうど日本で民主的変革とかそういう議論があったときに、ヨーロッパでは市民社会ルネサンスというのが出てきていて、田口富久治氏などもそのことをものすごく言っていた人です。だから、その影響がすごくあると思います。日本社会の民主的変革とヨーロッパにおける市民社会ルネサンスとの関係。ハーバーマスなどの議論が出てくる前ですが、特にイギリスなどでは「ヒューマニスト的マルクス主義」ということが言われました。

その代表として、僕はすごく好きなE.P.トムソンという歴史家がいるのですが、この人が土台・上部構造論を否定するような議論をするわけです。要するにマルキストが法の支配という議論をしたという意味です。トムソンは反核運動の闘士で、いわゆる新左翼の代表的論客です。専門は18世紀なのですが、ビクトリア朝時代、あるいは18世紀のジェントリー支配は、実は法の支配によっていたというような議論をする。「マルキストがそんなことを言うのか」という話があって大変な議論になるのですが、その市民社会論、あるいはマルキストの中のリベラル化というか、そういうこととの関係がすごくある。僕は必ずしも日本的要因だけではないと思います。

浦田　この時期の『法の科学』の論文を読むと、民主主義的変革論は語られているのですが、民主主義法学とは何かということがあまり議論されていなかったという印象を受けました。そうだとすると、そこには先ほど広渡さんが言われたような政治的背景があったということなのでしょうか。

広渡　有り体に言うと、この時期は、1990年代以降と違って民主主義的変革について、オプティミスティックだったと思いますね。それだけリアルに変革論が語られた。

市民社会論が出てくるのはドイツでいうと1980年代です。僕はその当時、この民主主義的変革論をヨーロッパの市民社会論との関係では全く考えませんでした。むしろ市民社会論には批判的でした。

3　「市民法論」について

棚澤　それでは次の「『市民法論』をめぐって」。

吉村　民科としては、1983年と1984年にこのテーマを取り上げました。市民法とか市民社会論というのは、末弘厳太郎、川島武宜、戒能通孝以来、民科とその周辺では周知の議論です。ただ、全体的な理解としては「市民法から社会法へ」とか「近代法と現代法」という立て方があるので、市民法の現代的意義を強調するという議論は、少なくとも「現代法論争」の中で民科では有力にはされていなかったと思います。どちらかというと、古典的市民法の変質ないし

崩壊という議論です。ただ、実定法学の、私の属している民法学でいうと、もう少し前から、権利論とか、法律行為論における「意思主義の復権」とか、それから私は83年の学会でいわゆる「古典的過失論」を取り上げましたが（吉村「不法行為法と『市民法論』」法の科学12号〔1984年〕）、古典的民法体系ないし理論の現代的意義を強調する議論は有力には存在しました。

　ただ、民科としてのきっかけはやはり、1976年から80年にかけて日本評論社から刊行された『マルクス主義法学講座（全8巻）』の中で、渡辺洋三先生が執筆された第5巻『ブルジョア法の基礎理論』の巻頭論文だと思います。これが発表された当初は、「ものすごく違和感がある。何をいまさら」という反応もありました。

　広渡　渡辺先生の議論に？

　吉村　ええ。ただ、特に解釈論を中心に民科の中でやってきた人間からすると、共感するところが大きかった。そしてその後、個別の法領域を超え、日本社会と法の変革のための議論として、非常に重要な役割をその後も位置付けられていると思います。清水誠先生の「市民法論」（清水「市民法論の問題点」法の科学13号〔1985年〕）とか、吉田克己さんの「市民社会・市民法論」（吉田「民主主義・自己決定権・市民的公共性」法の科学26号〔1997年〕）とか、民科も何度か取り上げています。

　問題は、渡辺先生がこの時期になぜこういう問題提起をしたかということです。その前後の民科のテーマを調べると、例えば1981年に「日本型福祉社会」の議論をし、82年に「総合安保」という議論をしています。オイルショックのあと、ポスト高度成長期において、日本型福祉社会、企業社会、企業国家というふうな形で日本社会と国家が変容してきているという認識がたぶん、ベースにあった。それに対する対抗戦略的な意味で、渡辺さんが議論を展開されたのではないかと思います。したがって、基本的な状況認識、問題認識としては、次の「新・現代法論」の議論をするときにベースになった日本社会の状況認識とほぼ共通したものがあったのではないか。だからこそ民法学だけの議論ではなく、民科全体の一つの戦略論のところにつながっていったのではないかと見ています。

　ただ、当時の渡辺先生の提起と例えばのちの清水さんの展開、あるいは吉田克己さんの議論とが同じ線上で並ぶかどうかについてはかなり見ておく必要があります。同時に、ヨーロッパなどにおける「市民社会論」の影響がどうあるのか。全体としてはやはり、市民社会のルネサンスと言われる議論が背景にあると思いますが、渡辺先生がそれを直接意識されたようにも思えないところがあるので、これはちょっと議論が要ると思います。

棚澤　ありがとうございます。それでは広渡会員、いかがですか。

　広渡　僕自身の当時の素朴な印象で言うと、市民法論をドイツの政治状況に置くと、これはキリスト教民主同盟の議論であって、社会民主党の議論ではない、というものでした。日本では民主主義法学の中でこの議論が行われていることが、実は日本的文脈なのだと思っていました。

　ドイツでは、ナチスに対する法律学の反省的教訓として、ナチス的全体主義的具体的秩序ではなく、個人の意思の自由が法秩序の原点であるということをもう一度見直すというのが、戦後のドイツの法律学の出発点にあった。それはそれで重要なのだけれど、政治構造全体を見ると、個人の自由というものを本当に守るのは国家の民主化であるという社会民主主義的な発想が、ドイツの革新的な潮流であった。それに対して、保守派は、権力を執った社会民主主義者が、ブルジョアジーとしての市民の権利を上から介入的に制圧することに対してどう防波堤を築くかを考える、そのイデオロギーがドイツの市民法論ではないかと僕は見ていました。市民法論は、日本的文脈の中で、ドイツ的なそういう議論を借りながら日本的な課題を果たそうとしたと思うのです。そのなかで、先ほどの渡辺先生の1980年の『マルクス主義法学講座』の論文、また、そのあとの「企業社会論批判」に議論が続いていくのではないかと思います。

　浦田　この時期の市民法論があまりにも理念的になっていることに、私は少し違和感を持っています。その基本的な問題として、自己労働に基づく市民法と、他人労働を支配するブルジョア法が対置されています。それは、現在の解釈論を意識しながら作られた面が強く、歴史分析そのものではないということのようですね。しかし、歴史的背景はあるはずで、自己労働に基づく所有論はロックが念頭に置かれているのだろうと思います。

　ロックは自己労働に基づく所有から始めて、貨幣論などを導入しながら、結局は他人労働の支配が可能になるように論理構成していました。労働による所有論についても民科の議論では、科学としての法律学の面からその歴史的性格や論理的構造を明らかにし、解釈論としてその歴史的・実証的な要素を基礎に置くというようなことが問題になるはずです。そうだとすれば、市民法論についてもっと歴史的・実証的な基礎付けがされる必要があるのではないかと思いました。歴史的・実証的なものの追究は、分析、解釈の対象となる現代社会についてだけではなく、自分たちが打ち出そうとする理念についてももっとなされるべきではないかと思います。

　稲本先生や水林さんのお仕事はそのことに関わるものだと思います。その中で水林さんの議論では、民事法と商事法が対置され、民事法が市民法、商事法がブルジョア法になるような形になっています（水林「西欧近現代法史論の再

構成」法の科学26号〔1997年〕）。歴史的・実証的な基礎付けとして、このような問題がもっと論じられるべきではないかと思いました。

楜澤 渡辺先生の市民法とブルジョア法という対比は、法解釈論の場面で役立つもので、法実践的にはいいけども、理論上の難点が批判されました。マルクスにおいては、自己労働に基づく所有が、他者労働の領有へと必然的に転回するという領有法則として捉えられているので、前者を後者に対置するやりかたは、マルクスのミスリーディングとなる。渡辺先生が次々と提起する実践的なものを理論化していくのが藤田勇先生。こういうことになっているのだという話を聞いたことがあります（笑）。

広渡 藤田先生流に言うと、渡辺先生の説は、おそらくマルクスの理論に立ったら理論化できない（笑）。渡辺先生は、法学的実践の立場から選択されている理論なのだと位置付けるしかない。しかし、法の分析にマルクスの資本論の理論がそのまま適用されるべきかは一つの論点ですね。また、水林さんは、フランス法制史の考察として、歴史過程をたどれば民事的な市民法的世界から商事的なブルジョア法的世界に変化し、現代の法において二つの契機はドッキングしていると実証的な議論を出しています。だから、そこは実証の問題です。

戒能 いや、僕は、渡辺先生の「市民法からブルジョア法」は基本的にはおかしいと思うんです（笑）。法の主体ではなく、法の範疇が変動していくということにならないか。ただし渡辺先生の夢を体現した理論です。歴史論でないということですが、近代法の生成の過程は歴史であり、国家が前提です。歴史があって「市民法」が作動したのであり、市民法は階級的な意味を持ったのです。市民法という概念は、例えばヨーロッパ語にしたらどうなりますか。

広渡 civil law。

戒能 civil law は、英語では「ローマ法」なんです。だから、英語的にはロックが言った civil society の法は「市民法・ブルジョワ法」の対比では説明できないと思います。

広渡 説明できない。そうですよ。

吉村 私は駆け出しから研究者に成り立てで、民科でようやく発言し始めたころですが、渡辺先生の議論を歴史論として受け取ったわけではありません。それはいろいろあるだろうけども、やはり当時の、あとで議論になるような80年代におけるさまざまな社会状況や変化の中であういう視角で問題提起をし、議論することの実践的な意義というのはすごく感じました。特に私は公害法の研究などをやっていたから、そして、その中で、古典的、近代的な過失責任とか権利論とか、そういうものを無視しているような議論、例えば、加藤一郎さんなどの利益衡量論、ああいう議論との対比で問題を語るときに非常に示唆的

である。そういうことで学会に報告したわけです。ただ、歴史論としてこれが本当に成り立つかというと、どうなのかは良く分からない。

広渡 水林さんの議論もあるし、また、清水誠先生も「市民社会の理念が市民革命のある時期、全人民を捉えた。だから、市民社会の理念は歴史的存在であり、全く架空のことではない」と言っていますね。

例えばヴィーアッカーの『近世私法史』を読むと、「ブルジョアジーは全社会の代表として自由と平等と権利を実現するために闘った。しかし、それは自分たちの経済的利益のために闘ったにすぎないのであり、ブルジョアジーは全人民のために闘ったと自己欺瞞した。なるほどそれはブルジョアジーにとって自己欺瞞だったのだけれども、少なくともその時点でブルジョアジーは、皆さんここで立ち上がりましょうと言って、全人民の自由と平等と人権のために闘っている。それは自己欺瞞だったが、それはたぶんリアルだった」と言っています。

だから、近代市民革命において、封建的な社会を変えようとしてブルジョアジーが立ち上がったときに、みんなそれにくっ付いて行くわけでしょう。そのときの社会の中の規範的意識状況というものは、確かに何かをつくり出したと言えないだろうか。これを捉えるとすれば、非歴史的だ、単なる実践的な議論だということにはならないのではないか、とちょっと思っているのです。

浦田 フランス革命のときに実定法の中で一般的にとられていたのは、ロック的な思想でしょう。しかし当時の民衆運動ではルソー的なものが基礎に置かれていたと考えています。ですから、実定法の中と外の思想の関係も考えていかなければならないと思います。

楜澤 水林さんの議論でいうと、例えばフランスの市民法である code civil ができたのは、土地が商品化されている限りもはや封建社会ではない、しかし労働力がなお商品化されていない限りでいまだ資本主義ではない社会である。そういう段階で土地の取引を主に対象として、野放図な土地取引を規制する、そういうものとして code civil ができており、これは民事法なのだけれども、基本的な秩序理念＝公序を形作るものとして作られた。民法は経済取引に特化する商事法的な展開をこの理念の下でコントロールする関係にある、先ほど戒能先生が紹介されたのはこの議論なのだけど、その議論は渡辺市民法論の段階ではまだ出てきていない、だから渡辺先生の念頭にあったのはそういうところではなかったかもしれないけれども、その後民科の中でこの水林さんの議論などによって、ある程度歴史論としても渡辺先生の問題提起が補完されたのではなかろうかと思います。

浦田 そこはもっと議論していったらいいと思いますね。

吉村　そういうことが存在したかどうかというようなことはもちろん大事なのですが、その議論だけでいうと、現代において市民法を議論することが、実践的にどういう意味があるかということにはなかなか直結しないですよね。

　広渡　フランス革命やアメリカの独立革命が近代を開いたという場合に、そういう人民の革命が開いた、近代がつくり出したものは全て資本主義に吸収されているのかという問題だと思うんです。それを洗い出そうとしている。つまり、社会主義という対抗軸で資本主義を批判できなくなったときに、人々はどこに帰っているか（笑）。モダニティに帰っているわけじゃないですか。だから、つくり出したものの中にきっとあるはずだから、それを見失わないようにして、プロテストのためにこれをちゃんと生かしてやろうじゃないか。要するに Democracy Against Capitalism でやろうじゃないかという議論のように思います。

　あえていえば、市民社会論は後退した戦線の立て方であり、近代の見直しである。資本主義を批判する原理を歴史の中にわれわれは持っていないのか。このまま資本主義と運命をともにして、持続可能でない社会に突っ込んでいくのか、そこなんじゃないですかね。渡辺先生はすごく勘がいいです。先生は戦後の近代主義者の尻尾をずっと付けていて、これが1980年のこの段階で現代的再生をしたといえるかもしれません。

　戒能　僕は「討議資料」の後ろには渡辺先生がいたのではないかと思っているのですが、法律学界をどういうふうに変えるかという、その意思が強烈だったと思います。そういう意味では法律学の中に突っ込む議論が必要で、それについてあのときの言い方はまさにピタッときたわけですよね。どうしてかというと、市民的正義とか市民法的原理というものがもうメチャクチャにされている状況の中でそれを取り出して、それにこういう意味があるだろうという位置付けをする。これがまさにピタッとはまったわけです。だから案の定、あの議論にものすごい支持が集まった。それはやはり法学者としての使命感みたいなものをみんな持っていて、「こういう状況の中で何もしないでいいのか」というときにああいう議論が来ると、例えば「これは俺がやっている民法は使える」とか、そういう議論になってくる。そこに着眼する鋭さというのは本当に独特なものがありますよね。

4　「新・現代法論」について

　楜澤　ありがとうございました。それでは次に「新・現代法論」を扱います。

　吉村　ご承知のように、こういう議論をしようとなったきっかけは事務局の

関西移転（1985年）です。西谷敏さんを中心に研究グループを作って、相当議論をしました。私もずっと加わっていました。いろいろな背景があったと思いますが、一つは80年代後半の社会の変化です。日本社会がオイルショックのあと低成長期を経て、「ジャパン・アズ・ナンバーワン」みたいな議論になってくる。あるいは、一億総中流化とか、生活保守主義とか、企業社会、モーレツ社員とかいうのはこの時期です。そういう中であらためて現代法をどういうふうに捉えるか、議論をする必要があるだろうと思いました。

もう一つは、議論の担い手という点で言えば、実は「現代法論争」を担っていた人たちが40代ぐらいの中堅ぐらいに入っていて、個別の分野で実績を積み重ねてきた。そこであらためて日本の社会と法をトータルにどう見るかという議論が必要である。そういう問題意識がたぶん、西谷さんなどは非常に強くあったと思います。その意味では、市民法論の議論をしたときと社会背景はほぼ重なっていると思います。

「新・現代法論」という言い方については、当時も「なぜ『新』か」ということでずいぶん議論したのですが、一つは、対象としての現象が新しい。60年代後半とは違うということ。もう一つは、方法論的にいうと、国家と法を媒介する社会とか生活とか、そこに着目をするという点での方法論的な新しさです。しかし、現代日本法のトータルの把握を目指すという意味ではやはり、現代法論の伝統を引き継いでいる。それで「新・現代法論」という立て方をしたのです。その中には、現代法論争におけるさまざまな議論に対する、各論者のそれなりの反省とか批判とか、そういうものがあったと思います。

1994年に『日本社会と法』という岩波新書が出ています。94年の刊行ですが、中身を見てみると、いわゆる冷戦の終結とか、バブルの崩壊とか、90年代初頭の現象は全く扱われていません。したがって、あれは80年代の「新・現代法論」を中心とした議論をベースに書かれており、冷戦の終結とか、バブル崩壊とか、そのあたりの議論は次の90年代以降の議論になってくると思います。『日本社会と法』は、日本社会の法と国家についてずっと分析が書いてあって、最終章が「市民が法を作り、動かし、変える」というタイトルです。ですから、おそらくは市民法論の議論と、「新・現代法論」で分析した当時の状況とを一つの集約点として、市民が法や国家を変えていくのだという、こういう形で議論がまとまってきていたのではないか。その意味では先ほどの市民法論の議論とかなり接続した議論としてあったのではないかと思います。あとで議論になると思いますが、その状況が90年代に入って相当変わってきているはずです。しかし、そこのところがどうも民科としてはうまく分析しきれていない。だから、80年代の議論としては「新・現代法論」は非常に意味があったし、対抗戦

略的なものについてもそれなりの提起をしたと思いますが、それがその後の状況にどう対応したのか。このあたりは、現時点ではもう少し見てみなければならない点があるのではないかと思います。

棡澤　それでは広渡会員のほうから。

広渡　関西に事務局が移るということで新基軸を出すために準備研究会が行われ、僕もずっと参加しました。1980年代半ばの時期というのは、二度のオイルショックを経て、日本の資本主義が世界ナンバーワンになる。債権保有高は日本が一番になるという時期で、戦後日本の資本主義が大きく変わっているというのが、新しい議論の大前提にあったと思います。

　方法的には、生活過程や社会構造に着目した。『マルクス主義法学講座』の第8巻『マルクス主義古典研究』(1977年) でマルクスの「経済学批判・序言」のコメンタールを書いたときに、「土台・上部構造論」の捉え方について、物質的生活過程と精神的生活過程という新たなカテゴリーが議論されていること、また、国家・経済・法の領域分けに対していわゆる social な領域を方法的に位置付けるという議論があることに注目していました。ですから、こうした議論の大きな流れの中で準備研究会が生活過程・社会構造に着目し、労働者のあり方を分析することによって、国家・経済・法の相互関係のトータルな考察に際して、そういう道筋から迫っていくということを提起した。これはとても時宜に適した問題提起だったと思います。

　もう一つの新たな論点は、日本型競争社会を分析する企業社会論です。労働者の生活に着目すると、労働者は競争の中に置かれていて、その競争のシステムがまさに日本的なシステムになっている。その基盤には企業による社会的な支配がある。企業社会を問題にすれば、これは市民社会が崩れていて企業社会になっているという議論になるわけで、市民とは何か、市民社会とは何か、そして市民や市民社会の基本的なロジックを反映した市民法とは何かという、こういう論点が全部含み込まれてきたのではないかと思います。

　さらにもう一つ、ちょうどそのころ、1985年にドイツのズアカンプ社から法化に関する論文集が出ました。ここにはその後日本で有名になったトイプナーの法化論も入っています。法化というのは、福祉国家的法規制の過剰として位置づけられていました。アメリカでもドイツでも戦後形成されてきた福祉国家が、いわば国家介入型の構造を作り出し、国家介入のための道具として法が肥大化する。この法の肥大化が新しい問題を生み出しているという状況が欧米では「法化」として論じられた。しかし、日本の場合には、規制的法の過剰としての法化ではなく、社会秩序を適切に形成するための、権利保障・資本規制型の国家介入法の過少が問題なのだと議論が立てられました。欧米は法化が過剰

だけども、日本は法化が過少だ。これが西谷さんの議論です（西谷「現代法論の新たな展開に向けて」法の科学15号〔1987年〕）。ここには、現代法類型の比較論がだされています。

新・現代法論は、こうして国際比較のテーマを立てることができるようになりました。国家独占資本主義法を論じたときには、アメリカの国独資法とか、ドイツの国独資法とか、具体的に比較的分析をするという問題の立て方はありませんでした。「新・現代法論」の段階では、各国の現代資本主義のそれぞれの固有性を明らかにするためには比較が必要であると認識された。従来の日本資本主義のあり方を後進性という形で段階論的に押さえる近代化論の立場から離れて、現代型の資本主義を横並びで比較する。そういう視点が新しく生まれた。ですから、「新・現代法論」は文字どおり、「新」であったと思います。

棚澤 どうもありがとうございます。それでは浦田会員。

浦田 『法の科学』第18号（1990年）に戒能さんが書かれている論文（戒能「国際比較における現代日本法」）の中で、いま出ていた「企業社会論」の中身があまりよく分からないということが言われています。「企業社会論」によって強調される日本の特殊性が、どういう意味であるのか、国際比較の中で検討されるべきだと言われています。私が気になるのは、先ほども言及した「トータルに把握」ということなのです。個々の法現象をバラバラに捉えるのではなく、社会と国家と法の全体構造を捉えるべきである。そうすると、「企業社会」より「法化」というような概念のほうが着目されるのではないか。そういう趣旨のことも書かれているように思います。「トータルに把握」ということによって、一般的、全体的なものに対する関心が述べられているように感じられるのですが。

棚澤 法化と企業社会の問題がどう関係したのかという論点ですね。川島武宜先生の議論からすると、権利意識の欠如ないし脆弱性が日本人の法意識の特徴をなしており、社会の法化が進んでいない。その原因は日本社会の近代化の遅れにある。前近代性論です。だから日本社会が近代化＝資本主義化すれば法化も達成される、と予想された。ところが、日本資本主義は1980年代に「ジャパン・アズ・ナンバーワン」といわれるほど成長したにもかかわらず、民事訴訟についても行政訴訟についても、相変わらず訴訟件数は増えていない。これをどう説明するか、もはや前近代性論では説明がつかない。そういうことで提起されたのが「企業社会論」であったわけです。確かに社会の資本主義化は、一般的には社会の法化をもたらす。しかし、日本の資本主義化は、企業社会化を通じて達成されたという事情により、法化が妨げられたという説明なのです。法化の議論と企業社会の議論の関係は、そういう関連で捉えられたわけです。

それから、この時期の一つの特徴として「生活」ということに焦点が合わされたのは、前後関係は分かりませんけれど、藤田先生の著書（『近代の所有観と現代の所有問題』〔日本評論社、1989年〕）の中で、社会的なアンタゴニズム、社会的な基本的対抗軸が、生産点における「賃労働対資本」から「労働力の再生産過程」に移行した。「移行した」と言われたかどうか、「拡大した」というふうに言われたかもしれません。労働力の再生産過程＝生活過程において発生する消費者問題や環境問題へと社会的な対抗軸が拡大していく。これに伴って、伝統的な労働運動から新しい市民運動、社会運動に焦点が当てられていく。そういった社会的な背景があったのではないかということです。

　もう一つは、先ほど広渡先生もおっしゃった、法化論があります。ドイツでは福祉国家の過剰、法の過剰が問題とされた。法化（Verrechtlichung）という言葉は、ver という接頭語と lichung という接尾語をくっ付けた、あの当時新たに作られた造語です。その言葉が持つ意味合いというのは、法の過剰批判という文脈で極めてネガティブに使用された、批判の一つの用語でした。ところが、日本では法の過少という認識の下で、むしろ法化が必要だという、ポジティヴな意味合いで用いられた、国際比較の中ではそういう形で使われた話だったわけです。

　当時私は、法化論、権利論における問題点として、権利の実現ということが持つ、パラドキシカルな側面について学会で報告をしたことがあります（楜澤「福祉国家における法のディレムマ」法の科学18号〔1990年〕）。人間の幸福とか利益を伸張するのに、法、あるいは権利という手段を使うことによって、それがかえって裏切られてしまう。つまり法というものを使うことで権利を伸張しようとするのだけども、それがかえって疎外状況を生むような結果を生じさせる。そういう事態がドイツではかなり意識的に論じられていました。それを先導したのがハーバーマスで、法や行政システムによる「生活世界の植民地化」という表現が典型的であったわけです。法を用いることの限界がかなり意識的に議論されていた。法の過少である日本だってそういう問題意識は必要なのではないか。私はそういう問題提起をしたつもりでいます。この法の限界という論点は、例えば法のイデオロギー批判ということで民科で議論してきたこととつながっていくのではないか。それは今後も重要な論点になるのではないかと私自身は考えています。

　吉村　「トータルな把握」という話ですが、民科は学会の組織運営として分科会方式がずっと定着してきました。いろいろな分科会でやってもらわなければいけないという問題意識で学会を運営するのですが、こういう議論をしているときには、「こういう議論をしたらこの法分野が欠けているのではないか」

という意識は全然なかったです。ともかく、その当時の状況を最も適切に捉える。まさに国家と経済と法、あるいは生活、社会というものをどうトータルに捉えるのかという議論をしていた。そのときに、「そうしたら国際法はどうなるのですか」、「民法はどうなるのですか」という声はいっぱい聞こえてきました（笑）。でも学会の運営の仕方としてそういう視点で報告者を立てることはあったとしても、こういう議論を組み立てるときにはそういう問題意識はなかったです。最も典型的に表れる分野はどこかという議論はもちろんあるとしても、「全体を見なければいけない」、「欠けている法分野がありますよ」という議論はしてもしかたがないと私などは思っていました。

　浦田　基本的に重要なカギとなるものをつかまえようということでしょう。

　吉村　その時代における国家と法をトータルに捉える。そのために何がキーワードになるか。そういう分析でしたから、それぞれの人はそれぞれの法分野を念頭に置いて議論したのでしょうが、固有の法分野でこれが落ちているのではないかという議論は、少なくとも意識はしていなかったです。

　浦田　それが、ラディカルにものを考えるとか、あるいは大きな変革を考えていくということとつながっているわけですね。基本的なものをつかまえて、そして基本的に重要なところを変えていこう。そういう議論なのだと思いますが、その議論の仕方についても議論していかなければならないのでしょうね。

　広渡　公共性論が「新・現代法論」の中では一つの重要な論争点になりました（荒川重勝ほか「新現代法論を語る〈座談会〉」法の科学19号〔1989年〕）。というのは、渡辺治さんが「国家の相対的自律性の希薄化」という議論をだしました（渡辺「現代日本の国家・法の構造」法の科学17号〔1989年〕）。では、国家の相対的自律性が希薄化したら、公共性の位置づけはどうなるのかという問題です。行政法学は、国家機能を分析するために「公共性」という概念を設定する。「公共性」という概念は、国家論的にいうと、階級性と公共性の二重的機能を国家は持っているという大前提で、民主主義国家では国家活動を正当化するために自らの活動を「公共的なもの」と言わざるを得ないという規範的な縛りがかかる。それを楯にして、国家活動がどのように公共的であるのかを批判的に分析し、真の公共性を実現するため法解釈や制度提案を行う、というように行政法学の課題が立てられていた。ところが、「一般的に企業社会では、国家の相対的自律性は希薄化します」と言われてしまったので、「公共性の出る幕はどうなるんだ」となった。

　企業社会における国家の法規制としての核心は、所有規制と労働規制だと思います。全体の法の過剰とか法の過少とかいう議論は拡散しますが、日本国家は所有の権力に対してどのような規制を行っているか、企業の労働者支配に

対してどんな規制を行っているか、この根本的なところを突き詰めていくと、これは明らかに過少規制であり、ほとんど野放しである。「国家の相対的自律性の希薄化」とはそのような事態を捉えている。それは国家がそういう政策を選択しているということなのだから、それに対して公共的な規制のあり方を論じて、その実現の道筋を公共性論の立場から論じることができるでしょう。問題は、「国家の相対的自律性が希薄化」しているという議論に対して、公共性論が現実認識として「国家の公共性」についてどのようにトータルな議論を展開するかではないか。その当時はそう思っていました。

　棚澤　いま問題提起がされましたけれども、国家の相対的自律性が低いというのは当時の日本の国家の特殊な状況を表現したものだと思います。このようにいうと法的変革の展望を持たせないような議論になってしまう。そういうご批判ですか。

　広渡　いや、渡辺治さんはそれから先は何も言わない（笑）。それをどうすべきかということは自分の議論としては展開しないので、そこから先は公共性論をやればいいという話です。

　棚澤　そうであれば、分業体制ができているというか（笑）。

　広渡　ただ、その場合に、じゃあそこから先、どうするのかについて、また、一方で国家の相対的自律性と他方で公共性の全体の把握について双方が展開しあうことによって議論の接合性が図られるのだけれど、ちょっとそういうプロセスにはなりませんでしたね。

5　「グローバリゼーションと新自由主義改革の時代」、「民主主義法学の今後の展望」について

　棚澤　それでは「グローバリゼーションと新自由主義改革の時代」と、それと連続しますので「民主主義法学の今後の展望」についても併せて議論をしたいと思います。

　これも最初に吉村会員からご報告をいただきます。

　吉村　1990年代以降の民科の取り組みをどういうふうにまとめて議論するか、なかなか難しいのですが、先ほどありましたように1994年から1996年まで「民主主義社会構築の法理論」ということで、民科法律部会ではなく民科の50周年を意識し、戒能さんの責任の下でかなりトータルな議論をしました。笹倉さんは「第三の現代法論」というふうに最近の本では言われています。そのあと2000年から2002年に、これは私が企画委員長だったのですが、「日本の社会と法の大変動」ということでやりました。

1990年代に入ってから世界と日本は大きな変動を遂げています。ベルリンの壁が崩壊したのは1989年ですが、1990年代初頭には、日本ではバブルがはじけましたし、それに代表されるような大規模な構造変動があったのだろうということを意識しながら、それをどういうふうに分析するかということでやったと思います。

　1994年から3カ年についてはまたあとで戒能さんから補足していただきたいのですが、そこで挙げられている事象としては、先ほどの社会主義国の変動、EUの動き、グローバリゼーション、IT革命、日本でいうと民営化、規制緩和、あるいは政治・社会意識のある種の右傾化、こういうところがありました。この3年間の大きな特徴は、議論が国際関係から入ったことです。それはグローバリゼーション、社会主義の崩壊という国際関係の大きな変動があるということが前提だったと思います。私が企画委員長をやった3年のときもだいたい同じような話でした。私の問題意識としては、「新・現代法論」で議論していたような社会状況が大きく変わったので、それをどういうふうに分析し、問題を立てていくかということがありました。

　どういう対抗軸ができたのかということについてはよく分からないところがあるのですが、私が取り組み出したころから、「変革の戦略」ではなく「対抗戦略」という言い方をするようになりました。私としては、「対抗戦略」という議論をせざるを得ない状況であることは間違いないとしても、対抗した上でその先が何かという議論が、率直に言ってなされていない。そのことが、若い人に対する民科の議論の魅力の有無、あるいはもっと広く言えば日本社会の今後の有り様に関わっていると思います。

　そういう中で、先ほど議論に出ていました、渡辺治さんたち『講座 現代日本』グループから「新福祉国家構想」という議論が出てきます。これが法理論としてどうなのかというのはよく分かりませんけれど、それに対して市民法論とか、あるいは西谷さんの議論とか、こういう議論がなされます。本間重紀さんは両者をなんとか統一できないかというので、「市民主義的福祉社会」という概念を語られました。

　その意味で民科内部において、対抗戦略なり今後のあり方について、対立ではなく、ある種のトーンの違い、スタンスの違いみたいなところが、もともとあったと思いますが、この時期は、それがかなり明確になります。この点を自覚的に、しかし、生産的に議論していくことが今後の課題かと思います。

　それ以後は、私も理事長をやっていましたし、その前は浦田さんでした。ここにこの時期の中心的なメンバーがたくさんおられるのですが、率直に言えば、改憲論に収れんしていく支配の側からのさまざまな「改革」を批判的に分析し、

「対抗」をどう探るかということで議論がグルグル回っている感じです。国家・社会・経済・法の相互連関の中で、いまの法状況をトータルにどう捉えるかという議論、あるいは単なる「対抗」を超えた法戦略をどうするのかということについては議論ができていない。それはなぜなのかというのは非常に大きな課題で私もよく分からないので、そのあたりも議論していただければと思います。

楜澤 ありがとうございました。問題提起を受けて、広渡会員、お願いできますか。

広渡 1989年から1991年、ソ連、東欧の社会主義体制が崩壊し、アジアには社会主義国は残っていますが、「資本主義から社会主義へ」という世界史的展望は大きく毀損された、それが決定的だったと思います。1991年の学会ではそのことを直接に捉えて議論しました。当時理事長だった渡辺洋三先生の『法の科学』第20号（1992年）の巻頭言は、「社会がどう変わろうとも中心は民衆である」というメッセージでした。「民主主義が一番重要なわれわれにとっての価値である。その民主主義が体制を選択していくわけだから、どういう体制を展望するかということについて、不明確であっても、われわれが守るべきものは民衆がこの世界を作ることなのだ」。吉村さんが指摘している「変革」と「対抗」のニュアンスは、このような時代認識に関わっているのではないかと思います。

大きくみると、ウォーラーステインがいうように反ナチの政策をルーズベルトがアメリカで実現し、ニューディーラーの反ナチ、反ファッショ、社会民主主義的な政策によって、戦後の日本国家の基本構造が占領軍の下で作られた。基本構造はそれでずっとやってきたところ、東西冷戦の終焉の中で、資本主義の文字どおりのグローバリゼーションと新自由主義的政策が世界的トレンドとなる。これに対応してこれまでの基本構造をどういうふうに改造していくかというのが、支配の側にとって課題になっていると思います。

だから、支配の側が何か見通しをよく持っていて、改革しようと進めているわけでも決してない。戦後型の資本主義がそれぞれ行き詰まり、それをどうしようかと各国が模索を始めて、共通のトレンドとして新自由主義というものが出てくる。グローバリゼーションは政策というよりもむしろ資本の運動の帰結として、国家が多国籍資本から選ばれるという関係が構造化した。だから、資本主義に対する国家の規制力がうんと弱まってしまった。このなかで、民主主義はどこに行くんだ。そういう話になってきてしまったところに1990年代以降の状況があると思います。そういう意味では模索するしかない状況に立ち至っていて、1990年代以降の『法の科学』を読んでも、なかなか統一した像が結べ

ません。

　その中で注目されるのは、市民社会論、公共圏論、民主主義論です。そして現状分析としては、日本の資本主義をどう改革するかということについての、支配の側のいろいろな政策が展開し、これを分析し、批判し対抗しなければならない。21世紀にはいると、戦後の日本国家・社会をひっくり返すような憲法改正が現実の日程にのぼってきた。世界各国の政府も右傾化の傾向にある。これらを含めていかに対応するかというのが民科の課題になっていると思います。難しいのだけれども、われわれはどういう世界を、どういう方法で目指すのかということを絶えず考えなくてはいけない。その中で、僕は宗旨がえして、市民社会論者になってしまった（笑）。

　社会民主主義的な国家変革というものがヨーロッパでは非常に見えにくくなってしまっているし、世界的にみて社会民主主義勢力の凋落が激しい。日本でどこに変革の力を求めるか。市民社会論、公共圏論、民主主義論は、この課題に関わっています。では、どこに向かって変革するのか。このような文脈が「模索している」という意味です。

　今回の学術総会のコロキウムで報告をしたときに、今まで民科で出したことのなかった「科学者の社会的責任」という論点を出しました（広渡「ミッションとしての民主主義法学」本号収載）。民主主義法学を科学としての法学として追求する、その学問的営為の本質的要素として、これをセットしなければならない。そしてこの科学者としての責任の前に「私たちは民主主義法学を選択している」。この選択こそが原点であり、その展開が科学者の社会的責任なのだ、と何か押し付けがましい議論になってしまったのですが、模索の時代として、民主主義法学の視線を多様化することも一つのあり様かと思います。

　棚澤　ありがとうございます。ちょっと悲観的ですね（笑）。それでは戒能会員。

　戒能　僕も悲観的なのかもしれない（笑）。実は『法の科学』第23号（1995年）に「民主主義社会構築を目指す法戦略」という、僕が3年間のテーマのまとめをやった論文があります。一つは、従来の議論からすると、われわれとしては「民主主義」という概念を掲げてやっているのに対して50周年の中でどうするのか、という意識がすごくあった。その中で「民主主義」という概念を、法学上、どういうふうに再構築するかというのが、このときの問題意識にあったと思います。

　公共性とか、共同性とか、このころの議論から非常に空間的な概念を作り上げてきた。それから権力の側も、市民法とか、自由とか平等とかいう概念を使うようになってきています。一種の価値の取り合いというか、価値の相剋とい

うか、そういう状況の中で民科としてどういう議論を立てるか。社会主義論ということに直ちにならないとすれば、どうなのか。そういうことでこのときの議論は、基本的にやはり市民社会といいますか、商品交換関係の自由・平等関係、要するに市場の中で展開する生活そのものが侵食され、それが商品化していく。そういう状況の中でどういうふうにその問題を立てるかということです。結局、僕は「リベラル化しているのではないか」という表現をしたのですけど、基本的に資本主義論、笹倉さんの言葉で言えば、要するに経済的な概念で置き換えるような民科の資本主義論に対して、もっと価値的な側面や文化的な側面を入れていくような議論をする必要があるのではないか。それを理論的にどう受け入れていくかということになったと思います。

先ほど国際比較という話が出ました。渡辺治さんの議論は基本的に帝国主義化という概念でやっていくわけですが、その中で必ずしも帝国主義化という概念で捉えられないような問題がある。それをどういうふうにこの中に入れてくるのか。公共性論とか、特に現代行政の公共性という問題が出てきました。「室井公共性分析論」というのがもちろんあるわけですが（室井力「〈巻頭言〉現代法と公共性論――若干の感想」法の科学19号〔1991年〕）、ここで議論になったのは、特に憲法の問題として、その公共性分析の議論をどういうふうにその中に位置付けるかということでした。憲法ということになってくると、人権相互の対抗関係とか、憲法的価値そのものをどういうふうに序列化するか。室井理論は結局最後は、憲法的価値によって、公共性を特権的なものと市民的公共性に分けていくわけですが、そのときに「憲法」というものをどういうふうに使うかということがかなり議論になりました。でもいまから思うと、ここは必ずしも煮詰められた議論になっていなかったのではないかと思います。

「公共性分析」とか、「空間的な公共概念」というふうに出てくると、抽象的にそういう議論をするのはもちろん可能だと思いますが、それを最終的に法理論のところに持っていくにはどうしても憲法というものを入れていかないといけないと思います。ですから、これは浦田さんに対する質問というか、憲法学者のほうから見ると、このころの法戦略論というものについて、特に憲法的価値とか、憲法の中の人権の序列とか、そういう問題の中でどういうふうに見ておられたのかというのが非常に聞きたいことです。

もう一つ、先ほど法化という話が出ましたが、法化というのはイギリスなどですとjuristification、つまり「司法化」という意味で使います。各国において「法化」というときに、その意味がずいぶん違う。イギリスの場合、なぜそういう話になってくるかというと、国会主権とか、そういうのが決まっているわけですので、「法化」とは行政＝内閣による立法の優位（legislative supremacy of government)という意味での『法化』の意味でそれへの司法的統制が求められるというコンテクストで使われる。そうすると司法による行政統制の優位になるという問題です。

　民科の議論の中で、例えば政党助成金の問題や選挙制度の問題をこの「現代法論」の中でどういうふうに組み込むかという議論はあまりしていないと思います。しかし、実際には政党というのは一種の結合団体ですから、例えば民科で言う公共性、あるいは団体の中の多様性を欠いた公共性の喪失という議論と、その政党の問題とが一体どういうふうに絡むのか。あるいは議会の改革の問題とか、そういうものをどういうふうに「戦略論」の中に入れていくかというのは、これは憲法の逆の問題なのかどうか分かりませんけど、あまり議論していません。特にこのときの「法戦略論」ではそれがかなり中心的な問題になるのではないかと思いますが、必ずしもそれは正面から議論されなかったのではないかという印象を持ちます。

　楜澤　ありがとうございました。それではいまのご質問を含めて。

　浦田　この時期について私にとって印象的だったのは、ソ連、東ヨーロッパで社会主義が崩壊したことです。その動きの中で、1991年の学術総会で――『法の科学』では第20号（1992年）で――その問題が扱われています。先ほど渡辺洋三先生の話が出ていましたが、その発言も確かに印象的でした。そのときに、藤田勇先生（藤田「二〇世紀末の世界構造激変と民主主義法学」）や小森田秋夫さん（小森田「学会のテーマに寄せて」）が、従来の議論にどんな問題があったかということを、丁寧に書かれています。その中で藤田先生が最後に、「自由・民主主義・社会主義の歴史」は「現実的矛盾の克服」という形で進んできたし、今後もそれを探求していくべきであると言われています。これも印象的でした。この時期以降の民科の学会活動をどうまとめるか、なかなか難しいという話が出ていました。そう言えばそうかもしれませんが、「現実的矛盾の克服」の探求の努力だというふうに私は受け止めていました。

　その中で一つ気になっていることは、科学のあり方です。これは3・11を通して、改めて問題になりました。全体としてそのあと脱原発の考え方が社会的に強くなり、民科でもそういう感じだと思います。しかし、そのまえを考えると、原発に対して批判的な立場の中でも、「平和で安全な核エネルギーを活用していく」という考え方が、むしろ有力であったようです。その基礎に「科学の発展によって放射性物質の危険性も克服していくべきだ」という考え方が、あったように思われます。その点について、3・11のまえは私自身もあまりはっきりした考えをもっていませんでした。放射性物質を無害化していくことは、いまのところはほとんど考えられませんね。原子爆弾が投下されてから70年以

上、世界の科学者がこの問題に取り組んできましたが、無害化の技術はできていません。そうであれば、核エネルギー使用はもうやめるしかない。その考えかたが科学的思考に馴染むはずです。科学的思考からすれば、その時点の科学の限界も考えるべきでしょう。

ところが、3・11以前はそうではなかった。科学の力を過大評価していたのではないか。そこに、良い意味の科学的思考ではなく、悪い意味の科学主義があったように思われます。この問題は、自然科学だけではなく、科学全体に関わることです。社会科学も含んでいます。それを考えていかなければならないのではないかと、感じました。私は3・11のあと理事長を務めることになり、「科学とは」ということを考えさせられました。

もう一つは、いまのこととも関わるのですが、民主主義と科学の関係です。考えるきっかけになったのは、（全体）民科創立から50年のときの『法の科学』第26号（1997年）に、樋口陽一先生が寄せられた短い文章です（樋口〈民主主義〉から〈立憲主義〉へ？」）。「『民主主義』という言葉は『科学』に掛かるのか、『科学者』に掛かるのか。『科学者』に掛かるはずだ。『民主主義科学』なんていうものはないはずだ」（笑）。「もっとはっきり階級的立場に立つ生物学が真理に達するのだ、というような立場には立たないはずだ」。そういう趣旨のことを言われています。そのことによって科学者の主体性や責任が指摘されているように思われ、そのうえで「民主主義法学」の可能性と意味が検討されています。このように、民主主義と科学のあいだには、まず緊張関係があるはずです。

そこで、1946年の「民科創立宣言」を見ると、「民衆に役立つ真の科学」と言われています。そこでは、民主主義と科学が結び付けられていたように思います。それは、戦前の社会が非民主主義体制と非科学の結合に陥ったという反省から来ています。それは意味があることだったという気がします。そのあと「国民のための科学」運動が起こります。そこでは、科学と民主主義の直結、その科学の運動化、政治化などの問題が生じたようですね。『法の科学』第25号（1996年）で、清水誠先生がこの経過と法律部会の関係について触れられています（清水「民科法律部会の軌跡」）。そうだとすれば、これは民主主義の運動と科学の緊張関係という問題でしょう。

1957年に法律部会として規約ができ、第2条で「民主主義法学」という学問の理念が出されています。法律部会では一方で、「科学としての法律学」や、「科学的認識を基礎に置いた解釈論」など、科学を重視する学問的な立場が強調されてきました。他方で「民主主義」という思想や価値が選択されています。その民主主義は、民科全体の発足時における戦前的なものに対する批判だけで

はなく、ある種の積極的な方向や傾向性をもってきたと思います。社会的なものに対する着目、権力の民主化、平等、連帯、共同といった価値の重視などの展開が見られます。

　民主主義法学の下で民主主義と科学が結び付くことは、あり得ることと私には思えます。科学にとって、やはり立場は重要です。例えば平和学で言われることがあるのですが、漫然と平和を考えていると、それは大国や多国籍企業にとっての平和になってしまう可能性がある。それに対して、「最底辺の民衆の立場に立った平和学でなければ」ということが、言われています。こういうことはあると、私は思います。

　ただ、そういう立場に立っていると思ったり言ったりしたからといって、そこから生み出された学問が正しいということにはならない。実際にそのような立場に立っているのか、正しい学問が生み出されたのか、検証しなければならない。そのことはさらに突き詰めて言えば、民主主義自体や科学自体やその関係について、常に考えていかなければならないということになると思います。

　憲法論のあり方について先ほど問題が出されましたので、それに関わる私の関心について少し述べてみたいと思います。

　民科では科学の重視が言われてきましたが、民科の議論は案外解釈論的だという印象があります。そして、その解釈論は科学的な認識を基礎に置くべきだとされてきましたが、民科における解釈論には理念的なものが少なくないという感じを受けています。そのようなことを先ほど「市民法論」について言いましたが、市民社会論や公共性論にもそういう傾向はないでしょうか。

　それらの問題とも関わりながら、憲法論でも理念が語られることが多いと思います。たとえば「二つの法体系論」はどうでしょうか。確かに「二つの法体系論」は民科にとって重要で、それとの関係で多くの研究が蓄積されてきました。

　「二つの法体系論」の中で、憲法を頂点とする「憲法体系」と、（新旧）安保条約を頂点とする「安保法体系」の二元性が指摘されています。そのときの「憲法」は日本国憲法で、しかも日本国憲法の平和的・民主的条項に着目し、それを強調する形になっています。そして一方で認識論として、このように解釈論的、理念的にとらえられた憲法に照らして、矛盾するものとして安保法体系の展開が描かれているように思われます。他方で解釈論として、矛盾しているものを憲法理念のほうに一元化していこうという、態度が出ています。その対抗させられている憲法のほうがすごく理念的で、具体的、歴史的、実証的な分析の対象に十分になっていないように感じます。「二つの法体系論」の一層の展開のために、日本国憲法や平和主義などに関する歴史的、実証的研究を安

保法体系との関係でもっと具体的に展開するという課題があるように思います。そのことによって、安保法体系の分析が一層進むのではないでしょうか。

　棚澤　ありがとうございました。

6　「持続可能な社会」について

　棚澤　吉村会員が最初に提起された対抗戦略、われわれとしては対抗戦略としての改憲問題に取り組まなければいけない。だけど、それだけだと対抗を超えた変革の展望は打ち出せないだろう。こういう問題提起だったのではないかと思います。個々の対抗戦略とこれを超えた変革の展望を切り離すことはできないと思いますが、そこをどう関連付けながら、今後、民科の議論を展開していったらいいかというのは非常に大きな課題だろうと思います。

　そこに関わる論点と、いま浦田会員が出された科学としての民主主義法学というのは、広渡会員が「科学のための科学と社会のための科学」「ミッションとしての民主主義法学と民主主義法学のミッション」といった用語で論じられてきた議論と関わってくるのではなかろうかとも思います。広渡会員、できればその二点について何か。

　広渡　3・11以降の学会テーマで「持続可能な社会」というカテゴリーがとりあげられました。これは民科にとって、ドラスチックな問題の立て方になったのではないかと思います。つまり対象の社会を変革することと、「持続可能な社会」の関係をどう捉えるかという問題としてです。「持続可能」と言うわけだから、社会を維持するというニュアンスが含まれており、これはさまざまなディメンジョンを持っている。全人類的な普遍的利益として、この地球社会をいかに持続させるかという課題が設定される。これがサステイナビリティの本質的な問題ですね。国連でもSDGs（Sustainable Development Goals）を決め、全ての科学、社会の全ての力を結集してこの地球社会をどう持続させるかという問題に取り組んでいる。この問題設定は、人類にとっての問題設定です。逆に言うと、日本の資本主義に、こういう持続可能な社会というゴールが設定されたときに、十分にそれに対応し、ふさわしい社会秩序を作るような構え、政策、制度を展開する準備があるかということが問われている。

　この際、われわれが維持すべきものをはっきりさせるというのは、われわれが対抗しようとしている者の手を縛り、彼らが立つ位置を狭くし、彼ら自身が変わらなくてはいけないように追い込むこと。対抗とか防衛というのはそういう性格を持っているのではないか。だから、それ自体が現状を変える道筋になるのではないか。モデルとかアイデアとか構想があって、「これを目指してわ

れわれはやるんだぞ」ということだけが変革なのではない。先ほど浦田さんがおっしゃったけど、現実的に問題に対処する場合、相手が困っていることについて「これは許さない」という問題の対処の仕方は、結局、相手が困る。だから、防御しよう、対抗しようとする人たちの言うことを聞いて、自分たちの政策を変えなければいけなくなるわけです。これは少しずつでも社会を変革していく一つの道筋なのではないか。

　これこそ比較法が必要だと思うのですが、各国の自由と権利を求める運動がどういう社会構想を掲げて運動しているか。おそらく、トータルに「この社会をこうする」という構想を掲げて運動することが非常に難しくなっているのではないかと思います。それは資本主義を維持しようとする側にとっても同じです。資本主義も成長が隘路に来ている。『資本主義の終焉と歴史の危機』（集英社新書、2014年）を書いた、経済学者の水野和夫さんの議論はそうですね。1970年代、オイルショック以降、資本主義は成長の要素を失っている。

　吉村　資本主義のフロンティアが消えたという議論ですね。

　広渡　そうです。だから、時間引き延ばしの資本主義というわけですが、われわれが維持すべきものというのは、戦後のいろいろな運動や権利闘争の中で作られてきたもの。そして、大きくは、第二次世界大戦後の世界が反ファシズム、反ナチズムで合意を作り、福祉国家的な制度設計が行われ、社会主義に対抗する資本主義的修正によって形成されてきたもの。これを取り壊そうとすることに対抗し、それを守って、しかし少しでも前進させることがまさに変革の闘いなのではないか。

　人類的な「持続可能」をどうやってまともに受け止めるか。持続可能な社会を作るために要請されるのは「科学の力」です。その場合には、法律学も社会科学として、科学とは何かという議論を民主主義法学の議論の中に持ち込み、法学のあり方を論ずるようになればおそらく、法学戦線の中でフロンティアを切る議論ができるのではないかと思います。

　コロキウムの報告の最後にちょっと書きましたが、「社会のための科学」と「科学のための科学」という二つの契機を統一する。統一の主体は科学者です。科学者は、科学的営みとして真理を追究し、かつ社会にとって有用なものにする。何が有用かは科学者自身が決める。この科学者自身が決めるということが、学問の自由の保障なのです。こういう議論を民主主義法学としても引き受け、そのトータル性を科学論や法学論に広げ、次の道筋を探っていくことが重要ではないかと思います。

　吉村　今、広渡さんも言及された持続可能性、すなわち、サステイナビリティ（sustainability）ですが、この間、民科では、このサステイナビリティの議

論が繰り返し出てくるのですが、全体的にあまりうまく理解されていないところがある。サステイナビリティを現状維持的に捉え、「こんなのでいいのか」というのが民科の会員の中でもけっこうあるわけです。

　広渡　変革しないと持続可能にならないですね。

　吉村　私など環境問題をやっている側からすると、変えないとサステイナビリティはないのです。エネルギーなどは典型的にそうです。そういう意味で、そこはもういっぺんきちっと理解する。逆に言うと、いまのままではいまの社会が維持できないという認識を、われわれや国民の間でどれだけ深めていくかということです。この間、18歳から20代の自民党支持率が非常に高い。なぜかという分析はいろいろあるのですが、要するに「せめていまの社会はこのまま続いてほしい。自分たちが就職するまでは」（笑）、「いま就職状況も多少よくなった。これがまた政権が代わったりしたら」という意識で自民党に投票している。サステイナビリティは絶対、このレベルの話ではありません。そこをまず、しっかり理解するようにすることなのです。

　ではどう変えたらいいのかということについて言うと、ある種のモデルがあって「それを目指して行きましょう」というように、モデルをもってという話にはならないですよね。そうすると、結局は広渡さんがおっしゃったように、あるいはこの10年、20年やってきたように個別の問題でやっていくしかないのですが、もうちょっと何とかならないのか。「それじゃおまえ、何考えているんだ」という話だけれども。例えば「定常化社会論」がありますよね。要するに、フロンティアがなくなった以上、そもそも成長はもうあり得ない。そういうことをしっかり見据えて、その中で、憲法的な価値、生存権を含めて、それを維持していくためには何が必要か。そういうことでもう一歩、抵抗の論理を超えた議論をしていかないといけないのではないか。若い人がなかなか民科の議論にのってこないというところがある。別に夢を語って引き付けろという話ではないのですけども（笑）。

　そういう意味で、藤田勇先生が、50周年のときに、民主主義的変革について「あれは棚卸しできない課題である。世界史のいまの段階において根本的な社会変革をどうするかということは、まさに永遠の課題だ」（藤田「『民主主義的変革』をめぐって」法の科学25号〔1996年〕）とおっしゃったことは重要で、やはりこれ受け止めて、少なくとも単なる個別の対抗戦略ではないものを語っていくような議論をしないと、民科としての活力が出てこないのではないかと思っています。

　棚澤　先ほど言いましたように、改憲論への対抗、これは個別的な対抗戦略になるけれども、広渡会員がおっしゃったように、個別の向こうの出方への対

抗を通じて、向こうの手足を縛っていく。そのことが変革につながるのだという視点を維持しながら、もう一つは、先ほど浦田会員が言われた、憲法と個別法分野との関係をどう具体的に考えるか。ドイツですと連邦憲法裁判所で個別法が憲法上吟味されて、違憲と判断されれば、法の改正が命令される。どの実定法領域でも具体的な憲法条項との関係で議論されている状況があるのに対して、日本ではそれがあまり見られない。このことも含め、改憲問題を個別法領域でどう捉えるかという視点を重視しながら、取り組んでいきたいということが一つです。

それから、それだけだと、吉村会員もご指摘のとおり、「対抗を超えた変革の展望」というのが出てこない。法現象を客観的理論的にどう捉えるか、という課題があります。民主主義法学の歴史を振り返ると、マルクス主義の方法でこの課題に取り組んできた側面があったと思います。今年がマルクス生誕200年。この生誕200年を契機に、改めて資本論における資本主義の分析視角を確認し、法分析へと繋げる議論が必要ではないかという問題提起が、基礎法の中でなされています。その伝統をこれからどう継いでいくか。

もう一つは、「持続可能社会」、あるいは「持続可能な社会を目指して」というのが一つの展望として挙げられました。広渡会員が「自分は社会民主主義者から市民主義者に完全に鞍替えしたのだ」と言われた（笑）。その背後にあるのはおそらく、社会民主主義的な国家戦略、あるいは社会民主主義的な政治潮流がヨーロッパでも非常に退潮にあって、福祉国家には未来がない。加藤榮一さんの「福祉国家論」にもそれがあったというご紹介がありました。福祉国家がやはり経済成長を前提として成り立つ戦略だったので、これ以上の経済成長が見込めないというときに、福祉国家戦略はとれないだろう。だからといって市場原理主義的な、新自由主義的な方法もとれない。この議論もまた、経済成長を与件とし、持続的な経済成長を持続社会と言っているわけです。そうではなく、経済成長を前提としない持続可能な社会、それを一つの展望として掲げていくことが必要ではないかと、きょうの議論で思いました。

その際に、これも広渡会員のほうから出されていましたけども、今後はさまざまなレベルで「ケア（care）」という概念が重要になってくるのではないか。根源的に言えば人間は一人では生きられないという、かなり単純な原理ではありますが、そこから始めてそれこそ「ジェンダー論」もケア論の一環として位置付けていく。若い世代の会員も関心を持って議論ができるような、そういう環境を作っていくことも今後の課題ではないかということです。

最後に、われわれ民科法律部会は、法学の分野の中だけれども、各法分野を超えて議論していくという利点を持ちます。しかし、先ほども議論に出てきた

ように法学を「科学」と捉えると、他の分野の科学と協働していくという学際的な側面はこれまであまり強くなかったのではないか。持続可能社会ということを考えていく場合には学際性がどうしても重要になってくる。学際的な色彩を強めていくということが一つです。

　それから、「持続可能社会の実現」というのは、国民国家の中だけでできることではありません。各国で民主主義法学を追究している学術団体もありますので、そういった団体とも連携し、「持続可能社会」という共通の社会像を共有しながら、リージョナル、グローバルなレベルで議論を進めていく必要がある。非常に難しい課題で、どこまで実現できるか分かりませんけども、そのようなことを考えています。

（完）

海外動向

甦る法律家フリッツ・バウアー
――ナチの過去の克服をめぐる近年のドイツの法事情

本田　稔（立命館大学）

key words
フリッツ・バウアー Fritz Bauer, アウシュヴィッツ裁判 Auschwitzprozess, 過去の克服 Vergangenheitsbewältigung, ローゼンブルクの記録 Die Akte Rosenburg

1　忘れられた法律家

　戦前のナチの不法な過去と絶縁し、戦後のドイツ社会と司法を民主化するために命がけで闘った法律家がいた。フリッツ・バウアーである。1903年7月16日にシュトゥットガルトに生まれ、ミュンヘン、チュービンゲンなどの大学で法律学を修め、経済法の研究で法学博士号を取得した。25才の時、ドイツ史上最年少の若さでシュトゥットガルト区裁判所判事に就任した。才能が高く評価された法律家であったが、1933年にナチが政権を掌握するや否や、その宗教的・人種的出自ゆえに、また社会民主主義の政治思想を理由に裁判官職から追放され、ホイベルク強制収容所に収容された。幸運にも収容所から出所できたのもつかの間、日増しに強まるユダヤ人迫害政策のあおりを受けて、1936年にデンマークへ、さらに1943年にはスウェーデンへと亡命を余儀なくされた。そして、敗戦後の1949年にドイツに帰国し、1950年にニーダーザクセン州検事長に、次いで1956年にヘッセン州検事長に就任した。ドイツ社会と司法を民主的に再生させるべく、アウシュヴィッツの犯罪人を法廷に連れ出し、その不法な過去の全貌と責任を司法の場において追及するために尽力した。肉体的・精神的な疲労が重なり、タバコとアルコールによって健康がむしばまれ、1968年7月1日、自宅の浴槽で溺死しているところを裁判所職員に発見された。享年65才。彼の葬儀はフランクフルト・アム・マインで執り行われ、彼の遺灰は両親が眠るスウェーデンのイェーテボリに移送された。

　戦後ドイツにおいてナチの過去の克服が取り組まれてきたことは知られている。連合国は戦前の司法制度を全面的に改革し、ナチの刑罰法規と刑事手続法を改廃した。ニュルンベルク国際軍事裁判では、ナチの主要戦争犯罪人が裁かれた。アメリカ占領地区では、その他の犯罪人が職種毎に分類されて、裁判が継続された。ナチの裁判官や官僚法曹の責任を追及した法律家裁判も実施された。官僚については、非ナチ化審査機関による審査が実施され、その関与と責任に応じた公職追

放を含む処分が実施された。大学教員についても、いわゆるキール学派の刑法学者ゲオルク・ダームやフリードリヒ・シャフシュタインなどは教授資格こそ剥奪されなかったものの、刑法講座から追放された。また、ホロコーストの生存者の生々しい証言は、文学作品や映画において表現され、教育の場でも語り継がれた。1960年、アルゼンチンのブエノスアイレスに潜伏していたアドルフ・アイヒマンが、イスラエルの情報機関によってイェルサレムに移送されて裁判にかけられ、全世界が注目する中で死刑に処された。1960年代半ば、アウシュヴィッツ強制収容所の親衛隊所属の司令官や看守たちを裁いたフランクフルト・アウシュヴィッツ裁判もまた外国の報道機関からも注目され、世界に向けて報じられた。これらの裁判を仕掛けたのは、検事長フリッツ・バウアーであった。

　それにもかかわらず、バウアーのことはほとんど知られていない。アイヒマン裁判やアウシュヴィッツ裁判について語られることはあっても、それを推し進めた検事長の名前が思い出されることはない。十数年前、あるドイツ人の法学部生がアウシュヴィッツ裁判に興味を持ち、バウアーの経歴と業績について刑法担当講師に質問した。その講師は「知らない」と答えたそうである。何故か。この講師が勉強不足だったからか。バウアーが興味を抱くほどの存在ではなかったからか。戦後ドイツ社会は社会的・民主的法治国家として再生し、過去の問題はすでに克服済みであり、もはや問題にする必要がなかったからか。理由は至極単純である。終わった話だからである。戦争の記憶が諸国民の間で共有されていた戦後直後の時期であれば、関心事になりえたであろう。しかし、ヨーロッパにおいて成功を収めた資本主義の優等生にとって、それはもう昔の話なのである。それが現在において話題になっても、アクチュアルな問題ではなく、過去形で語られるべき問題でしかない。刑法担当の若手講師が「知らない」と答えたのは、彼が勉強不足だったからではない。少なくとも通説と判例法理に基礎づけられた刑法解釈学にとっては、関心事になりえない過去の話だからである。従って、フリッツ・バウアーの名前が記憶されなくても、不思議なことではない。アウシュヴィッツ強制収容所で起こった出来事についても同じである。

2　記憶の中の法律家

　アウシュヴィッツ強制収容所は、絶滅収容所と呼ばれた。それは、犯罪人や政治犯を収容する刑事施設ではなく、ユダヤ人問題の最終的解決を唯一の目的として設置された「屠殺場」のような場所であった。それゆえに、機械的な流れ作業によって製品を効率よく生産する大規模工場のような運営がなされていた。

　ユダヤ人を乗せた列車がアウシュヴィッツ収容所の最寄り駅に到着する。親衛隊員が彼らを降車させる。その財産を没収し、男女、老人・子ども、労働不能者と可能者に分ける。労働不能者は、ガス室に送られる。衣服を脱がされ、毛髪を

刈り取られ、ガス室に入れられる。ガスを噴射するボタンが押され、殺害される。死体から金歯を抜き、焼却場に搬送する。簿記係は没収された財貨の記録を詳細につけ、看守による横領を監視する。労働可能者は、強制収容所の作業施設に送られる。髪を切られ、シャワーを浴びせられ、縞模様の囚人服を着せられる。平均して3か月後には死に至るまで、労働奴隷として酷使される。このように計画された業務が日々繰り返される。これがアウシュヴィッツ強制収容所の日常性であった。

　確かに、残虐な恣意を気ままに実行した狂気の看守がいたのは事実である。例えば、ヴィルヘルム・ボーガーは、児童輸送列車が到着し、そこから降りてきた子どもがリンゴを持っているのに気づくと、その子どもの足をつかんで振り回し、その頭部を収容所の仮設小屋の塀に打ち付けた。その手から転がり落ちたリンゴをボーガーは拾い上げ、平然と食べた。オズヴァルト・カドゥークは、被収容者がかぶっている帽子を奪い取り、立入禁止区域の境界線の先に投げ飛ばした。被収容者が急いで帽子を取りに行くと、カドゥークが期待したとおり、衛兵は銃によって頭部を打ち抜いた。また、軍医のヨーゼフ・クレーアは、死亡者数を記録する日報の「端数」を切り上げるため、被収容者病棟を巡回して2、3人殺した。つまり、28人を30人に、あるいは37人を40人に人数調整するために殺害を重ねた。このような殺人が繰り返され、狂気の殺人が日常化していたことは事実である。

　しかし、強制収容所における大量殺人は、一握りの狂人によって実行されたのではない。圧倒的多数の被収容者の殺害は、強制収容所における高度に組織化された能率的で効率的な分業と協業によって実行されたのであり、そのような作業なしにはホロコーストはありえなかったのである。強制収容所の関係者は、必ずしも相互に連絡を取り合って作業に従事していたわけではなかった。その限りにおいて言えば、彼らは自己に割り当てられた作業に従事し、その任務を全うしたにすぎない。しかも、それらは必ずしも謀殺罪などの犯罪構成要件に該当する行為ではなかった。しかし、個々の作業は総体として強制収容所の唯一の目標の実現に向けられた分業化された工程の一部であり、そのいずれもが収容所のメカニズムを機動させるために不可欠な部分であった。腕時計の秒針、分針、時針が文字板の上で正確に時を刻み、日付と曜日を切り替えていくように、個々の関与がなければホロコースト全体は成立しえなかった。駅の荷降台でユダヤ人を選別した者、労働不能者をガス室に連れて行った者、髪を刈り取った者、ガスの噴射ボタンを押した者、死体から金歯を抜いた者、それを焼却した者、ユダヤ人から没収した財貨を記録・管理した者、労働可能者のために作業用の囚人服を準備した者、彼らを死に至るまで酷使した者、そのいずれもがユダヤ人の抹殺という唯一の目的の実現に向かって協働したホロコーストの一部であり、かつ全体であったのである。それゆえ、バウアーはその全員がユダヤ人の抹殺、すなわち謀殺罪を共同して実行したと主張したのである。被収容者の殺害を指揮した強制収容所の

所長や司令官だけでなく、その指揮のもとに日常的な業務に従事した者、さらには1941年以降にユダヤ人問題の最終的解決を立案・計画した党幹部や司法省の官僚法曹などを含む全員が強制収容所のシステムを稼働させ、謀殺罪を実行した正犯の責任を負わなければならないと指摘し、1963年4月16日、証拠関係から関与が明らかな23人を謀殺罪の共同正犯として起訴したのである（判決時は20人）。

これに対して、1965年8月10日、フランクフルト・アム・マイン州裁判所が20人の被告人に認定したのは、謀殺罪の共同正犯ではなく、その幇助犯であった。すなわち、一方では党幹部や司法官僚によるホロコーストの計画・立案、その実行の指揮を謀殺罪の正犯として捕捉するために、正犯概念を拡張しながら、他方でアウシュヴィッツ強制収容所の所長や看守などによる直接的な殺害を謀殺罪の幇助犯として観念するために、幇助概念を拡張することによって、外形的には謀殺罪の実行行為にあたる行為をホロコーストの計画を全体として円滑かつ確実に遂行するための補助的行為として扱ったのである（いわゆる故意ある幇助的道具）。ユダヤ人問題の最終的解決を計画・立案し、その実行を指揮した謀殺罪の正犯はヒトラーだけであり、その他の者は忠実な幇助犯でしかない。ユルゲン・バウマンはこのような謀殺罪規定の適用を「1人の正犯を6千万人が幇助した」と揶揄したことがあったが、それでもフランクフルト州裁判所は、収容所の司令官や看守が職務に忠実であり、それゆえ謀殺罪の構成的身分（下劣な動機）を有していなくても、その幇助犯の成立を認めたのである。しかし、その直後に事態は急変した。

1960年代は、刑法改正作業が進められた時代であった。当時の刑法によれば、加減的身分犯の共犯のうち、その規定が適用されるのは身分のある共犯だけであり、身分のない共犯に対しては刑が加重・減軽される以前の基本犯の規定が適用された（旧50条2項）。その公訴時効も基本犯の法定刑を基準にして決定された。これに対して、構成的身分犯の共犯に関しては規定がなかったため、身分のない共犯にも構成的身分犯の規定が適用され、その公訴時効についても構成的身分犯と同様とされた。だが1962年刑法改正草案は、構成的身分犯の共犯のうち身分のない者について、その刑を減軽するとしつつ（草案33条1項）、その公訴時効については構成的身分犯と同様とするとした（草案127条3項）。つまり、構成的身分のない共犯への刑は減軽されるものの、公訴時効はその正犯と同じとされた。謀殺罪の共犯に関して言えば、下劣な動機などの構成的身分がなければ刑は減軽されるが（謀殺罪の終身刑が減軽されると15年以下の自由刑になる）、その公訴時効は正犯と同じ20年であった（起算点は後に連邦共和国の行政権が成立した年の1949年12月31日とされた）。これが1962年刑法改正草案の内容であった。

しかし、連邦司法省は、刑法改正と同時並行で進められていた秩序違反法の立法作業において、刑法改正草案から33条1項だけを抜き出し、それを秩序違反法に伴う刑法改正条項（秩序違反法施行法1条6号）に取り入れて、連邦議会に提

案し、1968年5月24日に可決させたのである（施行は10月1日）。それによって、構成的身分犯の共犯のうち身分のない者の刑が（未遂処罰規定の適用により）減軽されることになった。しかし、公訴時効期間に関する規定は従前のままであったため、その期間は減軽された刑を基準に算定されることになった。その結果、謀殺罪の共犯のうち、職務に忠実であったがゆえに、「下劣な動機」に基づいていたとは認定されなかった者については、その公訴期間は（1945年5月8日のドイツの降伏から起算して）15年になった。つまり、1960年5月8日の時点で公訴時効が完成していたことになったのである。この法改正を仕掛けたのは、エドゥアルト・ドレーヤー（戦前はインスブルック特別裁判所検事）とヨーゼフ・シャフホイトレ（戦前からの司法省の官僚法曹）であった。刑法大家のヴィルヘルム・ガラス（大刑法委員会委員）が、彼らが仕組んだ法案の仕掛けに気づかなかったはずはない。社会主義ドイツ学生同盟幹部のヨアヒム・ペレルス（フランクフルト大学経済法研究所助手）は、バウアーの葬儀の後、68年冬学期闘争を準備すべくドイツの諸大学をオルグで奔走していたため、秩序違反法施行法を精査する余裕がなかったのかもしれない。当のバウアーは、肉体的にも精神的にも疲れ果て、それどころではなかったに違いない。

　バウアーは、1965年8月にアウシュヴィッツ裁判が結審する直前に、ナチスの安楽死作戦を計画・指揮した帝国司法省事務次官フランツ・シュレーゲルベルガーら司法省の高級官僚を謀殺罪の幇助犯で起訴する準備に取り掛かるよう検察官のヨハネス・ヴァルロに指示し（いわゆる第2次アウシュヴィッツ裁判）、1965年4月22日に起訴させた（この時期は謀殺罪の公訴時効の起算点はまだ1945年5月8日とされていた）。しかし、そのうち被告人の数名については、その行為が「下劣な動機」に基づいていたことが証拠で裏付けられていなかったため、この謀殺罪の身分のない幇助犯については公訴時効は完成しているとして、手続は打切られた。

　このようにしてアウシュヴィッツ裁判は終わり、過去の歴史になった。そして、バウアーの名前は記憶から薄れていった。

3　復活する法律家

　あれから20年が過ぎた。1989年、フランクフルト・アム・マイン市長のフォルカー・ハウフ（社会民主党）がドイツにホロコースト記念館を設立することを提案した。その後、5年にわたる議論と準備を経て、ホロコーストの歴史とそれがもたらした結果を学際的に研究する機関としてフリッツ・バウアー研究所が設立された。ナチ体制が崩壊し、多くの犠牲者が強制収容所から解放されて半世紀を経た年に過去の痛ましい歴史を記憶する新たな試みが始まった。

　ホロコーストを記憶し、ナチの犯罪に向き合うことは、依然としてドイツ社会

の重要課題であった。というより、その重要性はますます高まっていた。ナチ時代の社会がいかなる状況であったか、そこで人々はどのような毎日を過ごしていたか。この問題を考えるとき、世代間において対立が生ずることは避けられなかった。「あの時代、お父さんは何をしていたの」。若い世代は年老いた世代に素朴にたずねる。しかし、それはナチの犯罪への関与の度合いに応じて、その責任を追及する厳しい質問であった。時空を超えて、過去を冷静に見つめることができる子どもの世代にとって、その問いは戦後ドイツの法と正義の表現でもあった。親の世代は、社会的な発言の機会が奪われ、行動の選択肢も狭められたことを理由として挙げ、ただ戦前に生まれた不幸を恨むだけであった。このようにしてナチの犯罪に関与した人々は社会の片隅に追いやられた。しかし、そのイデオロギーや社会思潮の淵源にある病巣がえぐり出されたわけではなかった。ホロコーストは、戦争犯罪、民族謀殺、人種主義を指し示す普遍的な隠喩になったが、ホロコーストが人間と社会に残した破壊的な影響は隠されたままであった。その課題を引き受けたのがフリッツ・バウアー研究所であった。

　抹殺された人々を記憶する方法や形式には、決定的なものはない。これで十分であるといったものもない。親衛隊員が向けた銃口の前で怯えるユダヤ人少年は、抵抗するすべもなく、ただ両手を挙げるしかなかったが、ナチのユダヤ人迫害を証明する重要な証拠として現代史の記憶に残されるのはその写真だけである。隊員を見つめる少年の眼。噛みしめた唇。凍り付いた背筋。それを記憶するための作業こそ追求されるべきである。このような意味において抹殺された人々を想起し、彼らを記憶することの意味を繰り返し問わなければならない。過去の歴史を調査・実証し、その時々の我々が認識した事柄を繰り返し反省しなければならない。フリッツ・バウアー研究所は、それを後押しする。アウシュヴィッツとその後の世界を認識し、それを学術的に再構成し、記憶の可能性と限界を問い続ける。そうすることによって、アウシュヴィッツの過去が現代の政治文化にもたらした意味をより深く理解することができる。フリッツ・バウアー研究所は、自身の存在意義をこのように規定する。

　しかし、それが設立に至った1989年から1995年までは、ナチの不法な過去をめぐる歴史認識が大きく揺れ動いた時期と重なった。それは、1980年代後半に起こった「歴史家論争」やドイツ統一後の旧東独の第2の過去をめぐる問題、さらには「ゴールドハーゲン論争」に見舞われた歴史認識の試練の時期であった。遠くない過去の歴史において、また現代においても、大国の軍事的覇権のもとで他の国々と民族が甚大な被害を受けている。国内における人種的・宗教的少数派民族に対する弾圧は苛烈さを増している。それなのに、なぜドイツ人だけが過去の責任を問われ続けなければならないのか。このような問いの背景には、ドイツ人の失われた誇りを取り戻そうとする本能的な情念の衝動があったのかもしれない。また、歴史の過去を背負い続けるあまり、ドイツ語を読み書きできない、非ドイ

ツ系住民の可能性すらある元親衛隊員に「ナチ」のレッテルを貼って過去を追及したが、そうすることによって、克服される過去とはいかなるものなのか。B・シュリンクが『朗読者』において滲ませたのは、過去を引きずって歩んでいくことへの疲労感ではなかったのか。ドイツ歴史学においては、ホロコーストを生み出した原因として、ドイツ資本主義が英仏などよりも遅れて発達したことが背景にあったであるとか、また反ファシズムの帝国主義的包囲網を打破すべく独ソ戦に賭け、党と国家機関がそれをエスカレートさせた失策の表れとしてホロコーストを説明する議論（構造派）、あるいは社会関係的な要因よりは、むしろヒトラーなど一握りのナチ党幹部の個人的な意図や役割を重視し、その歪んだ表現がホロコーストであったといった議論（意図派）が一般的に主張されてきた。これに対して、アメリカの若手歴史学者ダニエル・ゴールドハーゲンはそのような対抗的な議論には「普通のドイツ人」の存在の視点が欠けていると厳しく批判し、普通のドイツ人に反ユダヤ主義のイデオロギーが深く浸透していたことが彼らをしてホロコーストの自発的協力者に仕立てたことを実証した。このような外国人による研究に対してドイツ人歴史家は学派の違いを超えて総反撃したが、それにもかかわらず一般のドイツ人読者はゴールドハーゲンの主張に好意的であった。それは、アウシュヴィッツ裁判においてフリッツ・バウアーが主張していた絶滅強制収容所のメカニズム、すなわち強制収容所に勤務していた全員がその唯一の目的であるユダヤ人問題の最終的解決にとって不可欠な存在であったという事実認識、その全員が謀殺罪の共同正犯（あるいは少なくとも幇助犯）の責任を負わねばならないという法的判断を想起させるものであった。

4　生き続ける法律家

　バウアーがこの世を去って30余年、彼の精神の復活の時が来た。
　フリッツ・バウアー研究所の設立に伴って、研究会活動と出版活動が進められた。ヨアヒム・ペレルス（ハノーファー大学・政治学）とイルムトゥルード・ヴォヤーク（フリッツ・バウアー研究所）がバウアーが1950年代から60年代に執筆した論稿を『法秩序の人道性』（1998年）として共同編纂したのを皮切りに、マティアス・モイシュ『独裁制から民主制へ』（1956-1968年）』（2001年）、ミヒャエル・グレーフェ『60年代におけるナチの暴力犯との司法的・法政策的な関わり』（2001年）、イルムトゥード・ヴォヤーク「フリッツ・バウアーと1945年以降のナチ犯罪の克服」（2003年）、同『フリッツ・バウアー　1903-1968年』（2011年）が続けて公表された。ただし、これらの多くはバウアーの遺志を継承するために執筆されたものであり、バウアーの法的実践とその功績を肯定的に評価する傾向が強かった。その光と陰の部分を知るためには、ローネン・シュタインケ『フリッツ・バウアー　アイヒマンを追いつめた検事長』（2013年）を待たなければなら

なかった。十数年前に刑法担当講師にバウアーについて質問したあの学生は、敬虔なユダヤ教徒の両親のもとで厳格に育てられたバウアーの幼少期、ユダヤ系学生運動に関わり、若くして社会民主党の論客として活動した時代、ドイツ史上最年少の区裁判所判事としての仕事ぶり、強制収容所での日々、亡命先の北欧での活動など等身大のバウアーに迫った。それはドイツにおいて想像以上に好評を博し、彼をスクリーンで描く試みが続いた。ジュリオ・リッチャレッリ監督『顔のないヒトラーたち』（2014年）、ラース・クラウメ監督『アイヒマンを追え』（2016年）は、欧米・日本で多くの観客を動員した。テレビドラマのシュテファン・ワーグナー監督『検事長の記録』（2016年）の放映後、アウシュヴィッツとバウアーのことが茶の間の話題になった。

　それはドイツの政治文化にも大きく影響した。連邦司法大臣ハイコ・マースは、就任直後の2014年、シュタインケに対してドイツの連邦レベルの裁判官、検察官、司法省幹部を前にしてバウアーについて話すよう依頼した。「フリッツ・バウアーを模範にせよ」。これがスローガンとなった。ドイツ外務省の委託研究班が外務省とナチ犯罪の関係を調査研究した報告書『ドイツ外務省〈過去と罪〉』（2010年）が公表され、連邦司法省もそれを契機にローゼブルク・プロジェクトを立ち上げ、戦後の連邦司法省とナチとの関係について歴史学者と刑法学者に研究を委託し、その報告が『ローゼンブルクの記録』（2016年）としてまとめられた。連邦司法省――そこはフリッツ・バウアーにとって「敵地」も同然であった――自らもバウアーの遺志を引き継ぐために、2015年にフリッツ・バウアーの名を冠した「人権と現代法学史研究奨励賞」を設立し、若手法学研究者の研究の支援を開始した。それ以外にもバウアーの名は至る所で見ることができた。2012年9月、戦後直後にバウアーが検事長として任務についたニーダーザクセン州ブラウンシュヴァイクに彼の名を冠した広場が設けられた。2017年3月、フリッツ・バウアーが検事長時代に住んでいたフランクフルトのフェルトベルク通り46―48番地の住宅が記念館として保存された。ノルトライン・ヴェストファーレンのザンクト・アウグスティンに2011年に設立された総合学校が2017年5月から「フリッツ・バウアー総合学校」として新たにスタートした。また同月、フランクフルト・アム・マインでは、州裁判所内に「フリッツ・バウアー講堂」が設けられた。

　さらに、近年ではナチ犯罪の訴追は拍車がかかったかのように続けられている。2009年8月11日、ミュンヘン州裁判所は、第2次世界大戦中の1944年にイタリア中西部トスカーナ州で民間人10人の殺害を命じたとして、ナチス・ドイツ軍元少尉ヨーゼフ・ショイングラーバー（90才）に終身刑を言い渡した。2011年5月12日、ミュンヘン第2州裁判所は、ソビボール強制収容所でユダヤ人2万8千人以上の殺害に関与したとして、元看守ジョン・デムヤニュク（91才）に禁錮5年の刑を言い渡した。2015年7月15日、リューネブルク裁判所は、アウシュヴィッツ強制収容所で簿記係として勤務し、約30万人の謀殺を幇助したとして、オスカ

ー・グレーニング（94才）に禁錮4年の刑を言い渡した。2016年6月19日、デトモルト裁判所は、アウシュヴィッツ強制収容所で看守として17万人の謀殺を幇助したとして、元親衛隊のラインホルト・ハニング（94才）に禁錮5年の刑を言い渡した。

　以上のようなフリッツ・バウアーをめぐる近時のドイツの法的実践をどのように評価し、その理論化を図っていくべきか。更なる取り組みに注目したい。

＊参考文献
・ローネン・シュタインケ（本田稔訳）『フリッツ・バウアー』（アルファベータブックス・2017年）
・本田稔「過去の克服とフリッツ・バウアー」369＝370号（2017年）607頁以下。
・本田稔「現代司法における戦前・戦後の断絶と連続」法と民主主義524号（2017年12月）31頁以下。
・本田稔「法と正義の狭間に立つアウシュヴィッツ裁判」季刊戦争責任研究90号（2018年夏季号）93頁以下。
・イルムトゥルード・ヴォヤーク（本田稔・朴普錫訳）「フリッツ・バウアーと1945年以降のナチ犯罪の克服」立命館法学337号（2011年）559頁以下。
・ハイコ・マース（本田稔訳）「フリッツ・バウアー」立命館法学373号（2017年）487頁以下。
・ハイコ・マース（本田稔訳）「ローゼンブルクの記録」立命館法学374号（2018年）388頁以下。

研究ノート

『我妻・有泉コンメンタール民法』考
―― 清水誠先生からのメッセージ

市川英一（メトロポリタン法律事務所）

key words
コンメンタール Kommentar, 我妻・有泉コンメンタール Wagatsuma・Ariizumi-kommentar, クルツ・コンメンタール Kurz-kommentar, 清水誠先生からのメッセージ Message from Scholar Makoto SHIMIZU

1 はじめに――文化財としての「法学名著」

　大学図書館の書庫の法律書書架へ行くと、往年の名著が所狭く並べられている。しかし、多くの場合、それらの著作は、利用者がほとんどなく、巻末の図書カードの貸出期日の欄が空白のものも少なくない。なかには、「図書館落ち」書籍として大学図書館の蔵書印が押されたままリサイクルのため古書店に譲渡されていくものもある。

　しかし、法律書といえどもある種の文化財であり、それが後世に伝えていくべき価値を備えたものであるならば、我妻榮東京大学名誉教授（以下、「我妻先生」とよぶ。）が著された大作『民法講義』のように古典的価値を有する名著は別論、原著のまま保全されるだけではなく、新たな息吹を吹き込んで、現代に蘇らせる必要がある。

　ただし、法律書の場合、ひたすら往時の再現を目指せばよい古寺の復元とは異なり、今に生きるものでなければならないという宿命を抱えているため（②-1［別刷］栞）2頁）、原著刊行後に生じた長期にわたる「すきま」を埋め、過去と現代、原著と新著を橋渡しする作業がどうしても必要になる。しかし、これを成し遂げるためには、原著の時代を生きその時代の空気を知っており、原著の価値を把握してその香気を感得していると同時に、原著の時代と現代との間に生じた変化の学問的意義を認識している「匠」の存在が不可欠である。

　こうしたなか、我妻榮・有泉亨（東京大学名誉教授。以下、「有泉先生」とよぶ。）両先生が昭和20年代に上梓された名著が、現代民法学の名匠、清水誠東京都立大学名誉教授（民科法律部会元理事長。以下、「清水先生」とよぶ。）を中心とする我妻先生らの時代の空気を知る現代民法学の匠らの手により再興された。本年（2018年）4月に第5版が出版された『我妻・有泉コンメンタール民法　総則・物権・債権』（日本評論社刊。以下、『我妻・有泉コンメンタール民法』とよぶ。）がそれである。

そして、『我妻・有泉コンメンタール民法』の歩みをたどることは、法学名著の現代的再生のあり方や、法律注釈書が非専門家とりわけ一般市民への法学教育に果たすべき役割を考察するうえで、意義深いことであるように思われる。

2　法律學体系コンメンタール民法

(1)　コンメンタール民法の誕生

　戦後間もない昭和20年代半ば、「コンメンタール」[1]という言葉そのものがよく知られていないなか、「法律學体系コンメンタール篇」の刊行が当時の日本評論新社から企画された。編者は、憲法学の泰斗、宮澤俊義東京大学名誉教授、民事訴訟法の大家、菊井維大東京大学名誉教授、それに民法学の巨匠、我妻榮先生である。

　このシリーズは、必要なことを正確にもれなく述べるとともに無用なことはいっさいのべない成文法の規定は、専門家以外の人にとっては読んですぐわかるとは行きかねることに起因して生ずる「各法典の各條文ごとに註釋をつけたコンメンタアルに對する強い要望」に答えるべく、「各條文の中の重要な語句に番號をつけ、これを具體的に説明しながら、しかも、條文全體の綜合的な意味も明かになるように」するという形式をとることにより、「法律學を研究する學徒諸君に役立つと同時に、各法律の運用の衝に當る司法官・辯護士そのほかの實務家諸氏にも役立つような内容を、できるだけハンディな形のうちに盛り込もう、というのが、われわれのアンビションである」（①-1の巻末「編集者のことば」）点に刊行のねらいがある。

　このシリーズは、特別法も含め、30分野を超える広範にわたるものであるが、その先陣を切って刊行されたのが、『我妻・有泉コンメンタール民法』の原著である、我妻榮・有泉亨著『民法總則・物權法』（法律學体系コンメンタール篇2《民法Ⅰ》1950年）である（以下、翌51年に刊行された我妻榮・有泉亨著『債權法』（法律學体系コンメンタール篇3《民法Ⅱ》と合わせて、「原著」とよぶ）。

　その「はしがき」では、「まず各條のそれぞれの言葉について註釋を書き、そこにできるだけ多くの内容を盛り込んだ上で、必要に應じて數箇條をまとめた前註を加え、それから後に、各款、各節、各章、各編とだんだん遡つて、最小限度に必要な一般的説明を加える方法をと」ることにより、「讀者は必要な條文の註釋さえ讀めば、その條文の眞意をはつきり理解することができ、全體との關連は、必要に應じてそこに指示する一般的説明を參照しさえすれば、それで充分なようにし」[2]、「敍述はつとめて客觀的な立場をとり、各條文の内容を決定するよう

---

1)　注釈または注解を意味するこのドイツ語を、我妻先生がひどく好んでいたことを、水本浩立教大学名誉教授（以下、「水本浩先生」とよぶ。）が明かされている（②-4の［別刷］栞）1頁）。

な重要性のある判決は洩らさずに収録することにつとめ、判例に反対する説は、極めて有力なものを附記するに止め……また學説も、原則として通説によって記述し[3]、一般的な抽象論は、解釈に直接關係のあるものだけを、それもできるだけ關係する條文の注釋の中に説明するようにした」ことが執筆のねらいであることを明らかにしている（①-1の「はしがき」2～3頁）。

筆者も、ネット古書店から原著を購入して実際に読んでみたが、B六版のコンパクトな判型に500頁を超える情報がぎっしり詰まっており、記述も簡にして要を得ていて、いま読み返してみても少しも色褪せるところがないことにまず驚かされる。それ以上に、原著は、遠藤浩学習院大学名誉教授（以下、「遠藤先生」とよぶ。）が説かれている如く、「言葉に厳し（く）……言葉を大事にして、慎重に用い[4]、そして非常にしっかりとした論理を明確に展開され」（②-1の［（別刷）栞］3頁）るという我妻先生の学問の特色がよくあらわれており、清水・田山両先生が指摘されているように、「教育的な観点からきわめて優れている」（③8頁）ことを感じざるを得ない。さらに言えば、原著は、引用判例を「厳選」していることも、特色の一つとして挙げられる。原著者の一人である有泉先生は、「沢山の判例の中から、ある条文の運用なり、仕組みについての、またはその辞句の解釈に関する判例をさがし出し、その中からぴたりとその正しい意義を指摘している判例をえらび出すという仕事が、コンメンタールを書く場合の、どうしてもやらなければならない準備手続である。」（②-1の［（別刷）栞］4頁）と述べられて、判例が多すぎて苦労する条文については、限られた紙幅のなかその取捨選択に頭を痛められつつも「この苦労を経ないでよいコンメンタールができる筈がないと頑張」られ、ありそうに思われる判例が見当たらない条文については、研究室の中をひっくりかえしたり書庫の階段を上り下りしたりしたことを述懐されている（同上）。こうしたご苦労の上に立って、原著の記述の信頼性や精緻性が生まれているように思われる。

(2) コンメンタール民法の「タネ」

じつは、原著にはオリジナル原稿が存在する。戦前、我妻先生も委員をされていた「法典英訳委員会」という組織が存在し、注訳を含む商法典や民法典の英訳

---

2) 大塚一男弁護士は、「この文献（筆者注：原著を指す。）では関係条文の全容を見て考えさせられるので、勉強になる。」（②-6の［（別刷）栞］2頁）と述べられている。
3) ただ、ごく一部であるが、著者らの主張が前面に出されている箇所がある。例えば、外国法人の認許について狭い態度をとっている当時の民法第36条につき、「國際文化の交流の盛んな今日においては、……ぜひ改められるべき規定である。」と述べて同条の規定を批判されている（①-1 64頁）。
4) 例えば、原著では、民法における代理と代表の用例は必ずしも正確ではないことを指摘したうえで、「すなわち第四四條・第五四條等の代理又は代理人、および第八二四條・第八五九條の代表はともに不當である。」（①-1・81頁）と述べて批判されている。

が試みられた。我妻先生は、民法各条の注釈の原文作成の責任者となられたが、その際付けられた注文が、「独自の学説を振り廻さないで通説を書くこと、主要な判決は全部引用して、できるだけ判例で説明すること」等であった。我妻先生は、執筆に先立ち、有泉先生に協力を求め、判決の網羅的な収集を行い、その成果をご自身の編著による『民法教材』として公刊された。英訳民法の注釈には、この教材の中から主要な判決を切り取って原稿とされた。

　法典英訳の事業は、商法を完了し、民法総則編を公刊しただけで終わったが、各条の主要な箇所に番号を打って説明するという手法や、各条の説明で理解させることを主眼として、一般論的な説明を省くという態度が原著とまったく同一の、英訳注釈民法の日本文原稿があったからこそ、全体の構想や配列にはほとんど苦労せずに、比較的短期間にコンメンタール民法を上梓できた理由であることを、我妻先生が明かされている（②‐5の［（別刷）栞］2〜3頁）。しかも、この英訳注釈民法の日本文原稿の作成が有泉先生の協力を受けたものであり、その主要な材料となった『民法教材』も有泉先生の協力でできたものであることが、原著の執筆にあたりお二人の著者の息をぴったり合わせ、共著の「継ぎ目」をわからなくした「タネ」であることも明かされている（同上3〜4頁）。

3　新版コンメンタール民法

(1)　由緒ある法律的古刹復元修理「匠」への指名

　原著は、改版されることなく、10年以上にわたり25回を超える増刷を重ねた後絶版となったが[5]、原著の刊行から40年を超える星霜を経た1990年代に入り、原著のもっていた味わいを再現したいという日本評論社川崎猛彦氏の慫慂により、当時ご健在であった有泉先生の指名を受けるかたちで、清水先生が法律的名著の復元修理を試みる「匠」として、原著の補訂作業にあたられることになった。清水先生が日本評論社の担当者と我妻家に挨拶に赴いた際、我妻先生のご次男で医師の我妻堯氏が「親父の本が今でも役に立つんですか。」という問いを発せられたのに対し、清水先生が「医学の世界と異なり、法律の世界ではいいものは朽ちることなくいつまでも精彩を失わずに生き続けるのです。」という趣旨を返されたというエピソードを、清水先生が筆者に語ってくださったことがある。

　ただ、原著の時代とは異なり、いまでは様々なコンメンタールが刊行されてお

---

[5]　遠藤先生は、「(原著は) 文献も少なかったときだったので、実務家にも、また学生にも非常に歓迎され、読まれたと思います。私たちの勉強にとっても、とても役にたちました。」(②‐1の［（別刷）栞］1頁) と述べられ、水本浩先生は、「(原著は) 簡明な著書として広く江湖によろこばれたものでした。」(②‐4の［（別刷）栞］1頁) と述べられており、清水先生も、「私も、本書を学生時代に購入しました。以来40数年ですが、改めて本書をひもといてみて、その格調というか、香りの高さに改めて感じ入りました。」と語られている (②‐1の［（別刷）栞］2頁)。

り、原著を土台として、『判例コンメンタール』というさらに詳細な注釈書を作る作業が行われているなか、原著の復刊にどのような意義があるのかという疑問が当然生じうる。清水先生も、今回の復刊の仕事の引受けに際し躊躇されたことを吐露されているが（②-1の［(別刷) 栞］1頁）、それにもかかわらず清水先生が原著の復刊に独自の意義を感じてこの仕事を引き受けられた理由および「ねらい」は、次のコメントに凝縮されているように思われる。

「われわれが使命としているのは、市民法の研究であり、市民法は市民社会を構成しているすべての構成員が守るべき共通のルールである。そのようなルールとして最善のものを提供するためにわれわれは最善を尽くす責務がある。〔中略〕（専門家の間での、かなり専門的な）論議の成果が総合され、熟成されて、分かりやすい形で市民に提供されていくことが肝心であると思う。〔中略〕市民や初学者に、——なお、敢えて僭越なことをいわせていただければ、法律専門家にも、——今日の民法学の論議を理解していただくための基本的な根幹部分を整理して提供することが、この仕事の意義なのではないか……さまざまな内容豊か、鋭利な論理の応用ソフトがたくさん市場に出回っているなかで、それらのどれとも接続できるような基本ソフトを作るという課題を本書に課してみようかということである。」（②-4の［(別刷) 栞］3～4頁）。

上に述べた視点は、後の『我妻・有泉コンメンタール民法』に至るまで、一貫して貫かれているように思われる。

そのうえで、清水先生は、原著の補訂にあたり、原著のもっている香気を失わないようにすること、専門家以外にも読者として想定する初学者や一般市民の読み難さを除去すること、通説・判例を中心として民法についての基本的理論を解説するという原著の方針を踏襲しつつ、判例についての補充は原則として最高裁の重要判決に限定し、学説の紹介も初学者にも理解可能な基礎的な論点の整理にとどめるという方針を掲げられている（②-1 6～7頁）。

(2) 「匠」としての清水先生の苦悩

ただ、いくらねらいや方針が固まったとはいっても、そこは40年の空白を埋める大事業である。復元修理の過程で様々な困難に直面するのは必然である。

第一に、原著が前提としていた社会・経済・生活関係から現代が前提としているそれへの千変万化である。これに伴い、コンメンタールの記述も大きく変わらざるを得ないが、この点については、水本先生から「法解釈学はもとより、法社会学にも現代日本の第一人者と言ってよい人」（②-4の［(別刷) 栞］2頁）と称されている清水先生の異能が如何なく発揮されている。各条文の注釈に先立つ一般的説明の中で、その千変万化の法解釈学的法社会学的影響について記述され、個別の条文注釈の理解を助けている。そこには清水先生の立場性が色濃く現れているが、そのことはむしろ法律的古利に新たな息吹をもたらしているように思わ

れる。
　第二に、債権総論や不法行為の領域を中心に、清水先生が「百花斉放」「百花繚乱」と表現される（②-4の［(別刷)栞］3頁）、第一の点にも促されての学説の展開である。そのため、「初学者に問題の所在をわかりやすく説く」という本来の目的を追うことと、「学界における諸論議と関連づけての理解をも可能にする」ことを両立させることが著しく困難になっているのである。しかし、仕上がった作品を見る限りでは、清水先生が学説の自由な展開と市民法の形成をいちおうは区別して（②-4の［(別刷)栞］3頁）補訂作業にあたられたためか、両者の両立が図られているように思われる。
　総じていえば、清水先生は、その「ねらい」どおりに原著を現代に蘇らせることに成功されたということができよう。
　ただ、この「新版コンメンタール民法」のシリーズは、漏れ伝わるところによれば、必ずしも読者の十分な支持を得られなかったとのことであるが[6]、清水先生による過去と将来を橋渡しする丹精込めた献身的な土台づくりがなければ、また、原著を現代に蘇らせることに情熱を傾けられた日本評論社川崎猛彦氏らの尽力がなければ、次に述べる『我妻・有泉コンメンタール民法』の成功もあり得なかったことは疑いない。

4　我妻・有泉コンメンタール民法

(1)　新装第1版

　2005年4月1日、民法典のいわゆる現代用語化が施行されたが、これを契機に、「民法学の伝統と将来を結ぶ」（④7頁）、「新版コンメンタール民法」シリーズの新装版の上梓が構想された。それが『我妻・有泉コンメンタール民法』第1版であるが、同書は、この種の法律書としては異例の成功を収めたという[7]。その理由は、「原点回帰」という点に求められるように思われる。
　「新版コンメンタール民法」シリーズ全6巻を1巻本にまとめるという手法は、清水先生がかねてより検討されていたようであるが（③-1 8頁）、ドイツにおいて伝統的に重視され、今日でも盛んに利用されているハンディな注釈書（Handkommentar）を念頭において制作されたことにより、持ち運びに簡便となり、利用しやすくなった。ドイツの例に倣って巻頭に我妻・有泉両先生の名前を掲げられたことも成功の秘訣であろう。しかし、それ以上に、「みなが共通の基

---

[6]　本を売ることは学者の仕事ではないが、何事にも真摯で誠実だった清水先生は、真剣に悩まれていた。それだけに後述する『我妻・有泉コンメンタール民法』が多くの読者の支持を集めたことが、ひとしおうれしかったのだと拝察する。

[7]　同書の刊行後に同書とともに清水先生からいただいたお手紙による。行間から清水先生の喜びがあふれていた。

盤をもって、そのうえで自由闊達に意見を形成し、議論を交わしあうということが、これからの法的世界においてはもっとも必要である」と考えられるなか、「そのような目的のために……最適な拠り所となる」よう努力されたことが（④8頁）、成功の最大の要因であるように思われる。

この新装版の、条文欄から囲みを外して左端にグレーラインを引くにとどめ、思考の流れを止めないようなレイアウト構成は心憎いばかりである。文字の大きさや間隔も、読む者にストレスを感じさせない、ちょうどよい間合いである。法律書というものが、何が書かれているかだけではなく、どう読まれるかという点も重要であることを示す好個の例であるように思われる。垢抜けた装丁も見る人を引き付ける。

なお、この新装版から田山輝明早稲田大学名誉教授（以下、「田山先生」とよぶ。）が執筆陣に加わり、清水先生とともに共著者として名を連ねることになったが、新装版以降共同で執筆されることになった清水先生と田山先生の「継ぎ目」もまたわかりにくい。我妻先生と有泉先生の場合は、法典英訳事業の日本文原稿の作成があったとのことであるが、清水先生と田山先生の場合は、田山先生が、原著を知る世代であることに加え、清水先生が教え子とともに作り上げた『ファシズムへの道』（日本評論社刊）にも参画されるなど、清水先生とも息が合っていて、清水先生の「新版コンメンタール民法」シリーズのお仕事の成果を尊重されて執筆にあたられたからだと筆者は拝察する。

(2) 新装第2版

従来の制度を大きく変える2006年の法人制度の改正を契機として、2008年、新装第2版が刊行された。この新装第2版の特徴として、法人に関する改正前の民法の規定については、第1版の注釈をそのまま残した点が挙げられる。これは、新装第2版刊行時においては、いまだ改正法が施行されていなかったためであるが、著者らとりわけ清水先生のご意向が反映されているように思われる。

清水先生は、「法人に関するもっとも基本的な一般法は民法であるべきであり、そうだとすれば、民法自体に、法人に関する基本的な規律、すなわち法人に法人格を付与するについての最小限の基準が盛り込まれるべきであると考える。」と述べて、いわゆる整備法の中の一箇条で民法を改正するという手法を批判されている[8]。清水先生としては、市民法における法的人格という基本的問題について、人為的に認められる法人の法人格が市民法の理念に即して適正に運用されるための配慮が十分払われていないことを憂いているのである[9]。我妻・有泉両先生も、民法から法人規定がごそっと削ぎ落とされたのを見て、ギョッとされるのではあるまいか。

---

8) 清水誠「再度、市民法の劣化を憂える──2006年の法人制度改正について」『民事法学への挑戦と新たな構築』〔鈴木禄弥先生追悼論集〕116頁、108頁。

(3) 新装第3版

　第2版追補版刊行後の新判例を織り込み、未成年後見に関連する民法改正および家事事件手続法・規則、非訟事件手続法、人事訴訟法等の関係法令の改正対応するため、2013年第3版が刊行されたが、清水先生が2011年1月に急逝された後単独補筆を余儀なくされた田山先生は、この版の序文で重要な事実を明かしている。すなわち、「改訂の際には、従来の改訂方針を堅持し、全1巻の注釈書（清水先生が想定しておられたドイツのクルツ・コンメンタール）の良さを失わないように留意した。」と述べて（⑥10頁）、清水先生が念頭におかれていたHandkommentarがクルツ・コンメンタールであることを明らかにされたのである。筆者はかねてより、『我妻・有泉コンメンタール民法』には何か原型があるのではないかと考えていたが、それがクルツ・コンメンタールであることが田山先生により明かされた（⑥10頁）[10]。

　筆者の手元にあるのは、C.H.BECK社の2017年版クルツ・コンメンタールであるが、『我妻・有泉コンメンタール民法』より一回り大きなサイズの1巻本に、BGB（ドイツ民法典）2385条の注釈が見事に収められている。もちろん、クルツ・コンメンタールと『我妻・有泉コンメンタール民法』とでは執筆のスタイルは異なるが、両者共に、必要なときに必要な情報が取り出せるという1巻本の特色がよくあらわれており、清水先生がクルツ・コンメンタールを範とした理由がわかるような気がする。

(4) 新装第4版

　次の版が刊行されるのは、昨年（2017年）成立した民法（債権法）改正の後であろうと予想していたが、消費者法、借地借家法、労働契約法の分野等での重要な法改正に対応するため、2016年に第4版が刊行された。清水先生が単独で補訂にあたられた「新版コンメンタール民法」シリーズもそうであったが、民法という私法の一般法が様々な特別法と密接に結びついているため、特別法の改正により民法の注釈も影響を受ける証左であるように思われる。民法コンメンタールの注釈の難しさを物語っている。

(5) 新装第5版

　2017年民法改正に対応するため、本年4月に第5版が刊行された。従来の条文との関連が分かるような形での改正条文の「はめ込み」が行われるとともに、改

---

9) 同上125頁。
10) 清水先生ご自身も、『〔第3版〕コンメンタール民法総則』の序文で、「ドイツに古くから見られる小型コンメンタール（Kurz-kommentar　最近ではJauernigのものなど）の例を参考にして、学説への言及を織り込むことも必要かと考えたが、将来の課題とした。」（③-1　9頁）と述べて、その事をほのめかされていた。

正の趣旨が簡潔に述べられている。

5 　結び——清水誠先生からのメッセージ

　清水先生はなぜ、晩年の人生の総決算期に名著復活に尽力する道を選ばれたのであろうか。昭和50年代に刊行された有斐閣大学双書の巻末に掲載されている広告欄には、未刊図書の一つとして、清水誠著『担保物権法Ⅱ——抵当権・根抵当権』が掲げられている。わが国を代表する金融担保法の専門家である清水先生としては、金融担保法ないし担保物権法の教科書の執筆に晩年を捧げるという道もあったはずである。それにもかかわらず、清水先生が、ご自身が学生のころに学ばれた名著の現代再生に情熱を傾けられた理由はどこにあるのであろうか。

　この問いに対する解答は、筆者が清水先生から賜ったお手紙に記されていた次のコメントに示されているように思われる[11]。

　「まず、ぼくは、日本の法律学——といっても、まずは自分の専門の民法学に限っておきますが——について、つぎのような基本的な批判をもっています。それは、各学者が、各テーマについて研究論文ないし研究書を書くのは当然の任務として、自分の所説を教科書に作り、受講生に使わせるというやり方についてです。我妻先生の『講義』は、教科書ではなく参考書でした。そこで、大勢の人の教科書が出ていながら、学界全員が力を合わせて共通財産（「同説」とか「通説」という意味ではない）を形成するという問題意識が極めて希薄であるということです。ドイツのことしか知らないのですが、大型のコンメンタール、小型のコンメンタールが数種、十数種（？）も長い歴史をもって承継され出されていますが[12]、それらはそういう、学界全体の財産を作ろうという気持でできているもので、個人財産ではありません。日本でなぜそうならないか。ぼくの見るところ、『我妻・有泉コンメンタール民法』だけが唯一例と思ったので、あえて、補筆を引き受けました。」

　清水先生は、このお手紙の中で、現行民法が存続する限りという条件付きではあるが、（『我妻・有泉コンメンタール民法』を）「後世に残していく価値のあるものにする必要」にも言及されている。

　『我妻・有泉コンメンタール民法』は、清水先生が2011年1月に亡くなられた後も、その遺志は田山先生に受け継がれ、本年4月に第5版が刊行された。法律

---

11) 　清水先生から賜った、2010年12月30日付お手紙。私信の引用に付き、清水先生の研究生活を支えてこられた明子夫人からご承諾をいただいている。

12) 　原著が刊行されたころは、コンメンタールはドイツが非常に多く、日本を含め他国ではあまり例がないことを我妻・有泉先生が指摘されているが（①-1 はしがき）、いまでは、欧州の成文法国のみならず、アジアの国々、例えば民法典制定を目指している中国でも花盛りである。ドイツはもとより、ドイツ以外の国々において、これらが社会の中でどのような機能を果たし、市民の法的素養向上に役立っているかについて、今後研究していきたい。

注釈書が版を五回重ねるというのは、驚嘆すべきことである。

　清水先生は、没年の前年秋に奥様とドイツを旅され、訪れたケルン大学法学部の民法研究室で撮影された、ドイツで一般的な1巻本のHandkommentarが陳列されている場所の写真を筆者に送ってくださり、「数種ありますが、有名なものは、創刊以来の何十版が全部並べられているのは壮観でした。日本では、『我妻・有泉コンメンタール民法』しかありません。」と書き送ってこられた。

　清水先生ご逝去満七周年を迎えた今日、第1版以降の数十版が一堂に会する場面を見た後世の史家が、清水先生の功績を讃える日が来ることを祈念するとともに、清水先生の学恩の大きさにただただ頭（こうべ）を垂れつつ、あらためて清水先生のご冥福を祈りたい（合掌）。

【関係書の略称・書名一覧】
（補訂版が発行されているものもあるが、それについては割愛させていただいた。）
①原著
1　我妻榮・有泉亨著『民法総則・物権法』（1950年）（法律學體系コンメンタール篇2《民法Ⅰ》）
2　我妻榮・有泉亨著『債権法』（1951年）（法律學體系コンメンタール篇3《民法Ⅱ》）
＊どちらにも月報が付されている。
②新版
1　我妻榮・有泉亨著、清水誠補訂『〔新版〕コンメンタール民法総則』（1996年）
2　我妻榮・有泉亨著、清水誠補訂『〔新版〕コンメンタール物権法』（1997年）
3　我妻榮・有泉亨著、清水誠補訂『〔新版〕コンメンタール担保物権法』（1997年）
4　我妻榮・有泉亨著、清水誠補訂『〔新版〕コンメンタール債権総則』（1997年）
5　我妻榮・有泉亨著、清水誠補訂『〔新版〕コンメンタール契約法』（1998年）
6　我妻榮・有泉亨著、清水誠補訂『〔新版〕コンメンタール事務管理・不当利得・不法行為』
　　（1998年）
＊各巻に［(別刷)栞（しおり）］が添付されている。
③第3版
1　我妻榮・有泉亨著、清水誠補訂『〔第3版〕コンメンタール民法総則』（2002年）
2　我妻榮・有泉亨著、清水誠補訂『〔第3版〕コンメンタール担保物権法』（2004年）
④新装版第1版
　我妻榮・有泉亨・清水誠・田山輝明著『我妻・有泉コンメンタール民法　総則・物権・債権』
　　（2005年）
⑤新装版第2版
　我妻榮・有泉亨・清水誠・田山輝明著『我妻・有泉コンメンタール民法　総則・物権・債権』
　　（2008年）
⑥新装版第3版
　我妻榮・有泉亨・清水誠・田山輝明著『我妻・有泉コンメンタール民法　総則・物権・債権』
　　（2013年）
⑦新装版第4版
　我妻榮・有泉亨・清水誠・田山輝明著『我妻・有泉コンメンタール民法　総則・物権・債権』
　　（2016年）
⑧新装版第5版
　我妻榮・有泉亨・清水誠・田山輝明著『我妻・有泉コンメンタール民法　総則・物権・債権』
　　（2018年）

研究ノート

日本植民地主義法論の再検討

前田　朗（東京造形大学）

key words
植民地主義 Colonialism, 植民地分割 Redivision of Colonies, アイヌモシリ Land of Ainu, 琉球王国 Ryukyu Kingdom, 朝鮮王朝 Korean Kingdom

1　問題意識

(1)　課題

　近年のヘイト・スピーチ刑事規制をめぐる議論を通じて明らかになったのは、マジョリティの表現の自由を守るためにマイノリティの自由や権利を犠牲にすることもやむを得ないという思考が予想以上に強いことであった[1]。1990年代からの日本軍性奴隷制（「慰安婦」）問題をめぐる議論を通じて明らかになったのも、性奴隷制被害者の救済よりも、日本の歴史と伝統の称揚こそが重要であるという思考が今やこの社会の多数派の意識を規定していることである[2]。沖縄米軍基地に顕著に現れている「日本の安全」論も沖縄抜きの本土の安全論であり、マジョリティの利益のためにマイノリティを犠牲にすることがこの国と社会の法と制度に深く根づいている。構造的差別と言われる所以である[3]。

　これらの諸問題は、かつての植民地支配の清算が行われなかったこと、戦争責任が十分に果たされてこなかったこととして理解され、幅広い領域における重要な諸研究により批判的に解明されてきた。法理論分野でも戦後補償や戦争責任に関する膨大な研究の蓄積がある。

　本稿では、以上のことを前提としつつも、そこに新たな論点を追加し、今後の議論の手掛かりにしたいという問題意識に根ざしている。端的に言うと、現代日

---

1)　前田朗『ヘイト・スピーチ法研究序説』（三一書房、2015年）。さらに前田朗「序章　グローバル・ファシズムは静かに舞い降りる」木村朗・前田朗編『21世紀のグローバル・ファシズム』（耕文社、2013年）参照。

2)　前田朗編『「慰安婦」問題の現在』（三一書房、2016年）、同編『「慰安婦」問題・日韓合意を考える』（彩流社、2016年）。さらに鵜飼哲・岡野八代・田中利幸・前田朗『思想の廃墟から』（彩流社、2018年）。

3)　高橋哲哉・前田朗『思想はいまなにを語るべきか』（三一書房、2018年）。より広い文脈では、李京柱『アジアの中の日本国憲法』（勁草書房、2017年）が重要である。同書につき前田朗「アジアの中の日本国憲法」『救援』587号（2018年）。

本法の研究に当たって、かつての植民地支配の反省の不足や不十分さが影を落としているという理解は果たして正当と言えるのだろうか、と問い直すことである。ここには、かつての植民地支配ではなく、現代日本法そのものに内在する諸要因が作動しているのではないか。日本国憲法にはレイシズムが内在しているのではないか。このような問いから出発して、「植民地主義法としての現代日本法をいかに把握するべきか」を考えることが本稿の課題である。

(2) 定義

本稿で用いる植民地主義法という概念は、植民地法制とは異なる次元の概念である。

台湾や朝鮮を植民地化（割譲、併合）し、その支配のために日本が作り出した植民地法制は、1945年8月の日本敗戦とその結果として実現した植民地独立（日本にとっては植民地喪失過程）を通じて消失した。それゆえ、植民地法研究は1945年以前の歴史の中にその主対象を有する。

本稿の関心からは、宗主国が作り出して植民地に適用した植民地法制とは別次元の概念として、第1に、国際法のレベルでの植民地支配犯罪概念が想起される。国連国際法委員会における植民地支配犯罪概念の創設は失敗に帰したが、その後、人道に対する罪の解釈・適用において植民地支配の実態を読み込む研究がなされている[4]。

第2に、植民地を保有した国家と社会の法規範や法意識に即して植民地主義法が想定される。植民地に移住した植民者だけではなく、宗主国の社会に生まれ育った者が、植民地に赴くことも、植民地人民と接触することもなかったとしても、植民地宗主国の法文化を身に着け、その思考や行動に植民地主義が貫徹している場合を想起しよう。それゆえ植民地独立後も、旧宗主国側には「植民地なき植民地主義」が残存する[5]。

本稿の主題はこの意味での植民地主義法である。植民地独立後の旧宗主国における植民地主義は、植民地喪失過程の具体的ありようによって規定されるので、あらかじめ一般的にそのイメージを描くことは困難であるが、日本の植民地喪失過程の独自性から、戦後改革のさなかに植民地主義法の再編が行われたのではないか。それゆえ、現代日本法における植民地主義を問うことは、戦後改革、特に日本国憲法体制における植民地主義とその長期に及ぶ影響を問うことになる[6]。

本稿は問題意識の表明のレベルにとどまり、仮説の実証には達し得ないが、以

---

[4] 前田朗「植民地支配犯罪論の再検討」『法律時報』87巻10号（2015年）。

[5] 国際的なポストコロニアリズム研究の成果を踏まえた議論として、岩崎稔・大川正彦・中野敏男・李孝徳編『継続する植民地主義』（青弓社、2005年）、中野敏男・波平恒男・屋嘉比収・李孝徳『沖縄の占領と日本の復興――植民地主義はいかに継続したか』（青弓社、2006年）、永原陽子編『「植民地責任」論――脱植民地化の比較史』（青木書店、2009年）等。

下で骨子の素描を試みたい。

2　前史

　現代日本法の把握のために歴史を再考する場合、明治期に形成された法制を中心に検討するのが当然であるが、植民地主義に焦点を当てる場合、その前史を無視することはできない。西欧諸国が大航海時代に新航路を探検し、「新世界」へ到達し、世界を植民地化した結果の500年の植民地主義に照応する歴史を日本も歩んだからである。大航海と植民地による交易と収奪により、資本の原始的蓄積から産業革命を経て西欧資本主義が世界を席巻していく過程でもある。カリブ海やラテンアメリカの人民は殺戮や伝染病によって滅亡させられた。そこに導入されたのが大西洋奴隷制であった。東南アジアではイギリス、オランダ、フランス等による植民地化が進められた。

(1)　アイヌモシリ

　アイヌモシリとは「人間の静かなる大地」という意味で、アイヌ民族が居住した地域である。現在の北海道、樺太（サハリン）、千島（クリル）を指す。1457年、道南の志濃里（現在の函館市）においてコシャマインの戦いが生じた。首領コシャマインが率いるアイヌが蹶起したが、1458年、武田信広軍がコシャマイン軍を撃破して、戦いは終了した。1669年、シブチャリの首領シャクシャインを中心とした戦いは、江戸幕府の下で交易権を独占した松前藩が知行主とアイヌとの交易を管理した時代のアイヌ民族の抵抗である。和人とアイヌ民族の交流史としては、近世幕藩体制を確立した和人側（松前藩、江戸幕府）による道南地方の支配の形成期であり、和人がアイヌ民族を植民地化し、主に漁業におけるアイヌの奴隷的強制労働が広がっていった。

(2)　琉球王国

　1429年から1879年の450年間、琉球諸島を中心に琉球王国が存在した。統一王国成立が1429年頃とされ、1469年頃、第二尚氏の王朝が成立し、最盛期には奄美群島、沖縄諸島、先島諸島までを統治した。1609年3月、島津氏の薩摩藩は3000名の兵を率いて薩摩を出発し、琉球王国の奄美大島に上陸した。3月26日には沖縄本島に渡り、4月5日、尚寧王が和睦を申し入れて首里城は開城した。琉球王国に対する薩摩藩の支配が始まり、江戸幕府に使節を派遣した。他方、琉球冊封

---

6)　前田朗「私たちはなぜ植民地主義者になったのか」木村朗・前田朗編『ヘイト・クライムと植民地主義』（三一書房、2018年）。東アジアにおける日本植民地主義につき、徐勝・前田朗編『文明と野蛮を越えて――わたしたちの東アジア歴史・人権・平和宣言』（かもがわ出版、2011年）。

使は、1404年、明の永楽帝と琉球の武寧王の間で始まり、1652年、清の順治帝と琉球の尚質王の間が最後となる。

(3) 朝鮮王朝

朝鮮王朝（李氏朝鮮）への侵略・征服戦争は、日本では文禄・慶長の役、朝鮮では壬辰倭乱、丁酉倭乱（丁酉再乱）と呼ばれてきた。最近では東アジア3国それぞれの自国史にとどまらず、地域の歴史を描くために日韓中共同研究がなされ、その中で「壬辰戦争」という呼称が提唱されている。豊臣軍は名護屋（現在の佐賀県唐津）滞在が10万、朝鮮出征が16〜20万の勢力であった。当時、日本全国の総石高は約2,000万石であった。1万石あたり250人の兵を動員したとすると、総兵力は約50万人となる。文禄の役の25万以上の動員数は、総兵力の半分程であった。壬申戦争は、朝鮮半島を舞台として行われた、日本対朝鮮・明連合という国際的広がりのある戦争であり、16世紀の世界最大の戦争であった。

日本植民地主義は、北ではアイヌモシリ、南では琉球王国、そして西では朝鮮半島での戦争を通じて形成されたのではないだろうか。なお、本稿では台湾、南洋諸島、旧「満州」等に言及する余裕がない。

3　植民地主義法の形成

近代世界における植民地主義の主要な担い手が西欧における国民国家であったことは言うまでもない。近代国民国家の要素は一般に領土、国民、主権とされる。明治維新後の日本も国民国家を形成していくので以下では3要素に分説する。法制史では1868年から1945年に至る経過をいくつかの時期に区分して考察するが、本稿では一括して形成期とする。

(1) 領土

1789年、クナシリ・メナシの戦いの後、1855年、日露和親条約で択捉島と得撫島の間に国境が引かれた。江戸時代に伊能忠敬、間宮林蔵、松浦武四郎らによる測量・調査がなされ、明治維新政府は1869年、アイヌモシリ（蝦夷）を北海道と命名し、北海道開拓使を設置し、北方警備と開拓のために屯田兵を送り込んだ。ところが1875年の樺太千島条約で、千島を日本領、樺太をロシア領とした。その後、日露戦争の結果1905年のポーツマス条約により南千島が日本領になった。すなわち第1に、アイヌモシリの一方的な併合が行われた。アイヌ民族の存在や意思は考慮されていない。第2に、植民地分割が行われた。イギリスで言えば、1707年のスコットランド併合及び1922年の北アイルランドの植民地分割に匹敵する。アイヌモシリ植民地分割は、第2次大戦終結時にソ連軍が南千島を占領したことにより「北方領土問題」に姿を変える。

1854年、ペリー提督と江戸幕府は日米和親条約を結んだ。ペリー艦隊はその後、琉球に渡航し、首里城を訪れて条約締結を迫った。琉米修好条約（亜米利加合衆国琉球王国政府トノ定約）は両国間の自由貿易、米国船舶の事故への救援・対処、米国への領事裁判権付与を定めた。琉球王国は1854年に独立国家と認知されていた。アメリカ、オランダ、フランスの３カ国が琉球王国と修好条約を締結したので、琉球王国は国際法上の主体であった。それゆえ、琉球併合（琉球処分）とは琉球王国に対する植民地化である[7]。続いて1880年、日本は清との間で琉球分割条約の締結を急いだ。交渉がまとまらず、分割条約の調印には至らなかったが、宗主国が植民地を分割しうる土地と見做していたことを確認できる（別に奄美分割が行われた）。1859年、オランダとポルトガルがティモールを分割したことが、その後の歴史をいかに規定したかを想起するべきである。
　1910年の韓国併合について詳論する必要はないだろう。日清戦争により日本は朝鮮半島における権益を確立し、台湾割譲によって日本帝国主義の肥大化への転換点となった。日露戦争を通じて南満州における権益を確保するとともに、韓国併合への道を歩んだ。1905年から1910年に至る過程を通じて韓国を併合した日本は帝国主義国家としての地位を確立し、国際連盟など第一次大戦後の国際社会における大国として振る舞うことになった。朝鮮半島は、日本資本主義の本格的発展を支える資源及び市場として位置付けられた。
　大日本帝国憲法には領土の規定がなかった。それゆえ韓国併合等の植民地併合や分割に際して憲法改正は必要なかった。このことの意味が憲法学上あまり議論されていないのはなぜだろうか。前史（500年の植民地主義による収奪と蓄積）が資本主義の飛躍的発展を可能にした。そうして形成・発展した資本主義が150年の植民地主義の競争に突入し、世界を破壊するとともに、自らを破壊していった。〈文明〉と自称した〈野蛮〉のたどり着いた先が第二次大戦の悲劇的結末であった。

(2)　国民

　大日本帝国憲法、教育勅語、徴兵令の下、皇民化教育を通じて日本国民の形成がなされた。天皇に服属する「臣民」としての国民形成であった。アイヌ民族は、1899年の北海道旧土人保護法に見られるように「二級市民」としての位置づけがなされた。沖縄県においても旧慣や方言の「撲滅」をはじめ、同化政策が進められた。沖縄の文化や言語ではなく、本土の日本文化と言語の強制の下に置かれ皇民化の圧力にさらされた人々は、ついには沖縄戦における「集団死」に直面することになった。朝鮮民族に対する同化の強要は言うまでもない。かくして近代国民国家の亜流としての自由と人権抜きの「臣民」が東アジアを席巻することにな

---

7)　新垣毅『沖縄の自己決定権』（高文研、2015年）。

った。大日本帝国憲法第18条は「日本臣民タル要件ハ法律ノ定ムル所ニ依ル」とし、臣民の範囲や資格は法律要件とされた。それゆえ韓国併合に際して憲法改正は必要なかった。

(3) 主権

日本植民地主義法の形成期における主権とは、言うまでもなく天皇主権である。大日本帝国憲法は「万世一系ノ天皇」の統治（第1条）、「天皇ハ神聖ニシテ侵スベカラズ」（第3条）、天皇元首制（第4条）、陸海軍統帥権（第11条）など、詳細に絶対天皇制を定めた。大日本帝国憲法下の天皇制の性格については、後に美濃部達吉の天皇機関説をめぐる議論がなされたが、権力的に抑圧されたことは言うまでもない。天皇の絶対的権力を定めた大日本帝国憲法は領土も臣民も定義せず、これらは伸縮自在であり、帝国主義的膨張を容易に可能にする憲法であったと言える[8]。

4　植民地主義法の再編

日本国憲法前文第一段落は「諸国民との協和による成果」に言及し、「政府の行為によつて再び戦争の惨禍が起ることのないやうにすることを決意」するとしている。憲法前文第2段落は、平和主義（恒久の平和を念願）、国際協調主義（平和を愛する諸国民の公正と信義に信頼）を前提にして、国際社会における「名誉ある地位」を願い、「全世界の国民が、ひとしく恐怖と欠乏から免かれ」ることを求めている。憲法第9条が戦争放棄、戦力不保持、交戦権の否認を定めていることは言うまでもない。憲法第13条は個人の尊重と幸福追求権、憲法第14条は法の下の平等を定めている。人種・民族その他の理由による差別を許さないことには、戦争とファシズムによって被害を受けたアジアの人民への尊重が含まれると言うべきである。

他方、日本国憲法には残念ながらレイシズムを助長する側面がある。何よりも、大日本帝国憲法とその下での戦争とファシズムの遺産である。平和憲法は戦争への反省の成果であるが、脱植民地化がなされたとは言えない。憲法改正過程においてもその後の憲法解釈を見ても、植民地支配についての検証がなされなかった。

(1) 領土

日本国憲法には「領土」の規定がない。領土、国民、主権が国家の3要素と言われるように、憲法が適用される地理的空間的範囲を定めるのが普通である。カイロ宣言は「朝鮮ノ人民ノ奴隷状態ニ留意シ軈テ朝鮮ヲ自由且独立ノモノタラシ

---

[8]　近代日本の形成と先住民族について、上村英明『新・先住民族の「近代史」』（法律文化社、2015年）。

ムル」とし、ポツダム宣言は「日本国ノ主権ハ本州、北海道、九州及四国並ニ吾等ノ決定スル諸小島ニ局限セラルヘシ」とした。日本の領土を定めたのはサンフランシスコ条約である。条約第2条は、朝鮮の独立、台湾、千島列島及び樺太の一部、国際連盟の委任統治領（南洋諸島）、新南諸島・西沙諸島への権利放棄などを定めた。ポツダム宣言とサンフランシスコ条約の間に制定された日本国憲法には領土を示す規定がない。日本領土は本州、北海道、九州、四国及び付属島嶼であるが、これはポツダム宣言に由来し、詳細はサンフランシスコ条約に定められている。

　第二次大戦後、琉球はさらに分割された。アメリカによる軍事占領が行われたからである。ポツダム宣言第7項は「第6項の新秩序が確立され、戦争能力が失われたことが確認される時までは、我々の指示する基本的目的の達成を確保するため、日本国領域内の諸地点は占領されるべきものとする」とし、日本全土が連合国の間接占領下に置かれた。ところが、沖縄は連合国の占領ではなく、米軍の単独占領下に置かれた。日本政府が沖縄を「わが国固有の領土」と考えていたのであれば、政治意思の表明をしておくべきだった。

　ポツダム宣言及びカイロ宣言には、アメリカは領土拡張の念を持っていないこと、及び第一次大戦以後に日本が領有することになった太平洋の諸島を剥奪することが示されていた。さかのぼって1941年8月の大西洋憲章は米英の領土拡大意図を否定し、領土変更における関係国の人民の意思の尊重と、政府形態を選択する人民の権利を定めた。にもかかわらず沖縄の占領が本土と異なる形態で始められ、それが長期にわたって継続したことは、事実上の植民地分割と言うべき事態である。アメリカが軍事力によって行ったことだが、日本政府は抗議することなく、むしろこれに迎合した（後に「天皇メッセージ」につながる）。

(2)　国民

　憲法前文はいきなり「日本国民は…」と始まり、日本国民が繰り返し登場するが、誰が日本国民であるかを示さない。憲法第1条は国民主権と言うが、天皇と国民の関係を定めたものである。憲法第10条は「日本国民たる要件は、法律でこれを定める」としている。大日本帝国憲法が「臣民」の定義を示していないのと同じである。憲法を見ても国民の内実は不明である。1945年12月17日の衆議院議員選挙法改正によって実施された1946年4月10日の衆議院選挙に際して、沖縄県民の選挙権・被選挙権が停止された。沖縄県選出議員の漢那憲和衆院議員は衆議院議員選挙法改正に反対して、「帝国議会に於ける県民の代表を失うことは、其の権利擁護の上からも、又帝国臣民としての誇りと感情の上からも、まことに言語に絶する痛恨事であります」と述べたと言う。しかし本土選出の衆議院議員は誰一人として改正に反対しなかった[9]。1947年5月3日の日本国憲法施行の前日である5月2日に外国人登録令が出された。「国民主権」を定めた憲法施行直前

に、昭和天皇最後の勅令によって旧植民地出身者の国籍が剥奪された。天皇の命令によって「国民」の一部を「国民」から除外したのであり、ここにレイシズムの重要な根拠がある[10]。

それでは憲法学は国民概念をどのように扱ってきただろうか。後藤光男は、憲法第10条の解釈において、憲法学が旧植民地出身者をどのように扱ってきたかを検証している[11]。定評ある憲法コンメンタールの有倉遼吉編『別冊法学セミナー基本法コンメンタール憲法』（日本評論社、1970年［樋口陽一執筆］）では、沖縄住民の法的地位には言及があるが、植民地出身者住民の法的地位については何ら言及されていない。このコンメンタールは数次の改訂を重ねたが、植民地出身者への言及がないままであった。宮沢俊義＝芦部信喜『全訂日本国憲法』（日本評論社、1978年）、法学協会編『注解日本国憲法上巻』（有斐閣、1953年）も同様である。例外的に言及がなされた佐藤功『ポケット注釈全書憲法（上）［新版］』（有斐閣、1983年）は、サンフランシスコ講和条約で朝鮮に対する主権を放棄したから、国籍を失うことになったと解説している。後藤によれば、国籍選択権の考慮を除外する論理には飛躍がある。ようやくまともに言及がなされたのは芹沢斉・市川正人・阪口正二郎編『別冊法学セミナー新基本法コンメンタール憲法』（日本評論社、2011年［渡辺康行執筆］）であったという。渡辺は、平和条約には国籍条項は含まれていないのに、法務省通達によって植民地出身者の国籍を喪失させた措置は憲法違反であり、無効であるとする見解を紹介している。後藤は、日本国憲法制定過程における国民をめぐる議論、及び国籍喪失の経過を詳細に検討した上で、「国籍法を全面改正した時に旧国籍法で国籍が認められた人々について、旧国籍を喪失されることは許されるものではない。旧植民地出身者には自己の意思によって国籍選択権を与えられるなどして法律できちんとした手続きを規定すべきであった」と述べる。憲法も憲法学も文字通り植民地主義に貫かれていたのではないだろうか。

(3) **主権**

絶対主義・軍国主義天皇制から象徴天皇制への転換に焦点を当てれば、戦後民主主義の意義を語ることができるが、天皇制そのものは延命した。「神」から「人間」に横滑りし、極東国際軍事裁判（東京裁判）で裁かれることもなかった。「無責任の体系」は温存され、憲法第１条によって国民と天皇が結びつき、ナショナリズムの中軸となった。以上のように日本国憲法にはレイシズムを助長する

---

9) 古関彰一『日本国憲法の深層』（ちくま新書、2015年）。
10) このテーマには飛田雄一、大沼保昭、田中宏ら多数の先行研究があるが、最近のものとして、鄭栄桓「在日朝鮮人の『国籍』と朝鮮戦争（1947-1952年）──『朝鮮籍』はいかにして生まれたか」『PRIME』40号（2017年）。
11) 後藤光男『永住市民の人権』（成文堂、2016年）。

側面があり、レイシズムを克服する側面と矛盾しながら同居している。

　日本列島が日本であるという領土認識は、植民地の喪失と、その忘却の上に成り立っている。日本の「戦後」は「朝鮮」の消去の上にある。半世紀をかけて膨張した日本が1945年の敗戦によって日本列島に縮小した。植民地の消去は地理的にも人間的にも文化的にも遂行される。大日本帝国の領土が消去され日本列島だけに焦点があてられる[12]。

　植民地の忘却は、植民地時代に形成された日本社会の意識や体験の忘却を伴う。妄想的な「五族協和」の興奮を忘れて「単一民族国家」というもう一つの妄想に逃げ込む。旧植民地出身者は排除され、大和民族・日本国籍の日本がつくりだされる。多民族社会化した文化は「純粋」の日本文化に洗練され直す。歴史も記憶も意識も、すべてこの位置から透視され、改編され、紡ぎだされる。それゆえ植民地支配の帰結としての在日朝鮮人や在日中国人への処遇は常軌を逸したものとなるが、日本人の側にはこの社会が差別のない社会であるかのごとき幻想が蔓延する。

　「民主主義的側面」が救い出され、日本国民は自己免責を手にする。平和主義国家として再出発し、二度と戦争をしないと誓ったという欺瞞に安心して身を委ねることができる。アメリカの黒人差別や南アフリカのアパルトヘイトに眉を顰めながら、日本における人種・民族差別には鈍感な態度が一般化するのも、このためだ。端的に言えば、憲法前文と第9条を隠れ蓑にして、日本レイシズムは延命することができた。

　戦後は終わった。戦後民主主義は虚妄だった。戦後レジームからの脱却――何度となく語られながら、いまだ終わらない東アジアと日本の戦後の誕生の秘密を解明して初めて、その終わらせ方の議論が始まるだろう。第二次世界大戦後の日本は、日本国憲法を柱とする戦後改革を経験し、平和主義、国際協調主義、民主主義、自由主義の新生日本として再発足したはずである。かつての植民地主義が「古層」にあるとしても、その上に70年間積み重ねられてきた民主主義の日本は植民地主義とは異なる社会を作り、文化を育んできたのではないか。にもかかわらず、平和憲法のもとで70年を経た日本で、なぜ、今、差別とヘイトが噴出しているのかを問うために、日本国憲法そのものを再考する必要がある。日本国憲法にはレイシズムを克服する側面と助長する側面が内在する。両者は無関係に同居しているわけではない。両者は相互に影響を与え、矛盾しあいながら同居していると見るべきではないだろうか[13]。

---

12)　権赫泰・車承棋編『〈戦後〉の誕生――戦後日本と「朝鮮」の境界』（新泉社、2017年）。前田朗「日本国憲法とレイシズム」『部落解放』744～746号（2017年）。

13)　前田朗「日本国憲法とレイシズム」『部落解放』744～746号（2017年）。

5　課題

　現代日本法は植民地主義に貫かれているのではないか。最後に、一例としてアイヌ・琉球民族遺骨問題を見ておこう[14)][15)]。1878年から1944年にかけて文化人類学者がアイヌ民族の墓を暴いて人骨を持ち去った。1920年代、文化人類学者は琉球の墓を暴いて人骨を持ち去った。墳墓発掘罪（刑法189条）・死体領得罪（刑法190条）に該当する盗掘を正当化したのは警察であり、刑法学である。2012年、アイヌ民族は北海道大学に遺骨返還を要求したが、北大は面会も質問への回答も拒否した。アイヌ民族は司法に訴えざるを得なかった。北大が盗んだ遺骨の返還を拒否する根拠とされるのが祭祀継承権（民法897条）である。2017年、琉球民族が京都大学に遺骨に関して質問・要請を提出したが、京大は面会も回答も拒否した。植民地時代における「学問」の差別と暴力をいまだに反省することなく、北大や京大をはじめとする諸大学は国連先住民族権利宣言12条を無視している。憲法、刑法、民法など現代日本法の諸領域に植民地主義が根強く息づいているのではないだろうか。

---

14)　清水裕二「アイヌ人骨帰還問題をめぐる『コタンの会』の報告」木村・前田編『ヘイト・クライムと植民地主義』前註(6)。植木哲也『新版学問の暴力』（春風社、2017年）、北大開示文書研究会『アイヌの遺骨はコタンの土へ──北大に対する遺骨返還請求と先住権』（緑風出版、2016年）、『アイヌ民族の遺骨は告発する──コタンの破壊と植民地支配』（遺骨をコタンに返せ！4大学合同全国集会実行委員会、2017年）。前田朗「日本植民地主義をいかに把握するか（一）」『さようなら！福沢諭吉』第5号（2018年）。
15)　宮城隆尋「奪われた琉球人遺骨」木村・前田編『ヘイト・クライムと植民地主義』前註(6)。

研究ノート

2017年衆議院選挙と「安倍改憲」

奥野恒久 (龍谷大学)

key words
憲法尊重擁護義務 The Obligation to respect and uphold Constitution, 2017年衆議院選挙 The House of Representative election in 2017,「積極的平和主義」"Proactive Contributor to Peace", 憲法運動 Constitution Advocacy Campaign

はじめに

　本稿の目的は、「安倍改憲」を阻止し日本国憲法をいかす政治を実現するための課題につき、私見を述べることである。ここでいう「安倍改憲」とは、2017年5月3日に安倍晋三首相が自民党総裁という立場で、極めて唐突に「9条1項、2項を残しつつ、自衛隊を明文で書き込む」と表明して以降の改憲動向のことである。安倍首相は、自衛隊を違憲とする憲法学者や政党があり、「『自衛隊は、違憲かもしれないけれども、何かあれば、命を張って守ってくれ』というのは、あまりにも無責任」だとその理由を説いたうえで、「オリンピック、パラリンピックが開催される2020年を……新しい憲法が施行される年にしたい」と述べた。権力担当者が期限まで明示して改憲を主導するなど、国民の憲法改正権（憲法96条）の侵害といわざるを得ない。

　だが自民党はそれ以降、①自衛隊の憲法明記、②教育無償化に向けて、③緊急事態条項の明記、④参議院の合区解消、これらを改憲4項目として2017年10月の衆議院選挙を経て改憲論議を進め、2017年12月には「論点整理」を示している。報じられるところでは、2019年は春に統一地方選、夏に参議院選と政治日程が過密なことから、自民党執行部は、2018年4月以降通常国会会期内か、秋の臨時国会で発議に持ち込み、2018年内か2019年初めに国民投票を実施するシナリオだという[1]。もちろん国民世論の動向や政治状況の変化にともない改憲動向も変わりうるが、国民投票まで具体的スケジュールに入ってきたのは戦後はじめてのことであり、まさに日本国憲法は最大の岐路に立っている。

　本稿では以下、「安倍改憲」を阻止するための理論的・運動論的課題を、国民意識や投票行動を探るという観点から、2017年衆議院選挙を手がかりに考えることにする。運動論的課題につき結論を先取りするなら、2018年内の国会発議を何としても阻止することであり、そのために「3000万人署名」運動などを通じて草

---

1) たとえば、北海道新聞2018年1月12日付など。

の根からの憲法対話・憲法学習を展開したうえで、市民主導での立憲野党の連携を一層強めることである。そのうえで、私自身、京都にて「憲法9条京都の会」の事務局長を務めていることもあり、そのような立場から見えてくる理論的課題について検討したい。

1 2017年衆議院選挙と改憲動向

(1) 2017年衆議院選挙に見られる国民意識

「大義なき解散」のもとで行われた2017年10月22日投開票の衆議院選挙の結果は、自民284議席、公明29議席で合わせて313議席になり、与党で衆議院の3分の2（310議席）を維持した。投票率は、戦後2番目に低い53・68％であった。新聞報道によると、当選者のうち、憲法改正自体には82％が「賛成」で「反対」は13％、9条改正について「自衛隊明記」が54％「国防軍の明記」が9％「反対」は24％、緊急事態条項について「賛成」は68％で「反対」は25％だという[2]。改憲の項目についてまとまっているわけではないが、改憲を志向する衆議院議員が8割を超えていることは確かである。もちろん、小選挙区制を主とする現行選挙制度のもと民意が著しく歪んで反映されること、希望の党の登場により憲法を軸とする争点が後景に退いたこともあり、総選挙結果は国民が改憲を支持した証左とならない。しかし、今回の選挙から改憲への国民意識を考えるにあたり、その示唆を得ることはできるであろう。

(a) 「3：2：5」の構図

小熊英二は、安倍首相周辺が念頭に置いているという「日本人は右が3割、左が2割、中道5割」という構図について、2012年以降の国政選挙を分析し、1億の有権者のうち「保守」の総得票が約3000万、「リベラル」が2000万、残りは棄権を含む5000万だとして、この構図は正しいとする[3]。また小熊は、日本の有権者には政党への帰属意識というよりも、イデオロギー的な左右を重視する「ブロック別帰属意識」が中高年を中心に存在すると見る[4]。それゆえ、小選挙区制のもとで投票率が5割台であれば、当然3割の固定票をもつ保守が有利となる。ブロック別投票先のデータに基づく小熊の実証研究は、今日の投票行動を見るにあたっては有用だと思われる。改憲問題についてもおおざっぱに言って、2割は護憲、3割は改憲、そして5割の有権者は無関心、あるいは考えがまとまっていないという状況であろう。

問題はこの5割の有権者であり、とりわけ「ブロック別帰属意識」を持たず自

---

2) 毎日新聞2018年10月24日付。
3) 小熊英二「『3：2：5』の構図——現代日本の得票構造と『ブロック帰属意識』」世界2018年1月号、79頁以下。
4) 前掲注3)、83頁。

民党支持者が多いとされる若年層の意識である。小熊は、若年層に9条改正は「必要ない」とする意見が多いことや、夫婦別姓や同性婚に肯定的な意見が多いことも視野に入れ、「政党を位置づける軸を十分に持っておらず」、人格形成期にあたる90年代は新党の現れては消えていく時代であったため、「自民党以外の政党は、『ゴチャゴチャしてよくわからない』の一語に尽きるのではないか」と述べる[5]。加えて、リスクの多い社会だけに規律への同調や秩序の維持を重視し、一時に比べ就職状況が改善している現状を維持したい若年層にとって、政権交代よりも安定を志向したともいえる。あるいは、「深刻なのは日々の暮らしであって、憲法9条どころではない」という層も相当程度存在するはずである[6]。

(b) 国民に深く考えさせない戦略

本稿が注目したいのは、小熊の言う「政党を位置づける軸」である。おそらく、この軸とともに自らの政治的立場や価値が形成されるであろうし、この軸を持っていなければ、自らが体感する事柄や直に接するリアルな情報には敏感であっても、政治理念やそこから導かれる具体の政策を評価することは困難となる。そして現在の教育や報道は、若年層がこの軸や自らの価値を形成しにくい、いや形成させない方向へと向かっているように思われる。たとえば、今回の総選挙のメディア報道であるが、公示日前日までの15日間で、情報・ワイドショー番組の放送時間は123時間であったが、公示後は43時間27分と極端に減っており、しかもその内容は民進党の希望の党への合流、立憲民進党の結成といった現象面を追いかけていくものや、不倫や暴言といった耳目を引く話題を取り上げるのが中心で、選挙の争点を深く掘り下げるものはなかったという[7]。他方で、議席の事前予測報道が注目され、それがかえって有権者の投票所への足を遠のかせ、政治的シニシズム（冷笑主義）を生んだ可能性がある[8]。

安倍政権による「大義なき解散」の決断から投票に至るまで、総じて政治的理念や政策について、国民に考えさせない意図でなされたのが今回の選挙であり、メディアもそれに手を貸したのである。自らに軸や価値を持たず、政治への関心もない層にとって、よほど悪いイメージでも受けない限り、政権党を批判したり、政権党の提案に反対するなどあり得ず、選挙でも自民党に投票するか棄権であろう。間宮陽介が言うように、「反対という言葉はマイナス・イメージを帯びているから、反対には心理的抵抗が伴い、かつ賛成に比べると理由説明の義務が格段に増える。これに比べたら、長らく政権を担ってきた政府与党の案に乗ったほう

---

5) 前掲注3)、87頁以下。
6) 参照、藤田孝典「改憲派にも護憲派にも声を大にして言いたい。憲法9条よりも25条が大事だ――オレの争点＃8」http://bunshun.jp/articles/-/4631?page=1
7) 毎日新聞2017年11月9日付。
8) 参照、岩崎貞明・砂川浩慶・徳山喜雄「座談会・メディアは総選挙をどう報じたか――『政治とメディア』はどう変わるべきか」前衛2018年2月号、49頁以下。

がずっと楽である」「もし政治への無関心が"安定"政権への支持を増大させるとしたら、無関心を増長させるのが政権にとっては好都合ということになる。実際、教育現場では、公民教育が推し進められる一方で、ナマの政治を論じることはタブー視されている」のである[9]。

(2) 「安倍改憲」を阻止するための課題

2017年衆議院選挙についての以上のような分析から、「安倍改憲」を阻止するための課題として、以下の三点を提示したい。第一に、働きかけるターゲットは、約5割の無関心層あるいは改憲問題について考えを詰めていない層である。そのためには広く共感を得ることのできる言葉と働きかけが大切であり、私の実践は「現憲法を守らない政権に、憲法改正を主導する資格があるか？」というものである。理論的には、憲法尊重擁護義務の問題であり、後に検討する。

第二に、仮に国民投票ということになれば、資金面を含めメディア利用を原則自由とする現行の憲法改正手続法の下、改憲派は国民に考えさせることなく、巨額の資金とメディアを駆使して、徹底したイメージ操作に出てくることは間違いない。広告業界に勤務していた本間龍は、改憲派が国民投票のスケジュールを管理すること、改憲派は巨額の資金を調達できること、改憲派の広告宣伝を担当するのが電通であることから、改憲派と護憲派の宣伝合戦は、「スーパーヘビー級チャンピオンとモスキート級のノンランカーを戦わせるくらいの力の差がある」と言う[10]。だとすると、憲法改正手続法を「平等の実質化」という視点から改正し資金の支出に規制を加える、といった課題も浮上しよう。だが、最も重要なことは、多くの国民に憲法や改憲について自らの問題としてじっくり考えてもらう働きかけをすることであろう。

そして第三に、「経済的困難ゆえに9条問題どころではない」といった、本来、最も憲法を力にするべきであるにもかかわらず、離れていっている層に対してである。日々の暮らしに疲労困憊している人に、戦争といういわば遠い存在を語っても、響かないのは当然であろう。働きかける側は、そのような人の困難を理解しようとしてきたか、自分たちの主張を一方的にしてきてはいなかっただろうか。個人の尊重（憲法13条）を基礎とする、具体の生活への日本国憲法の広範な可能性を実践的に示していくことが必要だと思われる。

2　安倍政権の憲法の扱い方

(1) 「積極的平和主義」による9条の実質改憲[11]

日本は、戦力の保持を禁じる憲法9条2項を有していることから、そもそも軍

---

9) 間宮陽介「非政治化する時代の政治」世界2017年12月号、66頁以下。
10) 本間龍『メディアに操作される憲法改正国民投票』（岩波書店、2017年）19頁以下。

事的実力組織の保有自体に憲法上の疑義がある。それを政府は、1954年の自衛隊発足以来、「戦力」と「自衛力」とを区別したうえで、憲法9条は独立国家に固有の「自衛権」まで放棄したものではなく、「自衛のための必要最小限度の実力」（自衛力）を持つことは憲法9条に違反しないとして、自衛隊を正当化した。同時にその限界の確定にも努め、「実力行使の三要件」の第一は、「我が国に対する急迫不正の侵害があること」とする。すなわち、個別的自衛権としての実力行使を容認しつつ、「他国に加えられた武力攻撃を阻止することをその内容とするいわゆる集団的自衛権の行使は、憲法上許されない」（1972年10月14日）としてきたのである。

ところが2014年7月1日、安倍政権は閣議決定にて「武力の行使の新三要件」を定め、その第一を「我が国に対する武力攻撃が発生した場合のみならず、我が国と密接な関係にある他国に対する武力攻撃が発生し、これにより我が国の存立が脅かされ、国民の生命、自由及び幸福追求の権利が根底から覆される明白な危険がある場合」とすることで、集団的自衛権の行使に道を開いた。

集団的自衛権の行使を容認するというのは、自衛隊を正当化する論理自体を捨て去ることになり、自衛隊を「戦力」と扱っているとみるしかない。憲法9条2項に反することは明白である。また「武力の行使」を行う他国軍への後方支援を「積極的平和主義」の立場から「必要な場合がある」とし、さらにPKOでの武器使用の要件緩和も「積極的平和主義」の立場から認めるという。この閣議決定に基づいて、安倍政権は2015年9月19日、集団的自衛権の行使容認、後方支援の参加拡大、PKOにおける武器使用の要件緩和、集団的安全保障への参加拡大等を柱とする安保関連法を成立させた。

(2) 平和観を転換する「積極的平和主義」

安倍政権は、日米間の軍事的連携を強化し抑止力を高めるという文脈で「積極的平和主義」なる概念を用いている。すなわち、「積極的平和主義」は、軍事権力の制限規範、非軍事理念であるはずの憲法9条の平和観を、軍事権力を拡大する理念に変質させるものである。実際、安倍政権は「積極的平和主義」を対外的に表現するさい、Positive PacifismやPositive Peaceではなく、Proactive Contributor to Peaceと表現している。澤野義一が指摘するように、proactiveには安全保障分野において先制的に軍事的対処措置をとっていく意味も含まれているため、対外的には「軍事的な平和貢献」を趣旨とするものと受け止められる[12]。「積極的平和主義」は、憲法9条の平和観と正反対の平和観といわざるをえ

---

11) 参照、奥野恒久「憲法学における平和主義の現在——内閣による9条解釈の変更を契機として」龍谷大学政策学論集第4巻2号（2015年）53頁以下、「安保関連法の違憲性と問題性」龍谷大学政策学論集第5巻2号（2016年）27頁以下。

ず、平和観の根本的転換を、9条解釈の変更と立法によって行ったのである。この一例だけでも、この政権が憲法を尊重擁護しているとは、到底いえないであろう[13]。

　安倍首相の目指す9条改憲は、1項・2項を変えることなく自衛隊を明記するだけだという。だがいま見たように、その自衛隊の性格が2014年以来、集団的自衛権を行使でき海外でどこでも後方支援活動を行うことのできる自衛隊へと変わっているのである。安倍首相は、「すでに1項、2項がある中で、われわれは集団的自衛権の行使について一部解釈変更をしたわけだから、それはそのままということだ」（2017年11月30日、参議院予算委員会）と語っているように、自衛隊明記改憲論の本質は、「積極的平和主義」を担う自衛隊を憲法によって正当化することである。

3　安倍政権と憲法尊重擁護義務

　安倍政権の憲法への姿勢に対し、国民の信頼は大きく揺らいでいる。「憲法を守らない政権に、憲法改正を主導する資格があるか？」という問いかけは、極めて常識的な問いであるが、同時に立憲主義についての確認を促す問いでもある。憲法を尊重していない首相による改憲の提起は、憲法99条の憲法尊重擁護義務に反するのではないか。

　政府は、憲法を尊重し擁護することと、憲法改正について検討したりその必要性を主張することとを別異の問題と捉え、後者については憲法自身に改正規定があることから問題ないとしている。安倍首相も「憲法には改正手続についても書かれているわけであって、私は、その手続にのっとって、憲法を遵守しながら憲法を改正する必要があるのではないか、こうずっと考えてきている」と答弁している（2006年11月28日、衆議院総務委員会）。

(1)　憲法尊重擁護義務の含意

　憲法99条と改憲発言につき、佐藤功は「国務大臣・国会議員などに対して……本条は政治的責任追及の理由となるにとどまる」とする。また憲法が改正手続を定めている以上、「国会議員および国務大臣（内閣総理大臣を含む）が憲法改正について調査・検討し、準備し、主張することも、本条に反するものではない」

---

12) 参照、澤野義一『脱原発と平和の憲法理論――日本国憲法が示す平和と安全』（法律文化社、2015年）142頁。

13) 安倍政権は、2017年夏、野党が憲法53条に基づき総議員の4分の1以上で臨時会の召集を要求したが、その要求を無視して臨時会の開催を先送りした。また2017年の「大義なき」衆議院の解散も憲法の規定する議会制民主主義の趣旨に反し、解散権の濫用にあたる。かつて日本国憲法を「みっともない憲法」と評した人物を首相とするこの政権に、憲法を尊重擁護する姿勢があるとはとてもいえない。

としつつ、「そのことは本条の憲法の尊重・擁護義務を免れしめたり、軽からしめることではない。すなわち、たとえば、もしも国務大臣が憲法の規定や精神に反対する立場を明らかにし、その改正論を主張・唱導し、その言動が、憲法およびその下における法令に従って行わるべきその職務の公正性に対する信頼を疑わしめる結果となるような場合は、本条の義務違反の問題となりうる」とされる。さらに「『尊重』の文字には、憲法の『価値』あるいは『尊厳』の尊重（『憲法への忠誠』）という意味が当然に含まれていると解される。憲法に対する軽視・侮辱・侮蔑・不信の念は憲法の『尊厳』の尊重とは相容れない」という[14]。佐藤幸治も「憲法が改正手続について定めている以上、閣僚が政治家として改正に関し主張できることは当然であるが、改正されるまで誠実に憲法に従って行動する義務があり、さらに、憲法およびその下における法令に従って行われるはずのその職務の公正性に対する信頼性を損なうような言動があるとすれば、本条の義務に反する可能性があろう。その意味で、閣僚の憲法改正に関する発言には、国会議員の場合と違った慎重さが求められる」[15]という。

　憲法99条は、公務担当者に憲法尊重擁護義務を課すことで立憲主義の確保をはかるものであるが、その含意は、主権者の信託によって憲法を運用する公務担当者への国民の信頼を担保することであろう。だとすると、公務担当者が憲法を誠実に執行していないのではないかと国民に疑義が生じたならば、それを打ち消す説明責任が公務担当者の側に課されるはずである。かつて国務大臣の憲法に関する言動が問題になった事例、たとえば佐藤内閣での倉石発言事件（1968年2月）、三木内閣での稲葉発言事件（1975年5月）、鈴木内閣での奥野発言事件（1980年8月）では、いずれも内閣としては憲法改正を考えていない方針を明らかにしている。ところが安倍政権は、国民からの疑義に対し逆に改憲を提起したのである。説明責任をはたすどころか、憲法9条を否定する立場として「開き直った」としかいいようがない。

(2)　「総理」と「総裁」の区分

　憲法改正発議権をもつ国会議員と、それを有さず「法律を誠実に執行」することを憲法上の職務とする内閣（憲法73条1号）を構成する閣僚とは、憲法尊重擁護義務の程度にも自ずと違いがあり、佐藤幸治が指摘するように「閣僚の憲法改正に関する発言には、国会議員の場合と違った慎重さが求められる」といえよう。安倍首相が、昨年5月3日の発言のさいに自民党総裁という立場で行ったのは、この点への配慮といえなくもない。

　小沢隆一は、首相の靖国神社への参拝のケースを援用し、「私的な」団体としての政党のトップの地位である「党総裁」という立場を用いることについて、

---

14)　佐藤功『ポケット注釈全書憲法（下）〔新版〕』（有斐閣、1984年）1296頁以下。
15)　佐藤幸治『日本国憲法論』（成文堂、2011年）47頁。

研究ノート

「日本国憲法の議院内閣制における従来からの『慣例』では、国会とりわけ衆議院で多数を制した政党は、政権党として君臨し、そのトップが内閣総理大臣の指名を受けることが常態化している（1994年成立の自社さ連立・村山富市内閣はごく例外）以上、自民党総裁という立場は、『私人性』の証にはならない。少なくとも政治的にはそうは通用しない。いずれにせよ、『自民党総裁として』という言い訳は、首相の座が政権党たる自民党総裁であるがゆえに『保証』されているかぎり、『総理として』の立場と区別される実質を伴わない」[16)]と述べる。たしかに、日本では議院内閣制のもと衆議院で多数を制した政党の代表が内閣総理大臣に指名されるのが通常ではある。しかし議院内閣制といっても、内閣と議会下院の与党とが「融合」し一体化しているイギリスのような型もあれば、内閣が議会の外にあって議会とは別個の存在と見なされるヨーロッパ大陸諸国のような型も存在する。日本の国会法42条2項が「議員は、少なくとも一個の常任委員となる」と規定しつつ、但書で「内閣総理大臣その他の国務大臣、内閣官房副長官、内閣総理大臣補佐官、副大臣、大臣政務官及び大臣補佐官は、その割り当てられた常任委員を辞することができる」と定め、「国務大臣等が議員の立場で国会の審議に積極的に関与すること」はなく、「こうした審議のあり方は、ヨーロッパ大陸諸国の議会との共通性が高く、委員会審査をリードする与党幹部がそのまま閣僚でもあるイギリス議会下院とは異なっている」とされる[17)]。日本の国会では、閣僚は議員と混然一体となっていないのである。

　逆に言うと、国会外にてたとえば自民党内がその典型だが、国務大臣が議員という立場で行動することもあり得るであろう。憲法尊重擁護義務についていえば、最も重要なことは、その場をはじめ「国務大臣としての行動」と国民から受け止められないことであろう。昨年5月3日、安倍総理は自民党総裁という立場でとしつつも、「読売新聞」という一般紙のインタビューに応じており、当該新聞の見出しは「安倍首相インタビュー」となっていることから、国民は首相の発言と受け止めるのが当然であろう。ここでは、「総理」と「総裁」の使い分けは実質的なものとはいえず、やはり安倍首相による9条改憲の提起は、憲法尊重擁護義務に反するとして政治的責任が追及されるべきである。

4　「個人の尊重」を実践する——むすびに代えて

　最後に、「日々の暮らしに手一杯で、憲法9条どころではない」という層への働きかけである。国民主権、平和主義、基本的人権尊重主義という日本国憲法の三大原則の根底にあるのは、国民一人ひとりを一人の人間として大切にする「個人の尊重」、個人主義という考え方（憲法13条）である。だが現在、職場・学校・

---

16)　小沢隆一「本格化する『安倍改憲』の動きと理論的対決点」前衛2017年8月号、31頁。
17)　大山礼子『日本の国会——審議する立法府へ』（岩波書店、2011年）122頁以下。

家庭・地域等々で、大切にされていない、ないがしろにされていると感じる人があまりにも多いという現実がある。その背景には、これまで民科法律部会が検討してきたように、経済のグローバル化と一連の新自由主義改革があったはずである[18]。ならば、その対抗軸として改めて日本国憲法の「個人の尊重」を対置し、労働・福祉・教育など多様な法分野にて、現実の告発と処方箋の提示にとどまらず、日本国憲法の具体化とその実践をより広く示していくことが必要ではないか。「憲法問題＝9条問題」と捉えられ、遠い存在として敬遠されがちななか、憲法問題とは一人ひとりの暮らしの問題でもあると示していくことが求められているように思われる。「安倍改憲」阻止の運動も、そのような運動の中に位置づけられるべきではないか。

イマヌエル・カントが『永遠平和のために』の第3条項で「常備軍は、時とともに全廃されなければならない」としたのはあまりにも有名であるが、カントはその理由の一つとして、「人を殺したり人に殺されたりするために雇われることは、人間がたんなる機械や道具としてほかのものの（国家の）手で使用されることを含んでいると思われるが、こうした使用は、われわれ自身の人格における人間性の権利とおよそ調和しないであろう」[19] と述べている。「人を殺したり人に殺されたりするために雇われる」、戦争に従事するとき、「個人の尊重」などおおよそあり得ないことへの想像を呼びかけたい。

安倍政権は、2013年12月に「国家安全保障戦略について」を閣議決定することで、国政の価値体系の最上位に「国家安全保障」を据えようとした。具体的には、「情報機能の強化」として特定秘密保護法を正当化し、「技術力の強化」として「産官学の力の結集」を推進し、そして「社会基盤の強化」に向け「我が国と郷土を愛する心を養うとともに、領土・主権に関する問題等の安全保障分野に関する啓発や自衛隊、在日米軍等の活動の現状への理解を広げる取組、これらの活動の基盤となる防衛施設周辺の住民の理解と協力を確保するための諸施策等を推進する」などというのである。「安倍改憲」によって、自衛隊が憲法に明記されるとは、自衛隊が最高法によって国民的に認知されたと解されよう。それゆえ、自衛隊の活動には公共性があるとされ、まさに「国家安全保障戦略」が語るように、自衛隊を梃として「国家安全保障」なる概念が社会の前面に出てくるであろう。自衛隊への強制入隊も憲法上可能となるだろうし、防衛予算のあり方に始まり、報道や教育での自衛隊の扱い方、市民と自衛隊との日常的な接し方に至るまで変わってくるのは必至である。

日本国憲法の「個人の尊重」の意義を具体的に語りながら、「安倍改憲」の危険性を指摘していくことが重要だと考える。

---

18) 代表的な研究成果として、民主主義科学者協会法律部会編『改憲・改革と法――自由・平等・民主主義が支える国家・社会をめざして』（日本評論社、2008年）。

19) イマヌエル・カント（宇都宮芳明訳）『永遠平和のために』（岩波書店、2015年）16頁以下。

書評

森山文昭（花伝社、2017年）
『変貌する法科大学院と弁護士過剰社会』

宇佐見大司

（元名城大学）

1

　法科大学院による法曹養成が始まってから14年が経過した。この間、法科大学院は当初の見込み通りに運用されているとは言えない。法科大学院修了者の司法試験合格率は低迷し、最大時74校あった法科大学院は、志願者の激減からその多くが維持できなくなり、すでにほぼ半数の35校が新規の学生募集を停止せざるを得なかった。法科大学院入学の前提とされた適性試験も2018年は実施されないことになった。募集を継続している法科大学院でも定員削減が行われたが、国立大学も含めて多くの大学が定員割れの状態であり、入学者ではピーク時の30％（1754名）に落ち込んでいる。

　なぜこんなことになってしまったのか。誰しも思う疑問である。この疑問を解明し、その解決策を模索する多くの意見がすでに出ているが、そこに本書が新たに加わることになった。私事ながら、私もかつて長く法学部につとめ、その最後の8年間は二つの大学で法科大学院を担当し、当初の設置にかかわりもした。だから私自身、その総括を求められるべき立場にあると認識している。そういうことを考えていたので、本書は私にとって待望の書であったといってよい。本書の著者は、40年近く弁護士をつとめ、その間、日弁連などで司法問題に関わり続け、10数年前からは大学にも籍を置き、法科大学院発足当時から愛知大学法科大学院の教授として活躍していて、弁護士の側からも大学教員の立場からもこの問題に精通している。本書のようなテーマを扱うには最適任といえよう。

2

　本書は序章で法科大学院が志願者の激減のため危機に陥ってきた状況を述べたあと、本論を3部に分ける。第1部は法科大学院の現状論、第2部は法曹人口論、第3部は法科大学院に関する政策論（本書のあとがきによる）である。司法制度審議会が、法曹養成について法科大学院制度を提案したのは、その前提に大幅な法曹人口増加策があった。法曹人口を増やす必要があり、そのためには司法試験の合格者を増やす必要があり、合格者を増やしてもその水準を下げないために、司法試験という一点での選抜ではなくて、プロセスとしての法曹養成に切り換え

る必要があり、そのプロセスを担うものとして法科大学院制度を構想するというものである。しかし、この法曹人口（その多くは弁護士）増加策こそが、法科大学院が現在おちいっている危機の大きな要因になっている。本書が法科大学院の現状に続いて法曹人口を分析の対象にしたのは、問題をはっきりさせる上で適切なものであった。そして本書の最後を締めくくる政策論は、この法科大学院の危機をどのようにして克服するかについて、著者の考えるところを展開する。この部分に著者が本書で訴えたいことが凝縮されているといえる。そのあとにおかれた「補論」では、文科省が最近出してきている法科大学院改革案の紹介と批判、それに修習生の給付金制度の問題への言及がある。ここでは分量の関係から、著者が提言するあるべき法科大学院の姿を中心に紹介し、私の若干の感想を述べることにする。

3

以下、著者の主な主張を私なりにまとめてみる（一部私の意見も含む）。法曹は高度の専門家であり、その資格の有無の判定が必要である。その方法が司法試験である。試験である以上、その方法はいろいろ工夫できるとしても、基本的に「点」による選抜とならざるを得ない。法科大学院は「プロセスによる法曹養成」を目指すとして導入されたが、真にプロセスを重視するのであれば、そのプロセスを経た者は、法曹になる資格があると判定される、つまり基本的に司法試験にも合格する仕組みにすべきである。法科大学院がうまくいっていない原因は、法科大学院の定数が多すぎて、結局、出口にあたる司法試験で資格判定をすることになり、しかもその合格率が20％台にとどまったというところにある。これでは法科大学院生はいきおい受験対策に熱中せざるを得ず、プロセスとしての法曹教育は実現できない。この矛盾に正面から向き合わなければ、法科大学院の現状を打開することはできない。ここから抜け出す道はどこにあるか。司法試験と司法研修所の組み合わせという戦後約60年続いた法曹養成は、司法試験で専門知識を確認し、司法研修所で実務教育を行うというもので、まさに「入口」での選抜だった。法科大学院は失敗だったという評価のもとに、法科大学院制度を廃止して、旧来の司法試験、司法研修所の制度に戻すべきだという意見も、現在かなり出ている。しかし著者は、法科大学院での教育経験も踏まえて、「プロセスによる法曹養成」の理念自体には積極的な意義があると考えているようである。ここで著者の考える法科大学院は、かつての司法研修所とは異なり、実務修習に加えて、法曹としての豊かな教養を身につけさせるための場であり、それを法科大学院、つまり大学が担うべきだということになる。そうすると、法科大学院を修了したものは基本的に法曹になるわけだから、法曹資格の有無は法科大学院の入学時点で判定されるべきことになる。つまり「入口」での選抜である。

ではその数をどうするか。ここで重要なのが法曹に対する社会的需要をどう評

価するかということである。本書では第2部でこの問題が検討されている。法科大学院を提言した司法制度改革審議会は、将来の法曹需要を約5万人と予測したが、それは必ずしも科学的な根拠に裏付けられたものではなかった。現在弁護士人口は約4万人に達し、社会的には飽和状態といえる。そこから法曹養成の必要数、つまり法科大学院の入学者数を考えていくと、現在の法曹の死亡や廃業による自然減を補う程度でよい。著者の見るところその数は約500人である。また、法曹資格者として認めるにはそれなりの水準が必要だが、500人ならその水準は十分確保できる。そうすると、法科大学院の定数は550人、設置される法科大学院の数も限定し、その入学試験も統一的な国家試験とし、合格者を各法科大学院に割り振る。このような改革が実現するならば、学生は法曹としての資質を磨くことに専念でき、法科大学院におけるプロセス教育は、法曹養成制度として機能しうるということである。

4

この改革案は、これまでの議論と事態の推移、そしていまいわれている各種の改革論のなかでは、かけ離れた議論のように見える。また細部にわたると、なお検討されるべき問題も多い。なかでも最大の問題は、法科大学院と司法研修所の関係はどうなるのか、ということだろう。法科大学院が司法研修所の機能も併せ持つ（司法研修所は廃止）とすると、法科大学院の修了試験が法曹資格を付与するための「出口」の試験となり、法科大学院を修了しない法曹というのはなくなり、予備試験もなくなる。法曹養成は法科大学院に一本化される。もっとも著者はそこまでは考えていないように見える。

しかし、法曹資格付与のためには選抜が必要であり、それは「点」としての選抜になるが、それを「入口」、つまり法科大学院の入学時点に置くことによって、その後の法曹養成プロセスを実質化しようとする提言は十分検討されるべき視点だと思う。このような「出口」から「入口」へ、という発想の転換をしないと、解答は出てこないのではないか。

多くの方が本書によって問題をさらに深める機会をもたれることを期待したい。

民科法律部会　学会活動の記録　2017年3月～2018年3月

2017年春季合宿記録

2017年3月26日（日）～28日（火）　グリーンピアせとうち（広島県呉市）

全体会Ⅰ（現地企画）「原爆被爆者裁判と被爆者援護制度」
1. 被爆者裁判総説　　　　　　　　　　　　　　　　　　広島大学名誉教授　田村和之
2. 被爆者健康手帳裁判について　　　　　　　　　　　　広島弁護士会　　　竹森雅泰
3. 原爆症認定請求裁判　　　　　　　　　　　　　　　　広島弁護士会　　　二國則昭

全体会Ⅱ（企画委員会企画）
1. 2017年度企画趣旨説明　　　　　　　　　　　　　　　立命館大学　　　　多田一路
2. 『永続敗戦論』から見る戦後の終わりと安倍政権　　　京都精華大学　　　白井　聡

基礎法分科会
1. 市民法社会学の構想　　　　　　　　　　　　　　　　専修大学　　　　　飯　考行
2. 過少利用時代における入会権論・再考　　　　　　　　立命館大学　　　　髙村学人
3. 「明治民商法典」編纂過程の一面　　　　　　　　　　愛媛大学名誉教授　西村隆誉志
4. 憲法安保二元論を考える（基礎法・憲法合同分科会）　龍谷大学名誉教授　石井幸三

憲法分科会
1. 書評「渡辺治・福祉国家構想研究会『日米安保と戦争法に代わる選択肢』（大月書店）を読む　　　　　　　　　　　　　　　　　　　　　　　　東海大学　　　　　永山茂樹
2. 憲法学者は、象徴天皇をいかに語るべきか？　　　　　國學院大學　　　　植村勝慶
3. フランスにおける緊急状態をめぐる憲法ヴォードヴィル　関西大学　　　　村田尚紀
4. 憲法安保二元論を考える（基礎法・憲法合同分科会）　龍谷大学名誉教授　石井幸三

行政法分科会
1. 「申請権」概念の生成と展開　　　　　　　　　　　　九州大学　　　　　村上裕章
2. 法関係のグローバル化とネットワーク論・行政法学　　早稲田大学　　　　岡田正則
3. 辺野古訴訟最高裁平成28年12月20日判決の批判的検討　龍谷大学　　　　　大田直史
　　　　　　　　　　　　　　　　　　　　　　　　　　新潟大学　　　　　石崎誠也

民事法分科会
1. 不当利得法における「使用利益」と消費利益・譲渡利益・営業利益の関係──ドイツ判例を中心に　　　　　　　　　　　　　　　　　　　　　　広島大学　　　　　油納健一
2. 時効期間の合意による変更　　　　　　　　　　　　　関西学院大学院生　川上生馬
3. 明治期の文学に見える「家」意識──法学と文学の交錯　福島大学　　　　富田　哲
4. 離別後の子の養育──子の最善の利益とは？　　　　　福岡大学　　　　　小川富之

刑事法分科会
1. 応報刑論の現代的意義──自律的主体と他律的統制客体　東京経済大学　　中村悠人
2. 国際組織犯罪防止条約における「共謀罪」の検討　　　神戸学院大学　　　木原正樹
3. ロシア人おとり捜査事件再審事件──抗告審決定を中心に　福岡大学　　　新屋達之
4. 「自由刑の単一化」と刑罰目的・行刑目的　　　　　　立命館大学　　　　松宮孝明

5　少年法の年齢引き下げ　　　　　　　　　　　大阪弁護士会・甲南大学名誉教授　斉藤豊治
商法・経済法分科会
   1　伊憲法改正案（レンツィ・ボスキ法案）否決の経緯と問題点　　　　長崎大学　吉田省三
   2　オーストラリア・フランチャイズ（FC）法制度ヒアリング調査結果
　　　　　　　　　　　　　　　　　　　　　　　　　　　　　　弘前大学　長谷河亜希子
   3　安売り業者に対する間接の取引拒絶――松下電器産業事件　鹿児島国際大学　山本晃正
   4　適格消費者団体による不当表示の差止請求――クロレラチラシ事件を中心に
　　　　　　　　　　　　　　　　　　　　　　　　　　　　　日本福祉大学　近藤充代

国際法分科会
   1　いわゆる「イスラム国」の国際法上の地位と「外国人テロリスト戦闘員」問題
　　　　　　　　　　　　　　　　　　　　　　　　　　　　　東北学院大学　松浦陽子
   2　国際組織犯罪防止条約における「共謀罪」の検討――国際刑事裁判所の「コントロール」理論の観点から　　　　　　　　　　　　　　　　　　神戸学院大学　木原正樹

労働法・社会保障法分科会
   1　山梨県信用組合事件最高裁判決を読む　　　　　　　　　　　名古屋大学　和田　肇
   2　LGBTと労働法の課題　　　　　　　　　　　　　　　　　　　金沢大学　名古道功
   3　LGBTの社会保障に関する課題　　　　　　　　　　　　　　　立正大学　濱畑芳和
   4　書評：浅倉むつ子著『雇用差別禁止法制の展望』　　　　　　　愛知大学　金井幸子

若手交流会
築地市場の豊洲移転問題の背景にあるもの――水産物流通への関心から
　　　　　　　　　　　　　　　　　　　　　　　　　　　農林中金総合研究所　亀岡鉱平

2017年度学術総会

2017年11月25日（土）～26日（日）　関西大学
全体シンポジウム　社会の持続可能性と法主体の再構築
   1　社会の持続可能性と法主体の再構築――社会的排除の議論から学ぶ
　　　　　　　　　　　　　　　　　　　　　　　　　　　　　　立命館大学　多田一路
   2　ケアを中心とする社会への転換のための法構想――「脆弱な主体」をめぐって
　　　　　　　　　　　　　　　　　　　　　　　　　　　　大阪電気通信大学　中里見博
   3　雇用社会の持続可能性と労働法の存在意義　　　　　　　　　広島大学　山川和義
   4　自然環境、特に野生動物と法主体　　　　　　　　　　　　　富山大学　高橋満彦
   5　「持続可能な社会」と法――地球環境問題の視角から　　　　名古屋大学　高村ゆかり
コロキウム　民主主義法学の未来
   1　民主主義法学の歴史から何を学ぶか　　　　　　　　　　　　立命館大学　吉村良一
   2　行政法研究と民主主義法学――変容を続ける国家・行政と民主主義法学の課題
　　　　　　　　　　　　　　　　　　　　　　　　　　　　　　　南山大学　豊島明子
   3　法社会学研究と民主主義法学　　　　　　　　　　　　　　　専修大学　飯　考行
   4　現代における法の形成と法曹の役割　　　　　　　　　　大阪弁護士会　豊川義明
   5　ミッションとしての民主主義法学――科学としての法学そして科学者の社会的責任
　　　　　　　　　　　　　　　　　　　　　　　　　　　　　　元専修大学　広渡清吾
ミニ・シンポジウム1　軍事研究と学問の自由・平和主義
   1　軍事と学術――日本学術会議の選択　　　　　　　　　　　　東京大学　佐藤岩夫

2　安全保障技術研究推進制度によって大学における学問研究はどのような影響を受けるか——行政法学からの視点　　　　　　　　　　　　　三重大学　前田定孝
3　日本国憲法の平和主義と軍事研究——憲法学の視点から
　　　　　　　　　　　　　　　　　　　　　東京慈恵会医科大学　小沢隆一

ミニ・シンポジウム2　法学教育と民主主義法学の現在——緒方桂子・豊島明子・長谷河亜希子編『日本の法』（日本評論社、2017年）を素材として
1　法学教育と民主主義法学の現在——企画趣旨説明　　早稲田大学　岡田正則
2　『日本の法』と法学教育——編者・著者の立場から　弘前大学　長谷河亜希子
3　緒方桂子他編『日本の法』と民主主義法学　　　　　神奈川大学　小森田秋夫
4　『日本の法』と法教育——あるいは、たったひとりの「最終決戦」
　　　　　　　　　　　　　　　　　　　　　　　　　鹿児島大学　渡邊　弘

ミニ・シンポジウム3　体制転換・市場経済化の四半世紀と法
1　社会主義の亡霊？——変わらぬロシアから考える　　北星学園大学　篠田　優
2　脱社会主義化の帰結と憲法／立憲主義　　　　　　　三重大学　樹神　成
3　党天下体制と市場経済システムのカップリングと法　明治大学　鈴木　賢

個別報告
1　辺野古新基地建設問題が提起する法的課題　　　　　琉球大学　徳田博人
2　「安倍改憲」論の批判的検討　　　　　　　　　　　龍谷大学　奥野恒久

対外的活動の記録

　以下の民科法律部会理事会声明は、2017年1月9日に発出し日本学術会議に対して提出したものである。すでに本誌前号（48号）にも同名のものが掲載されているが、これは策定途中の案文であった。ここにその不手際をお詫びするとともに、声明の正文をあらためて掲載するものである。前号掲載の文との違いを明示するために、該当箇所を下線で示した。
　　　　　　　　　　　　　　　　　　　　　　　　　　　　　（文責・小沢隆一）

日本学術会議「安全保障と学術に関する検討委員会」への意見表明と要望
　現在、日本学術会議に設置された「安全保障と学術に関する検討委員会」（以下、「検討委員会」と略す）において、安全保障と学術のあるべき関係について学術界が採るべき考え方に関する検討が進められている。私たち民主主義科学者協会法律部会（以下、「民科法律部会」と略す）は、この問題について学会として検討することが「日本学術会議協力学術研究団体」に名を連ねる研究団体としての責務と考え、検討委員会での審議の参考にしていただきたく、ここに意見を表明する。
1　日本学術会議1950年、1967年声明の堅持について
　民科法律部会は、1946年1月に平和と民主主義を希求する科学者が結集した民主主義科学者協会の法律部会として誕生し、1957年に「すべての分野における法学研究者の研究上の連絡、協力を促して民主主義法学の発展をはかること」を目的に掲げる規約を定めて独立の学会として発足して、今日に至っている。
　日本学術会議が1949年の発足に当たり表明した従来の科学者の態度への反省と科学を「平和国家の基礎」とする決意や、1950年や1967年の「戦争（軍事）目的の科学研究を行わない」旨の声明は、本会にとっても活動上の重要な指針であり、それらは、「科学者の行動規範」とともに今日の学術・研究の担い手が則るべき基準としての意義を有している

と考える。日本学術会議には、こうした発足時からの数次にわたる声明で示した立場を今後とも堅持して、人類の福祉と平和に貢献する学術の探求を率先されるよう切に求めるとともに、本会も、協力学術研究団体として、その探求に総力をあげて努めることを、ここにあらためて表明するものである。

2　日本国憲法の平和主義と軍事研究禁止の立場について

「すべての分野の法学研究者」が集う本会は、科学を「平和国家の基礎」とする日本学術会議の決意が、侵略戦争の反省の上に立って平和主義を定めた日本国憲法の理念に即したものであることを重視する。そして、今回の検討委員会が設置された背景として、日本国憲法の平和主義が、この間の安全保障法制の大幅な変動など国内外の政治によって大きく脅かされている状況があると認識し、その点への注意を強く喚起したい。

前文で平和主義の理念を謳い、第9条で戦争の放棄と一切の戦力の不保持を規定することで自衛のための戦争や武力行使も否定した日本国憲法の平和主義は、1950年代前半に、講和条約と日米安保条約の締結、警察予備隊から保安隊を経て自衛隊の創設などを通じて歪曲をこうむるが、それでも国民の平和憲法への強い支持を背景にして、憲法9条の明文改憲は、いまなお阻止され続けている。こうして自衛のための武力行使の是非については意見が分かれても、憲法9条の改正には反対するという幅広い国民合意の下で、「専守防衛」（集団的自衛権の行使は違憲）、非核3原則、武器輸出禁止3原則などの政府方針が打ち出され、定着を見るに至った。日本学術会議の一連の声明は、科学を軍事にではなく平和に役立てることを目指すことで、日本国憲法の平和主義に即した、それにふさわしい学術のあり方を方向づけるものであった。

2014年7月の閣議決定と、それに基づいて2015年に成立した安保法制による集団的自衛権の行使容認は、自衛隊による海外での武力行使に道を開き、2014年4月の武器輸出禁止3原則から防衛装備移転3原則への変更は、防衛装備すなわち武器を海外に積極的に輸出する方向を打ち出すに至った。これらは、これまで維持され培われてきた憲法の平和主義の理念を大きく脅かすものと言わざるを得ない。このたびの「安全保障技術研究推進制度」は、こうした動きの中で導入されたものとして位置づけることが重要である。

この制度について、自衛のための武力行使や自衛隊の合憲性を前提にして、自衛目的に限定して大学などの研究者が将来の防衛装備品開発に役立つ基礎研究は必要だとする議論がみられる。しかし、武器や装備を自衛目的と攻撃・侵略目的とに区別することは甚だ困難である。これまで法律学とりわけ憲法学が、憲法9条2項の「戦力」について自衛目的と攻撃・侵略目的とに区別することは困難であるとして、「自衛戦力合憲」論を峻拒してきたことや、政府もまたこの論を退けてきたことを踏まえるならば、そうした立論は採りがたい。くわえて、安保法制の成立によって「自衛」の観念そのものが変容し、従来の「専守防衛」の枠を大きく踏み越えるものとなったことに鑑みれば、「自衛」目的だからよいという議論は、乱暴の誹りを免れない。また、そのような状況の下、防衛装備移転3原則による武器輸出の推進が「専守防衛」の理念と大きくかけ離れようとする中で導入されたこの研究推進制度が、2016年度の6億円から2017年度の110億円へと約18倍の予算規模で概算要求され、要求どおりの金額が政府予算案に盛り込まれたことについては、強い警戒の念を抱かざるを得ない。

3　安全保障技術研究推進制度の問題点について

安全保障技術研究推進制度は、基礎研究を対象とするとしているが、そこで言う基礎研究は「真理探究」のためのものではなく、あくまでも軍備品のための基礎研究であり、多

くの研究者が重要と指摘している日本の基礎研究の充実とは全く異なり、むしろそれに逆行してしまう。また、募集される研究のテーマが、理系・自然科学の特殊な分野を対象とするものであり、したがって、研究全体の水準の向上には貢献しないばかりか、科研費から漏れた研究者が手を挙げて軍事研究にでも平気で手を出すようになりかねず、科学者の倫理観を失わせてしまう。さらに、この制度では、外国人研究者を排除することになりかねず、研究の普遍性が損なわれると同時に、人文社会科学分野で粛々と行われている平和研究を軽視して、政治的にも国際関係を一層悪化させかねない。

そして、この制度については、研究の自由と研究成果の公開原則との関係で重大な疑念を持たざるを得ない。この制度において防衛省職員であるPD（プログラムディレクター）PO（プログラムオフィサー）による研究進捗管理は、自由で自律的であるべき研究環境を保証しない。また、この制度による研究成果について「原則公開」が謳われてはいるものの、公開には防衛省側の事前の確認（承諾）を得ることとされ、公開原則が貫かれるのか不確かである。さらに、研究成果が特定秘密保護法にいう「特定秘密」に指定されないか、その保証はどのようにして確保されるのか明確でない。

2017年度の概算要求が通れば110億円になるこの制度の研究資金は、科学研究予算全体の約20分の1に当たり、その額と割合は決して小さくない。これを契機に、我が国の科学技術政策の立案、運営において防衛省や軍事産業の発言権が拡大することも危惧される。こうした動きに、多くの大学関係者は戸惑いを感じており、日本の学術研究体制に大きな混乱を引き起こすことが懸念される。

本会は、日本学術会議に対し、このような日本の平和主義と学術研究の平和理念を掘り崩す危険な動きに対して、制度の廃止を求めるなど毅然とした態度で臨むことを強く要請する。

2017年1月9日
民主主義科学者協会法律部会理事会

支部活動の記録

東北支部

現状、唯一の支部活動は夏合宿であるが、2017年度に関しては、担当者2名のスケジュールの関係で実施することができなかった。 （文責　長谷河亜希子）

関東甲信越支部

今期は、支部独自の活動として特記すべきものはなかった。次期の課題として支部活動の活性化が望まれる。 （文責　東郷佳朗）

名古屋支部

2017年度は、定例研究会を2回行い、3月は定例研究会を行わず、岐阜での春合宿と2018年9月に開催予定の名古屋支部創立50周年記念シンポの準備に集中することにした。

各研究会の日程、テーマ等は以下の通りである。
2017年度支部総会・定例研究会　2017年6月17日、南山大学
記念講演：アベノミクスの雇用改革はなにをもたらすのか

名古屋大学　和田　肇

12月定例研究会　2017年12月16日、三重短期大学
テーマ：生活保護制度の現点と原点
報告１　津地裁における生活保護訴訟の現状　　　　　リベラ法律事務所弁護士　馬場啓丞
報告２　生活保護制度再考――制度の歴史からみる貧困へのまなざし
　　　　　　　　　　　　　　　　　　　　　　　　　　　三重短期大学　北村香織
　　　　　　　　　　　　　　　　　　　　　　　　　　　　　（文責　榊原秀訓）

関西支部

　従来通り、関西民科が支部としての役割も担いつつ活動を行った。関西民科の例会は、１年の間に３回行っており、定例の事務局会議も例会前に開催した。会報も、例会の案内と報告要旨を中心として３回、61号、62号、63号を刊行した。2017年度の例会の開催内容は、以下の通りであった。
第１回　2017年４月22日　大阪市立大文化交流センター
面会交流原則実施がもたらすもの――英国における面会交流制度の分析から」
　　　　　　　　　　　　　　　　　　　　　　　　　　　大阪工業大学　高田恭子
ケアに着目したジェンダー法学の家族論の検討：マーサ・A・ファインマンの家族論を中心に　　　　　　　　　　　　　　　　　　　　　　　大阪電気通信大学　中里見博
第２回　2016年７月22日　西宮大学交流センター
　「働き方改革」を考える　　　　　　　　　　　　　　　　　甲南大学　武井　寛
HPVワクチン（子宮頸がんワクチン）薬害訴訟について　弁護士（HPVワクチン薬害訴訟大阪弁護団事務局長）　野口啓暁
第３回　2018年１月20日　関西大梅田キャンパス
福島原発事故後の原発再稼働差止訴訟について　　　　　関西学院大学　神戸秀彦
改憲動向の現局面とその周辺　　　　　　　　　　　　　　立命館大学　植松健一
　　　　　　　　　　　　　　　　　　　　　　　　　　　　　（文責　根本　到）

沖縄地区

　沖縄には支部はないが、民科の会員を中心とした研究活動が行われている。2017年度の研究会活動を紹介させていただく。（会場：沖縄国際大学、事務担当：徳田博人）
第１回（2017年３月21日）
徳田博人「沖縄における法学教育と辺野古新基地建設問題」
名護市職員「名護市辺野古の現状について」
第２回（2017年６月３日）
矢野昌浩「雇用社会のための規範理論に関する序論的検討」
徳田博人「岩礁破砕無許可の辺野古埋立工事と差止訴訟および中止命令の可否」
第３回（2017年８月10日）
井端正幸「沖縄の国政参加」とは何だったのか
比屋定泰治「第３次嘉手納爆音・対米訴訟における国連国家免除条約の適用について」
第４回（2018年２月８日）
小林　武「宮古島人頭税廃止運動の成功とその背景――請願権の観点からの考察」
高田清恵「国連・高齢者人権条約の制定に向けた取組みの現状と意義」
　　　　　　　　　　　　　　　　　　　　　　　　　　　　　（文責：徳田博人）

民主主義科学者協会法律部会規約

1957年10月20日採択

第1条 本会は、民主主義科学者協会法律部会と称する。
第2条 本会は、すべての分野における法学研究者の研究上の連絡、協力を促進して民主主義法学の発展をはかることを目的とする。
第3条 本会の事務所は、理事会の定めるところにおく。(1984年10月5日改正)
第4条 本会は、その目的を達成するため左の事業を行なう。
  1 研究会学術大会の開催
  2 機関雑誌の刊行その他出版事業
  3 国内外の法学研究機関、学会、法律家団体との連絡
  4 その他目的達成に必要な事業
第5条 本会は、会の目的に賛成して法学の研究を志す者によって組織する。入会は、会員2名以上の推薦による。
第6条 本会に役員として理事若干名、監事若干名をおく。
  理事は、別に定める規定により選出された者について会員総会がこれを承認する。
  理事のうち1名は、理事長として本会を代表する。理事長を補佐するため、副理事長若干名をおくことができる。(1985年10月14日改正)
  理事の任期は3年とする。(1985年10月14日改正)
  監事は、会員総会によって互選せられ、会務の執行及び会計を監査する。監事の任期は3年とする。(1985年10月14日改正)
第7条 理事長は、少なくとも毎年1回総会を招集しなければならない。
第8条 会員は、民主主義科学者協会法律部会会費規程に定める会費を本会に納めなければならない。(2016年11月26日改正)
第9条 本会の会計年度は、10月1日に始まり翌年9月30日に終わるものとする。(1977年10月6日改正)
第10条 会員は必要に応じて支部をつくり、支部活動をすることができる。
第11条 この規約を改正するには、会員総会の3分の2以上の同意を得なければならない。

民主主義科学者協会法律部会役員名簿

第25期（任期2017年11月〜2020年10月）

理事長 楜澤能生
副理事長 小沢隆一 豊島明子 本多滝夫
全国事務局事務局長 本 秀紀
理 事（50名、50音順）
愛敬浩二（名古屋大学）、浅倉むつ子（早稲田大学）、飯考行（専修大学）、板倉美奈子（静岡大学）、上地一郎（高岡法科大学）、大河内美紀（名古屋大学）、岡田順子（神戸大学）、岡田正則（早稲田大学）、緒方桂子（南山大学）、緒方賢一（高知大学）、小沢隆一（東京慈恵会医科大学）、金澤真理（大阪市立大学）、川崎英明（関西学院大学）、神戸秀彦（関西学院大学）、桐山孝信（大阪市立大学）、楜澤能生（早稲田大学）、近藤充代（日本福祉大学）、榊原秀訓（南山大学）、佐藤岩夫（東京大学）、清水雅彦（日本体育大学）、新屋達之（福岡大学）、白藤博行（専修大学）、鈴木靜（愛媛大学）、鈴木賢（明治大学）、高田清恵（琉球大学）、只野雅人（一橋大学）、立石直子（岐阜大学）、塚田哲之（神戸学院大学）、徳田博人（琉球大学）、富田哲（福島大学）、豊崎七絵（九州大学）、豊島明子（南山大学）、新倉修（青山学院大学）、根本到（大阪市立大学）、長谷河亜希子（弘前大学）、人見剛（早稲田大学）、広渡清吾、本多滝夫（龍谷大学）、松宮孝明（立命館大学）、三成賢次（大阪大学）、三成美保（奈良女子大学）、村田尚紀（関西大学）、本秀紀（名古屋大学）、矢野昌浩（名古屋大学）、山下竜一（北海道大学）、山田希（立命館大学）、山本晃正（鹿児島国際大学）、吉村良一（立命館大学）、亘理格（中央大学）、和田真一（立命館大学）
監　事（3名）
市橋克哉（名古屋大学）、今村与一（横浜国立大学）、森山文昭（愛知大学）

編集後記

　今号には、学術総会のほぼすべての報告と研究ノート・書評等に加え、民科法律部会60周年記念事業の１つとして行われた歴代理事長による座談会を掲載しています。「現代法論争」以降の民科法律部会の理論的展開を振り返るだけでなく、今後の民主主義法学のあり方をも展望する充実した内容となっています。執筆者・座談会参加者のみなさまには、限られた字数や締切を厳守していただき、厚くお礼申し上げます。

　47号から今号まで編集責任者を担当させていただき、何とか最後の担当号刊行にこぎ着けることができました。不慣れな作業の中、ぶしつけなお願いにも暖かくご対応いただいた編集委員の方々を含む会員のみなさま、そして日本評論社の中野芳明さんには重ねて厚くお礼申し上げます。

　次号からの編集委員長は、新屋達之会員（福岡大学）にお引き受けいただくことになりました。『法の科学』充実のため、引き続き会員のみなさまのご協力をよろしくお願い申し上げます。
　　　　　　　　　　　　　　　　　　　　　　　　　　　　　　　　　　　（塚田哲之）

機関誌49号編集委員会

塚田哲之（編集委員長、機関誌担当理事）、大河内美紀（全国事務局）、近藤充代（前編集委員長、機関誌担当理事）、矢野昌浩（機関誌担当理事）、小沢隆一（機関誌担当理事）、長谷河亜希子（東北支部）、榊原秀訓（名古屋支部）、根本到（関西支部）、増田栄作（中国・四国支部）、豊崎七絵（九州地区）、徳田博人（沖縄地区）

社会の持続可能性と法主体の再構築
法の科学　第49号　　民主主義科学者協会法律部会機関誌〔年刊〕

発　行　2018年9月15日

編　集　民主主義科学者協会法律部会
　　　　〒464-8601　名古屋市千種区不老町　名古屋大学大学院法学研究科
　　　　民主主義科学者協会法律部会　全国事務局
　　　　TEL: 052-789-2335　FAX: 052-789-4900
　　　　E-mail: moto@law.nagoya-u.ac.jp（事務局長　本 秀紀）

編集人　楜澤能生

発行所　株式会社日本評論社
　　　　東京都豊島区南大塚3-12-4　電話＝03-3987-8611　振替＝00100-3-16
　　　　郵便番号＝170-8474

Science in Law, Volume 49. 2018. 9. 15
　(Ch.)法權科學　(F.) Science du Droit　(G.) Wissenscaft des Rechts
　(K.) 법물과학　(R.) Hayka ΠpaBa　(S.) Ciencia de Derecho
　Edited by　　the Law Section of the Association of Democratic
　　　　　　　　Scientists（LSADS）
Editor-in-Chief : KURUMISAWA Yoshiki
　　　　　　　　Nippon Hyōron-sha Ltd.
　　　　　　　　Minami-Otsuka, Toshima-ku, Tokyo 170-8474, Japan

JCOPY　＜(社)出版者著作権管理機構委託出版物＞

本書の無断複写は著作権法上での例外を除き禁じられています。複写される場合は、そのつど事前に、(社)出版者著作権管理機構（電話03-3513-6969、FAX 03-3513-6979、e-mail: info@jcopy.or.jp）の許諾を得てください。また、本書を代行業者等の第三者に依頼してスキャニング等の行為によりデジタル化することは、個人の家庭内の利用であっても、一切認められておりません。

Ho no Kagaku
Science in Law

CONTENTS

Vol. 49 2018

Preface: A Situation like Fascism and the spirit of researchers··························NAKAMURA Koji
Symposium: Sustainability of society and restructuring the legal subjects
La notion des sujets de droit que l'Exclusion sociale nous apprend·······················TADA Ichiro
Legal concept for a shift toward the care-besed society: on the "vulnerable subject"
···NAKASATOMI Hiroshi
The change of employment society and the problem of labor law-The point of view about the sustainability of employment society and the legal subjects
··YAMAKAWA Kazuyoshi
Right-bearers in Wildlife Law: Citizens, Experts, and Hunters····················TAKAHASHI Mitsuhiko
Colloquim: 60 years of the Law Section of the Association of the Democratic Scientists
What to learn from history of Democratic Legal Studies·······························YOSHIMURA Ryoichi
Administrative Law Research and Democratic Legal Studies··························TOYOSHIMA Akiko
Sociology of Law and Democratic Legal Studies··II Takayuki
Making of law and the role of lawyers in modern society························TOYOKAWA Yoshiaki
Democratic Jurisprudence as our mission- Science of Law and Social Responsibility of scientist -
···HIROWATARI Seigo
Mini-symposium 1: Military Research, Academic Freedom and Pacifism
Military Research and "Academic Freedom": Fundamental Position of the Science Council of Japan···SATO Iwao
The Administative Tools of Forcing Researchers / Universities to Surmise ("SONTAKU") in the National Security Technology Research Promotion Fund·······················MAEDA Sadataka
Peace Articles of Japanese Constitution and Research for Military Security·········OZAWA Ryoichi
Mini-symposium 2: The present situation of legal education and democratic legal theory in Japan: A case study of "LAWS IN JAPAN" project
"LAWS IN JAPAN" and Legal Studies from the Point of View of an Editor and an Author of the Book···HASEGAWA Akiko
OGATA Keiko et al. (eds.),"LAWS IN JAPAN"and democratic legal science····KOMORIDA Akio
The problem of goals, contents, and methods setting of law-related education in liberal arts education.···WATANABE hiroshi
Mini-symposium 3: A Quarter of Century of Systemic Transformation or Transformation to Market Economy and Law
Ghosts of Socialism?: Focusing Unchanged Institutions in Russia·······························SHINODA Yu
Constitutionalism in the transition out of socialism in ex-Soviet Union and Central and Eastern Europe.···KODAMA Shigeru
60th Anniversary of the Law Section of the Association of Democratic Scientists
Round-table Discussion: Achievements and Future of Democratic Legal Theory·············KAINOU Michiatsu, HIROWATARI Seigo, URATA Ichiro, YOSHIMURA Ryoichi, KURUMISAWA Yoshiki
Trend of Legal Studies Oversea: Fritz Bauer und die NS-Vergangenheitsbwältigung in gegenwartigen Deutschland···HONDA Minoru
Article: Thoughts into " WAGATSUMA・ARIIZUMI-kommentar on Civil Law in Japan "Message from Scholar SHIMIZU Makoto ··ICHIKAWA Eiichi
Article: Rethinking of Colonialism in Contemporary Japanese Law·······················MAEDA Akira
Article: How to Face "Abe's Constitutional Change "·································OKUNO Tsunehisa
Book Review: MORIYAMA Fumiaki, Transforming Law Schools and Attorneys oversupply Society.··USAMI Daiji

市民社会と市民法
civilの思想と制度
水林彪・吉田克己編

序論——社会構成原理としてのcivilと法の基本思想としてのcivil………吉田克己

第1部　総論——civilと反civil

〈civil〉——古典古代における成立と西欧近代における再興……………大江泰一郎
〈反civil〉——日本国制史における天皇制的契機………………………………水林　彪

第2部　フランス

私権・人権と市民的権利
　——フランス革命期の憲法・民法典におけるcivilとcitoyen……………岡田正則
フランスの市民社会と民法・覚書——現代日本の民法学の観点から………大村敦志
「人の法」の構築——フランス民法学からの示唆………………………………吉田克己

第3部　ドイツ

現代ドイツの市民社会論と市民法についての覚書——概念的考察…………広渡清吾
ブレーメン市の地域評議会法の新展開に見る「参加」と「協働」………名和田是彦
一九世紀ドイツの定期行為における民事と商事
　——水林先生の民商法論によせて……………………………………………杉本好央

第4部　イギリス・アメリカ

「司法」からみたイギリス市民社会と法…………………………………………戒能通厚
イギリス憲法研究の課題とコモン・ロー
　——法史学と憲法学の批判的対話に向けて…………………………………愛敬浩二
アメリカ法学形成期における三つの『釈義』と「土地」・「商業」・「市民社会」
　……………………………………………………………………………………大久保優也

第5部　中国

「協商民主」と「信用社会」——中国夢の「人民」と「公民」……………但見　亮
中国の債権者取消権における受益者の身分………………………………………小口彦太

第6部　日本

ボアソナードの最初期民法典構想とその展開……………………………………高橋良彰
市民法的公法学——高柳信一の行政法理論に関する一考察……………………人見　剛
市民法と社会法……………………………………………………………………西谷　敏
「人間の尊厳」——労働法学からの考察………………………………………相澤美智子
水林彪著作・論文等一覧

日本評論社　2018年5月刊　9000円＋税

日本の司法──現在と未来
江藤价泰先生追悼論集
齊藤誠・大出良知・菱田德太郎・今村与一編

第一部　志をともに
ヴェネディクトフ教授の所有論について ……………………………………藤田　勇
司法制度改革の成果と課題 ……………………………………………………宮本康昭
「法科大学院問題」の顛末 ……………………………………………………戒能通厚
新たな治安立法の時代を迎えて ………………………………………………村井敏邦
成年後見等の審判を簡易裁判所の管轄に ……………………………………田山輝明
民主主義法学についての覚書 …………………………………………………広渡清吾
フランス公証人制度の特質 ……………………………………………………吉田克己
あまりにも運命的な ……………………………………………………………籾井常喜
江藤价泰先生の憶い出 …………………………………………………………小田中聰樹
イルェテ・ユヌフォワ …………………………………………………………磯部　力
パリの江藤价泰先生 ……………………………………………………………原田純孝
江藤先生の思い出 ………………………………………………………………島田陽一

第二部　江藤先生と法律家運動
江藤价泰先生と国際連帯活動 …………………………………………………新倉　修
日本国際法律家協会と江藤价泰先生 …………………………………………大熊政一
ヨーロッパ司法制度調査・司法制度研究集会の思い出 ……………………塚原英治

第三部　江藤先生と司法書士会
鈴木正道・稲村　厚・野口雅人・渋谷陽一郎・菱田德太郎ほか執筆

第四部　学恩に受けて
リニア新幹線と戦略的環境アセスの課題 ……………………………………礒野弥生
司法書士論の若干の検討課題 …………………………………………………大出良知
裁判を通じての教育にかかる人権の定着と展開 ……………………………加藤文也
美濃部達吉の抗告訴訟論 ………………………………………………………石崎誠也
司法と正義 ………………………………………………………………………今村与一
最近の原発差止め訴訟の立証責任論について ………………………………神戸秀彦
国の法令違反行為に対する地方自治体の差止め請求訴訟の許容性 ………人見　剛
約款作成者不利の原則と消費者契約法 ………………………………………山口志保
江藤先生追悼によせて …………………………………………………………齊藤　誠
江藤先生との折々の出会い ……………………………………………………村井勝美
民訴の講義を受けなかった私と江藤先生 ……………………………………江森民夫
江藤价泰先生　略歴・主要著作目録

日本評論社　2018年7月刊　11000円＋税